『百科全書』と世界図絵

『百科全書』と世界図絵

鷲見洋一

Sumi Yoichi

岩波書店

目次

Ⅰ　世界図絵の変容と近代

●コラム目次

I　世界図絵の変容と近代

第一章　巨大量、収集、分類
——世界図絵のなかのフランス『百科全書』——

はじめに——少年が垣間見た巨大世界

子供の頃の思い出話から始めよう。

中学生の時、ふとしたはずみで読んだ二編の短編小説がある。菊池寛の『恩讐の彼方に』と、コナン・ドイルの『赤髪《あかげ》組合』。どちらも新潮文庫だったような気がする。

一三歳になるかならないかの読書体験だが、早熟な子供が早くも文学に目覚めるといった高級な話ではまったくない。しかし、この二編をほぼ同時に読んだ思い出は、かなり後まで私の精神形成に尾を引くことになる。今、二つを比べてみれば、形式といい、中身といい、これほど隔たった文学作品もないだろう。面白いことに、子供の私はそうした表面上の違いを超えて、両者に共通の主題らしきものを、どうやら漠然と感じ取っていたらしいのである。

菊池寛の『恩讐の彼方に』は、九州大分県の耶馬渓を舞台に話が展開する。山間に名うての難所があり、毎年のように転落事故が続出していた。そこへ来合わせた旅の僧が、過去に犯した数知れぬ罪科へのせめてもの償いにと、二百余間にわたる絶壁を掘り貫いて道を通じようとするのである。僧は元は侍で市九郎といい、主人の愛妾と非道の恋に堕ちたばかりか、当の主人を斬り殺して逐電し、さらに殺人を重ね、挙げ句の果てに懺悔し、出家した身である。村人の嘲笑をよそに毎日洞窟を穿った。だが、二〇年も経つと、村人も態度を変え、市九郎を聖者のごとく讃えて、いつしか石工が大勢手伝うようになる。貫通は時間の問題であった。一方、市九郎のために非業の死を遂げた主人の息子実之助は、成人し、柳生道場で免許皆伝を許されるにまで腕を上げて、亡父の敵を求め、全国津々浦々を旅してまわる。そしてついにこの山に姿を現したのである。市九郎は即座に首を差し伸べて討たれようとするが、村人が放ってはおかない。大願成就を目前にしてみすみす殺させはしないと言い張るのである。実之助は石工たちの勢いに負けて、翌日から一緒に穴掘りを手伝い、槌を振るい始める。二一年目に、ようやく貫通を見たとき、もはや二人は敵味方ではなく、抱き合って感涙に咽ぶのであった。

何とも感動的な結末で、多感な少年の胸にも深く刻まれたエピソードではあった。だが、よく思い出してみると、『恩讐の彼方に』一編で私が忘れられないのは、奇跡のような赦しが成就するラストではなく、ラストに至るまでの二一年間、毎日槌を振るいつづけた市九郎の、その壮大な徒労、空虚な反復作業の巨大さ、途方もなさであった。市九郎はそのために、いつしか脚の自由を奪われ、失明もする。それでも止めない執念の迫力は、村人でなくとも、子供の読者にまで恐ろしいほどの現実性をもって伝わってきたのである。

この「一見無意味に反復される単調な仕草」というモチーフは、私がたまたま音楽家の多い家系に生まれ、とりわけヴァイオリニストだった父の練習ぶりを、間近でしょっちゅう目撃していたことも関係しているだろう。本番での華やかな演奏とは違い、演奏家が舞台裏で繰り広げる練習風景には、ときとして鬼気迫る壮絶さ、まさに市九郎の振るう槌音にも通じる怨念、執念を感じさせる場合が少なくない。

亡き父のイメージに一番近い存在は、物づくりに技をみがく伝統職人である。日頃、その類の記録や報告をなんの意味もなく拾い読むのが好きで、読めばすぐに忘れるし、なんの役にも立たない読書なのだが、図書館などで息抜きによくやる。ここでは一例として、埼玉県所沢市近郊で昭和の戦争前まで生産されていた、所沢飛白《ところざわかすり》と呼ばれる木綿の紺絣《こんがすり》を製作する機屋職人の技に注目しよう。所沢市山口民俗資料館に所沢飛白勉強会という集いがあり、そこのメンバーが織り機の操作復元を目指して、身体感覚や動作を学習していく過程が報告されている〔a宮本 108-185. また a河本も参照のこと〕。所沢飛白の元織り手である「志まさん」（一九〇五―二〇〇三年）が、勉強会の再現作業によばれて、じつに七〇年ぶりに機織りを実演して見せたが、すべての動作は志まさんの身体によって完璧に記憶されており、一連の動作はまるでひと筋の線を描くように、なめらかだったという。

だが、よくよく考えてみれば、市九郎には罪滅ぼしのための生涯を賭けた大誓願があり、私の父のような演奏家や志まさんのような職人の場合は、芸術や機織りという至高の目的のための邁進や鍛錬という動機づけがあろう。ところが、少年の私の心を捉えたもう一編の短編小説は、一切の動機づけが無効であるような、滑稽きわまりない徒労としての反復行為を中心エピソードとしていたのである。英国の作家コナン・ドイルが、一連のシャーロック・ホームズものの連作短編でも傑作との評価の高い『赤髪組合』の中で描き出した「量」の世界とは、ロンドンで企まれた大規模な犯罪、銀行からの大量金貨強奪企画を背景にしている。

説明の便宜上、本筋とは逆さまに、犯人たちの目論見を追う形で紹介しよう。まず、犯人たちは、目指す銀行の地下倉庫に、トンネルを掘って侵入することを考えた。すでに「トンネル」という共通テーマが、ドイルの短編を『恩讐の彼方に』に近づけている。銀行に一番近い質屋の地下から掘れば、一定期間で目指す地下室まで辿り着けるだろう。問題は質屋の主人ウィルスンを、少なくとも昼間のあいだ、家から遠ざけることである。一味の首謀格のヴィンセントが、格安の条件で質屋に店員見習いとして住み込み、たちまちウィルスンの信用をえる。一味つぎに、犯人一味は、そのウィルスンの髪の毛が異常に赤いことに目をつけ、「赤髪組合」なる架空の組織をでっちあげて、新聞にウィルスンが飛びつくに違いない、美味しい「公募」広告を出して誘き寄せる。むろん、すべてはヴィンセントの差し金である。おびただしい志願者を退けて、主人公がめでたく欠員を補充するに足る「立派な赤髪」の持ち主として選抜されたことはいうまでもない。翌日から、ウィルスンに申し渡された会員としての「仕事」とは、朝から午後まで、一定時間、とある事務所の一室に机と椅子をあたえられ、書棚を飾る『大英百科事典』を初めの巻からひたすら筆写するというものだった。アルバイト料が悪くなく、店は有能なヴィンセントに任せてあるので、ウィルスンは心の片隅にわだかまるわずかな疑念を抑えて、日々、砂を嚙むような事典項目の筆写に専念する。

かくして、一定期間、ウィルスンが不在の昼間、質屋の地下では、『恩讐の彼方に』の市九郎を彷彿させる槌音が鳴り響き、銀行へのトンネルが穿たれていったのであった。犯人たちのトンネル掘りに加えて、赤髪の主人公の方も、来る日も来る日も『大英百科事典』のAの部分を筆写していた。騙す方も、騙される方も、まことに空しい反復作業にうつつを抜かしていたことになる。今にして思えば、赤毛のウィルスンがやっていたことは、この私が長じて研究者の道を選び、研究テーマとして手がけることになった、フランス『百科全書』の姉妹編ともいえる、英国の大事典を相手の格闘だったのである。

盗難はホームズのおかげで未然に防止され、犯人たちは一網打尽になるが、ここでも幼い私の心を捉えたのは、名探偵ホームズの推理の冴えとか、銀行地下で犯人たちを待ち伏せる緊迫感溢れた場面などではなく、何も知らない愚直なウィルスンが、こつこつと数週間、大事典のAの部分をほとんど筆写してしまう、その無意味で滑稽な姿であった。

日本と英国の両短編に共通するテーマは、「トンネル掘り」や「手写」によって代表される無限の反復仕草なのだが、この主題がなぜこれほどまでに私の心に深い印象を刻みつけたのだろうか。どちらの物語にも、作中の徒労や無駄を「超越」する、より高次の契機があり、その契機が最後に有効な形で働くことによって、読者を安定と安堵の結末に導くように出来ている。『恩讐の彼方に』の契機とは「赦し」であり、「涙」であり、「感動」である。市九郎の二一年間の努力は、最後の奇跡のような和解で報われるためにのみ存在する。『赤髪組合』の大団円は、ホームズの見事な推理と決断の成果である。名探偵がベーカー街の一室で、紫煙に巻かれて一晩熟考した結果の分析は、それまでのウィルスンの筆写や、犯人一味の肉体労働を遥かに超える、明哲な知性の勝利ともいえるものであった。

菊池寛の「モラル」とドイルの「理性」とは、作中の途方もない徒労や骨折りを、一瞬にして無化してしまう破壊力を発揮する。幼い私は、どうやらその高次元の解決がどこか不満だったらしい。ホームズは格好よすぎるし、菊池寛の作品は感動が過剰である。主人公たちがいつまでも報われることなく、トンネル掘りや、事典の手写に一生を費やす、その救いのない姿にこそ、人生の真実は宿るのではないか。幼い私の胸中を去来していたのは、そんな思いだったらしいのである。

小さなものの巨大な蓄積は、それがとりあえず何かの役に立つかどうかという、社会的、功利主義的な問いとは無関係に、否応なく一つの確固たる世界を成立させてしまうもののように私には思えてならなかった。これは子供の資質にもよりけりだが、千回、万回と重ねる仕草や動作の「蓄積」の果てに、「芸術」や「無形文化財」や「人間国宝」が成就するので、あまり「才能」や「ひらめき」を過大視する考えには、どこか香具師めいたインチキ性を感じていたのだった。そのような蓄積や継続で獲得される世界を、世間では「努力」とか「執念」の結晶と呼ぶが、ここでは仮に「世界図絵」という風変わりな名前で呼んでおきたい。

1 「世界図絵」さまざま

(1) 概念知と身体知

世界図絵はいつ、どんな風に現れるのか。世界図絵はあらゆる「反復」行為、無限の広がり、怨恨や執念の蓄積、極度の集中、徹底した網羅などが実現した瞬間、さながら促されるようにさりげなく現れる。象徴や凝集といった一点集中型の現れかたから、広大無辺な膨張や巨大化まで、その規模はまことにさまざまである。

世界図絵が成立するための条件として、「概念知」と「身体知」という対立項を持ち出すのも悪くないだろう。一を聞いて十を悟るような、頭のいい、秀才型の概念知は、世界図絵には無縁である。はじめから答が分かり、目的地も定まっているような歩き方、考え方、仕事の仕方を好むタイプの人間に、世界図絵は金輪際姿を現してはくれない。

一方、こつこつと何かを反復し、蓄積しているうちに、おのずと身に付いてしまう技術なり、感性なり、理解なりは、かならずや身体知を基盤にして成就する。質よりも量、ウサギよりもカメ、優等生の単発勝負よりも、回数や努力で稼ごうとする、頑張り屋の劣等生の生きざま、これこそが世界図絵を招くおまじないなのだ。あるいは「倫理」といいかえてもいいだろう。世界図絵としばらく付き合いたいと思う。

(2) 自転車、スケート、歯磨き

身体知という以上は、やはりスポーツや運動にかかわる実例で話を進めるのが分かりやすい。教育学でどうしても説明できない事例に「自転車に乗れるようになる」というのがあるらしい。私自身も子供の頃に経験がある

が、いくら試しても転んでばかりいたのが、ある日ある時、ふいにスイスイとペダルを踏んで走れるようになる。どんな先輩に教わっても、マニュアルを読んでも、練習を重ねても、駄目なあいだは徹底して駄目である。そして、徐々に進歩するとか、腕が上がるといった、いかにも教育学向けの段階的プロセスを一切飛ばして、ある日ある時、突然、「それ」は成就するのだ。現在のスポーツ医学では、「それ」をどう説明しているのだろうか。

私の考えでは、子供が自転車に乗れるようになる瞬間の「芸」は、乾坤一擲の天啓や開化なのではなく、それまでに本人が行ってきたたゆまぬ反復練習の賜物なのである。「それ」は、いつしか子供の身体に刻み込まれ、すこしずつ蓄積と充実を重ねつつ、成就の時を待っていたにちがいない。

私個人についていえば、アイススケートが滑れるようになった瞬間の思い出もある。これは、反復練習の成果が一瞬で花開く自転車での成功とはすこし違う。何度滑ろうとしても転んでいると、気持ちが萎えてきて、いわゆる手摺磨きを始めてしまう。その時、目の前を、私よりも年下の男の子が、腰を巧みに使いながら、いとも軽々と優雅に滑走していくのが目に入った。「よおし」とその瞬間、私は思いきって飛び出して、その子の後につき、相手とまったくおなじ姿勢、動作を真似してみたのである。その瞬間、奇跡は起きた。いつの間にか、私は(というか私の身体は)滑っていたのだ。ここでは、反復や練習を飛び越した、一瞬の「模倣」が物を言ったわけである。だが、この「模倣」それ自体をよく考えてみれば、そこにはモデルとなった件の男の子の身体に実現されている、スケーティングの呼吸やこつにかんする無数の契機、努力、発見といったものが、目に見えない形で凝集されていたはずである。一見、要領がよかっただけで、本質的には、自転車の時とさして変わらない機微が働いていたと考えてよさそうである。

自転車にせよ、スケートにせよ、ひとたび「こつ」をマスターした子供は、身体知を介して、ある無辺の世界と結ばれる。いいかえれば、「世界図絵」を体の中に刻み込まれるのである。この「刻み込み」の感覚を、日常生活でわれわれのだれもが経験せざるをえないのが、食後の歯磨きである。

異常なる集中のとき

何かをしたり考えたりするときに、二通りのやり方がある。常識や習慣やマニュアルに倣って無難にこなしてしまう場合と、常軌を逸してまでのめり込むケース。標題の「異常なる集中のとき」とは、もちろん後者を指している。恋愛がそうだし、子育てがそうだ。無料奉仕やヴォランティア活動でもよく見られる情景である。このことについて書きたい。

私たちの意識のスイッチは表層から深層に向かって、階梯状に構成されている。表層レヴェルのスイッチを入れて世間や他人に臨んでいる場合は「集中」は絶対に起きない。従順、妥協、調和、投げやりといった態度が相場である。スイッチが深い部分で入ったとき、「異常なる集中のとき」が現れる。いわく言い難い思いにつながるスイッチ。不逞の思想や屁理屈をサポートしてくれるスイッチ。「異常なる集中のとき」は、そうした意識の暗がりの部分に通底するスイッチを押すことで、手に入れることが出来る。

「異常なる集中のとき」には何が起きるか。「反復」と「飛躍」である。「反復」とは毎日毎日執拗に繰返される、同じような仕草の連続のこと。資料を集め、その数が日増しに増える。二〇枚だったカードが、気がついたら五〇〇〇枚になっている。これは足し算の世界だ。根気さえあれば誰でも出来る。ただ、日頃の生活でその反復リズムを確保することだけでも、実は大変な犠牲を払う場合が多い。

しかも、果てしなく資料を蓄積して足していっても、その総和だけからは何も生まれてこない。足し算はどこかで掛け算に転換されなければならない。その契機を「飛躍」という。「飛躍」はある日突然やってくる。眠っているとき、本を読んでいるとき、電車の中で、これまで足して加えてだけきたものが、一挙に大きな成果の見通しの中で光を放ち始めるのだ。
卒業論文制作の要、これが「異常なる集中のとき」なのです。

物心ついてこの方、日に数回、決まって反復され、ほとんど機械的とも言える習慣上の仕草となってしまっている歯磨きだが、この凡々たる日々の営みも、ひとたび微視的に捉えると、そのつどの、ほとんど即興ともいえる行為であることが分かってくる。これ以上陳腐な営みは考えられないほど日常化した仕草ではあるが、このわずかな即興性こそが、歯磨きに最低レヴェルの創造性をあたえているのである。上下左右、どこから磨き始めるか、どこに力を入れ、どこで止めるか。過去に蓄積された膨大な仕草に関する身体記憶と瞬間瞬間の判断との組み合わせで、歯磨き行為というものは成立している。そのいちいちを細かく観察し、分析すればするほど、歯磨きは自転車乗りやスケートに近い様相を帯びてくる。

だが、この仕草をたとえば言語化して日記に記すとき、歯磨き行為の個別性は失われ、ただの機械的反復に帰着する。つまり、歯磨きをひとつの「行為」として意味づけ、それを言葉にする段階で、どうしようもない抽象化、一般化が起き、そのつどの歯を磨いている現場のさまざまな出来事性は失われる。これは、芸術家が制作過程でいろいろな表現上の「事件」や「ハプニング」を排除し、徐々にまとまった、形をなした結果へと創造行為を導いていく事情とよく似ている。

私はこうした集中的反復の仕草が、いつしかおのれの身体に蓄積されて、ひとつの創造的記憶になるプロセスこそが、あらゆる仕事や学問の営みの中核にあるのだと納得するにいたり、それ以後、「コツコツ」と地味にやる作業以外にさしたる価値や意味を認めないという、困った偏見を背負いこむ仕儀になってしまったのである。

そして、そのことを、学生などにも吹聴し、とにかく「コツコツ」やれと説いてまわった時期があった。

勉強論——反復、集中、悪心

新学期を迎え、皆さんはさまざまな期待や抱負に胸を膨らませておられることと思います。友達を作る、よい師を見つける、関心のあるテーマに正面から取り組む、どれをとっても生涯をかけるに足るほど重要なことでしょう。

さて、私がここで申し上げることは、もっぱら読書や勉学に関する事柄です。大学は何をおいてもまず勉強をするところですから。そして、この勉強をするという営みは、意外と知られていないことですが、ある特別なプロセス、心構え、覚悟を必要とするものなのです。このことについて少しお話ししたいと思います。

私たち人間と呼ばれる存在には、上から下へ、ざっと三つの層が認められるとしましょう。霊や魂に通じる心の層、知識や技術を扱う知性の層、物質と接する身体の層です。むろん、こんな分類に絶対の価値があるなどとは思わないで下さい。三層という概念を使って話を進めれば、勉強という営みがうまく説明できるような気がするので、三つを仮定してみたにすぎません。

さて、まず勉強とは、執拗な反復行為から成り立っている事実から始めましょう。「反復」は、勉強という営為が身にまとう、もっとも外側の、いわば「身体」に属する特徴です。読書に熱中して何百ページもの文字を辿る営み、フランス語やドイツ語の動詞変化を繰り返し覚えて暗記する営み、図書館でノートやカードやパソコンにおびただしい情報やメモやデータを書き込む営み、これらすべては「反復」のなせる業でしょう。要するに、こつこつやるのです。騙されたと思って試してごらんなさい。不思議なことに、いつの間にか、自分でも信じられないような蓄積や成果が確保されるのです。

さて、反復するとは、短時間で成就しえない、長期の持続が前提です。ですから、仕事でなかなか自由な時間がとれないような人の場合、この持続時間を手に入れるのはきわめて難しい。でも、この持続なくして本当の勉強はありえません。なぜなら、同じ仕草を何度も繰り返すという時間のかかる営みは、知性の層や、ひいては心の層で成就されるべき望ましい事態、たとえば真理の発見だとか、ある問題の本質開示とか、閃く直観といった「一回限り」の本質的経験を準備するために欠かせない、「いつまでも」続く身体上の手続きだからなのです。勉強はこの「一回限り」と「いつまでも」の間を往復する、奇妙な対話、干渉、響きあいと言えないこともありません。毎日歯を磨くという、一見何の意味もない反復の仕草が、歯の健康という「一回限りの」、「かけがえのない」切実な達成を支える不可欠な要因をなしているのと、どこか似ていますね。

執拗な反復は、また、精神集中を生み出しもします。「時間の経つのも忘れて読みふける」とか「気がついたら朝になっていた」などというのが、まさにそれですね。じっと動かずに何かをし続ける。これこそ集中が発生する条件です。機械的に反復することで、自分を普段とは違う非日常的状態に置く、これが精神集中のコツです。ある種のおまじないでしょうか。集中のいいところは、自分を忘れられることです。「我を忘れる」ですね。普通は、「自我をしっかり確立せよ」とか、「独立心を養え」といった人生訓や忠告がよく聞かれます。それらの教えは、どちらかというと、対人関係や社会における振る舞いを前提にした、いわば外向的な人格形成のための知恵でしょう。ですが、あまり「賢い自分」や「強い自分」にこだわっていると、学問上の集中は成就しません。なぜなら、勉強における集中とは、別世界に向けて、あえて自分を弱く無防備にして彷徨いだしていく、かなり投げやりな試みだからなのです。なぜ、投げやりがいいのか。世間の常識や通念から解き放たれた、「自分」からさえ自由な、心の安心を獲得できるからです。

反復の果てに得られる集中は、自己を解放して一体どこへ連れて行ってくれるのでしょうか。集中型読書の場合は、書物(むろん、良質の書物に限られますが)に書かれてあることへの共感的理解の場に連れて行ってくれます。これはすべての芸術的体験にも共通する現象でしょう。能に「藤戸」という作品があります。佐々木盛綱が、若い漁師に教わった秘密の通路を知られたくないとして、当の漁師を殺害します。若者の母親が出てきて、盛綱をなじった後、殺された漁師自身の亡霊が現れ、下手人の盛綱を呪い殺そうとします。後悔し、供養を誓う武将。亡霊は最後に盛綱を赦し、竹の杖を投げ出して、立ち去ります。ここには人と人との間にあるドラマの根源がすべて凝縮されている。犯された罪、改悛、赦し、魂の解放。観客は、このありえない状況設定にいぶかしさを覚えつつも、いつしか人物と一体化します。そして、盛綱とともに罪を悔い、亡霊とともに赦すのです。このカタルシスなくして演劇は成立しません。観客の集中は、吸い込まれるように、この終盤の赦しの一点に向かって収斂します。観劇も読書も、自分を忘れて他者の立場に一体化する契機が重要です。自己からの解放と自己確立はその場合、同じことの裏表でしかありません。ここでは、本を読んだり、劇を鑑賞するという身体レヴェルの行為(反復)と、心のレヴェルにおける同一化の体験(一回限り性)とが、直接強い結びつきを見せているのです。

では、勉強する過程で、心が他者に全面同化すれば、すべては終わりでしょうか。皆さんが出会う他者、たとえば読んでいる書物の著者や、授業をやっている先生たちに、皆さんはただ賛成し、一体化するだけでことはすむのでしょうか。それではあまりにも受動的で無責任ではないでしょうか。知性の層が介入するのはここからです。知性は距離を置いて対象を観察し、場合によっては対象を批判します。書物や講義の場合、それらが必ず依拠しているモデルを発見すること、これが知性ある学生の任務です。モデルなしに、言説や表明は成立しません。著者や先生が踏まえている立場や思想、それは極端な場合はたった一冊の名著だったり、道徳上の信念だったり、あるいは漠然とした思想や潮流だったりします。要は、皆さんが接する他者の背後に想定されるそうした「規範」や「モデル」を早く探り当て、相手の説明や主張をただ真に受けるのではなく、相手が前提としているモデルを踏まえて、その説明や主張が立っているのと同じ基盤にできれば身を置いて考えることでしょう。これは書評をする人間、あるいはシンポジウムなどでコメンテーターと呼ばれる人間がやることですが、大変な知識や経験を必要とする仕事ですね。

心の層における同一化、知性の層におけるモデルの発見、これで終わりでしょうか。いやいや、勉強という世界は奥が深い。最終的には、勉強する貴方自身の倫理という問題が問われる瞬間が来ます。たとえば、こういう瞬間です。貴方が住まう世間では、人を殺してはいけないと教えられる。他人を愛せと諭される。ですが、手にとって読むこの書物では、往々にして平気で殺人が行われ、周囲の人間に対する激しい憎悪や嫉妬に身を焼かれる人物が描かれている。こういう恐ろしい世界に付き合ってもいいのでしょうか。心や知性は無事ですむのでしょうか。むろん、無事ですむのです。それが「悪心」というものの役割だからです。悪心こそは、勉強の世界を律する基本の倫理です。浅薄なヒューマニズムなどでは捉えきれない人間の心の闇に分け入って、どんな心の形や衝動でもぱっちりと目を見開いて見つめるもの、それが悪心です。この悪心にかかると、皆さんが大切にする感動ですら、怪しげな相貌を帯びてくる。なぜなら、ＮＨＫの大河ドラマが与えてくれる「震えるような感動」を含め、この世のほとんどすべては、情報化され、技術化され、構造化されているからです。そのからくりを見破る目を養うことが大切でしょう。「悪心」こそが、皆さんの心に、そうした養液を与えてくれるのです。

(3) 映画のラストシーン

「コッコツ」やらずとも、「世界図絵」の方から勝手に姿を見せてくれる、ありがたい瞬間がある。映画のラストシーンである。あらゆる映画作品には、かならず始めと終わりがある。とりわけラストというのは、観客が一時間半なり二時間のあいだ、連続する映像の展開に付き合い、すっかりストーリーの中に入り込んで、主人公たちと苦楽を共にしてきた過程をへたのちにやってくる場面であるから、監督としても格別の趣向を凝らして幕を引こうとするものだ。いずこからともなくエンドマークが現れる直前に、多くの映像作家が採用する紋切り型のラストが、「世界図絵」なのである。典型的な世界図絵ラストは、チャップリンの「モダン・タイムズ」だろう。悲嘆にくれる娘を、チャップリンが励まし、無理に笑顔まで作らせて、二人して歩き出す。カメラは去りゆく二人の後ろ姿を逆光で捉え、画面の奥までつづくまっすぐな道を映しだす。道の先には高い山並みがそびえ立ち、その上に広い空が見える。山、空、そして盛り上がる音楽、これがいささか通俗化された「感動的世界図絵」なのである。

「モダン・タイムズ」と似ても似つかない日本映画にも、ラストにはやはり似たような世界図絵が待っている。いわずと知れた「男はつらいよ」シリーズの寅さん映画である。全四八作のどれをとってもいいのだが、「寅さんもの」のラストは、里帰りして失恋した寅次郎が、どこか地方で香具師の商売をしている場面を見せ、その後、カメラが寅次郎や周囲の人間を離れて、空や海や山を俯瞰し、そこへ「終」のマークが現れるという趣向になっている。第一作「男はつらいよ」(一九六九年)では、光本幸子演じる帝釈天のお嬢さんに失恋した寅が、九州の果ての霧島高原で大晦日を迎え、除夜の鐘を聴き、テレビの街頭インタビューを受けて、たまたまそれを見ている柴又の身内を仰天させ、最後は晴れた正月の朝、鹿児島から種子島に向かう船で、乗客相手に香具師の口上を披露する。そこでカメラは人物群像を離れ、船の航跡を映し、そのまま背景にそびえる桜島の御岳にこだわって停止する。海と山と空で作る、お手軽な「世界図絵」だ。

この種の安易な世界図絵は、それでも観客にたいして、これまで付き合ってきた架空の世界や物語に、ついに終わりがきたことを納得させ、ある種感動と安堵で普段の生活へと回帰するきっかけをあたえてくれる意味で、きわめて重要である。

2　ヨーロッパ文化における「世界図絵」

(1)　バッハ

ヨーロッパの場合、ある種の音楽を聴取することで世界図絵の把握は成就する。たとえば、バッハが独奏ヴァイオリンのために書いた「シャコンヌ」の最初の数小節を聴けば、一挙に広大な普遍の場所への開けがえられよう。シャコンヌは、変奏形式による舞曲で、一定の低音進行または和声進行に支えられ、たえまなく変奏をつづけていくところに特徴がある。上部の戯れと下部の論理とが奇跡のように絡み合い、巨大な世界構築を目の当りにする思いにとらわれる。バッハの「シャコンヌ」は、ヴァイオリン独奏曲のみならず、いろいろな楽器用に編曲されている。ギター独奏では、ナルシソ・イエペスのものがあるし、小沢征爾指揮サイトウ・キネンが弦楽合奏で演奏した例もある。また、ピアノ独奏用に編曲したものとして、一番有名でよく弾かれるのが、ブゾーニ版であり、これは若い頃のアルトゥーロ＝ベネデッティ・ミケランジェリによる、背筋が寒くなるような名演がある。あの妖刀村正のような切れ味のいい演奏に馴染むと、ほかの演奏がどれも凡庸に聞こえてくるから恐い。また、ロシアのウゴルスキーが好んで取り上げていた、ブラームスによる左手だけのための編曲版というのも捨てがたい。ようするに、「シャコンヌ」ほどの名曲になると、曲自体が楽器を選ばず、どんな響きや音色を介しても、たちどころに「世界図絵」として現出してしまうような、ある種、普遍の趣をたたえた音楽であるということなのだろう。この「シャコンヌ」や、ほとんど同工異曲の「パッサカリア」、あるいは「変奏曲」などは、ヨーロッパの思考や芸術の極北をなす根源の形式で、作品を聴くことがそのまま宇宙や世界の理解や把握につながってしまうような徹底性に貫かれている。

音楽というものを考えてみると、そもそも、中世ヨーロッパにおける「自由七科」と呼ばれた科目群(英語のリベラル・アーツ)にその淵源を辿ることができる。言語にかんする「三学」、すなわち文法、修辞学、論理学と、数に関連した「四科」、すなわち算術、幾何、音楽、天文学に区分され、音楽は人間の営みを超えた、宇宙や世界の深奥に連なるものとして認識されている。演奏家の目に見えない努力、練習の末に見えてくる巨大な宇宙や世界は、どこかでそうした中世人の世界との秘密の回路を現在なお失ってはいないようだ。

シャコンヌが代表するような集中型の世界提示から、巨大な量や構築が可能にしてくれる大規模表象まで、「世界図絵」の成立条件はさまざまである。「世界図絵」は、それを字義通りにとるにせよ、一つの比喩と見なすにせよ、全世界、全宇宙の一切の存在を網羅し、秩序づけるという、途方もない意志や願望に裏づけられた営みの成果である。かつて少年の私を魅惑した『恩讐の彼方に』における乞食僧の労働や、『赤髪組合』における質屋の愚かな手写にも似て、西ヨーロッパの文化が、みずから網羅した全存在の分類や列挙という方法について問い始めるとき、世界図絵は一つの文化を作りだす。ここではまず、ヨーロッパ古来の「記憶術」が大きな意味を持ってくるのだ。

(2) 古代記憶術

若干の参考文献を繙くと〔a イエイツ, a ロッシ1, ロッシ2, a カラザース〕、現代におけるアーカイヴィングや百科事典編集の基本問題のほとんどが、「古代記憶術」の広大な問題圏域にすっぽりと包摂されてしまうことが明らかになる。そもそも記憶は「場」と「イメージ」から成り立っている。「場」とは、たとえば蠟引き書板であったり、人気のない広場や巨大な建築物の内部であったりする。イメージは二種類あり、「事柄」と「言葉」とに分かれる。古代記憶術は、対象とする「事柄」ないし「言葉」のイメージを特定の「場」に貼りつけ、両者の結合の特徴的な相を手がかりにして、「覚える」のである。決定的に重要なのは、必ずしも「事柄」や「言葉」そのものではない。「事柄」や「言葉」が貼りつけられるべき「場」の「記憶」それ自体が死命を制するのである。ひとたびその「場」が獲得されれば、そこに貼りつけて記憶される対象の件数は驚くべき規模にのぼる。ある時代に特徴的な「場」のシステムというものがあり、それはつまるところ、その時代を深層で規定している宇宙論や世界観に支配されている。こうして記憶術はそれぞれの時代性を刻印され、微妙に「場」の構造を変化させながら、ルネサンスから一七世紀あたりまで生き延びたのであるが、当然のことながら、一五世紀のグーテンベルクによる印刷術の発明このかた、人間は自分の外部に書物という記憶の「場」を創出し、おのれ内部の記憶術を衰退させたのであった。

私は十数年前に、「即興」に関する領域横断的な研究会を組織し、その研究活動の一環として、フランスの詩人ジャック・ルーボーを招いて公開の談話会を開催したことがある。普通は一時間ぐらいの講演があり、その後質疑というのが順当な展開であろうが、ルーボーは、講演はしたくない、大嫌いだ、いきなり質疑から始めてくれというので、やむをえず、私が皮切りに「即興」研究会の話をして、かつてイタリアあたりで、記憶術を利用しながら即興で詩を作ってみせる詩人がいたらしいですね、と水を向けたら、驚いたことに、ルーボーは欣喜雀躍、一時間以上にわたって「記憶術」の重要性を語り、一四行詩ソネットの即興制作にあたり、記憶術の習得がいかに詩人の「霊感」や「感興」を充実させ、促進するかを熱っぽく強調して止まなかったのである。通念上は、知識の機械的暗記に繫がる記憶と、偶然性や自発性に重点が置かれる創造的即興行為とは、根本的に相容れない筈であるが、両者は深いところで共通の地下水脈に繫がっているとでも、ルーボーは言いたげであった。ルーボーの話では、家屋の内部構造に即して記憶の「場」を案出し、詩句を暗記する詩人もいたという。

イエイツやロッシの書物では、そうした記憶術の歴史が、古代ギリシアから中世、ルネサンスを経て近代へと辿られる。ちなみにルネサンス以後の主立った人名を挙げると、ジュリオ・カミッロ、ライムンドゥス・ルルス、ジョルダーノ・ブルーノ、ラムスと呼び慣わされるピエール・ド・ラ・ラメー、ロバート・フラッドの記憶の劇場、フランシス・ベーコン、デカルト、コメニウス、そして最後がライプニッツである。すくなくとも、ベーコンからライプニッツにいたる一七世紀の思想家は、いずれも一八世紀『百科全書』の先駆者たちであり、この延

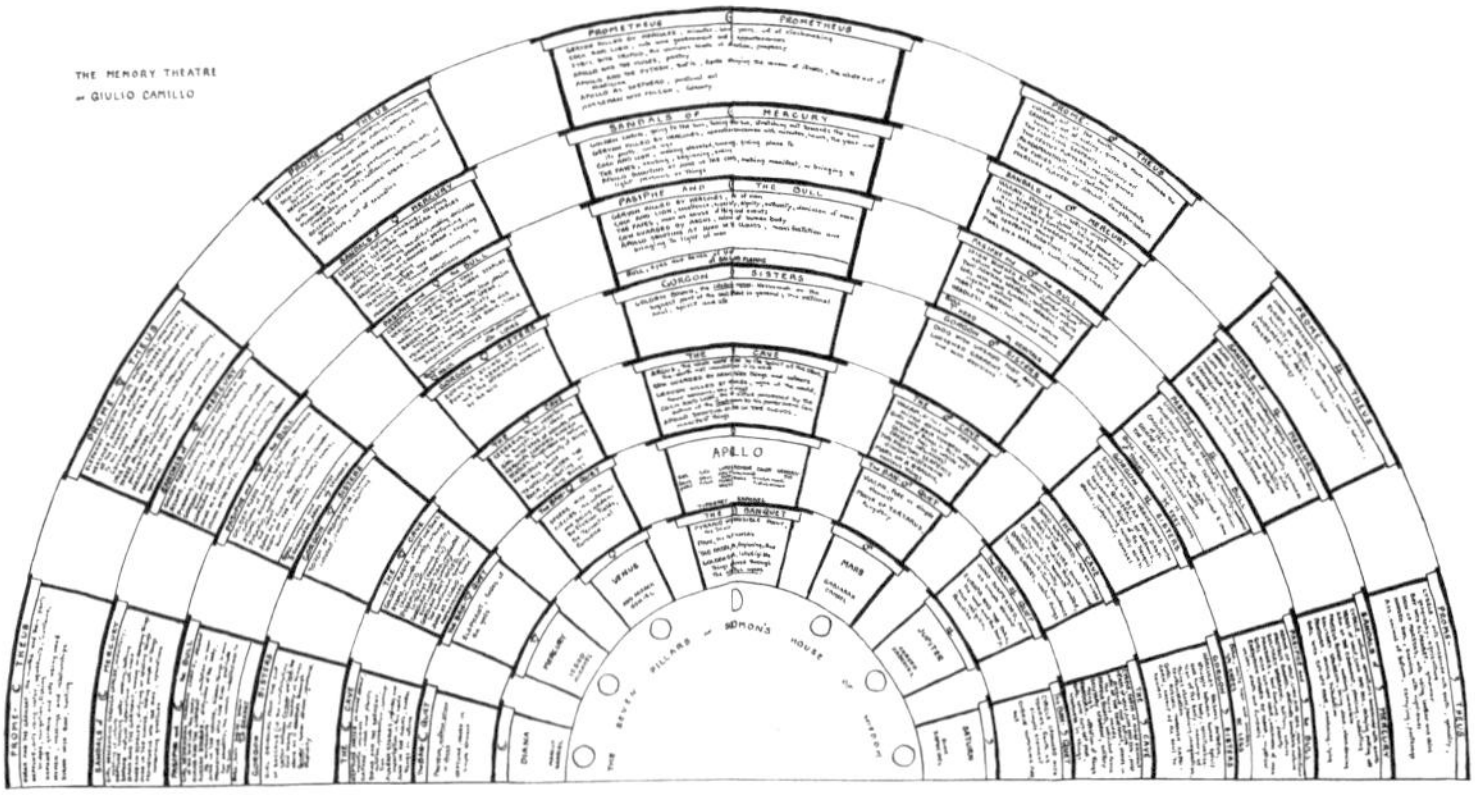

ジュリオ・カミッロ「記憶の劇場」

長線上に『百科全書』の営みが位置づけられることは明白である。ただ、イエイツやロッシ自身は、残念ながら一七世紀で記述を止めている。

もう一つ、記憶術ということで触れておきたいのが、多賀茂氏の好著『イデアと制度――ヨーロッパの知について』である〔a 多賀茂 149-156〕。都市を論じた第四章で、景観保護や歴史的文化遺産の問題に触れたあと、「文化遺産は記憶に残りやすい形で存在すべきである」として、都市を記憶術と重ねて論じている数ページがあり、印象に残った。もともと、私が「記憶術」の歴史を学んだイエイツの書物にしても、イメージを貼り付けるべき「場」としてもっともふさわしいのが「建築」であることが強調されている。記憶装置としての都市とは、いいかえれば、記念建造物が市民に「学習装置」として機能しているような教育の場でもあるわけで、とりわけ石造建築の多いヨーロッパでは、都市に永続的な伝達機能が期待されていることになる。

(3)「世界風景画」の流行

古代記憶術と平行して、網羅と全体性を一挙に提示することを使命とする表現が、ルネサンスの頃から現れ始める。たとえば、地図制作への情熱などは、その典型といえるだろう。この頃作られた地図の多くは、いわゆる立体鳥瞰図であり、航空写真や風景画とさして選ぶところがない類のものである。

絵画の分野でも、作者不詳のフランドル絵画で「天地創造」と題される絵が、網羅と全体性という主題をよく体現している。画面中央に神とおぼしき白髯の老人が立ち、老人を幾重にも取り巻くようにして、エデンの園を中心とした全世界の存在物が詳細に描きこまれている。動物、植物、鉱物、よく見れば、あちこちに「創世記」に取材したアダムとイヴのエピソードまでもが、時間差を無視して同時に記述されているではないか。遠景には大陸や海洋が望まれ、天空には太陽と月と星々とが無数の天使の舞うさまを見つめている。神を中心に構築された、これはまことに中世風の世界図絵なのである。

「天地創造」

下っておなじ絵画の領域では、ネーデルラントのパティニールを始祖とする「世界風景画」が注目される。ドイツのアルブレヒト・アルトドルファーが晩年、バイエルン公ヴィルヘルム四世のために制作した「アレクサンドロス大王の戦い」(一五二九年)は、たんなる戦争画を超えて、地上と天空の一切を画面に納めきった総合的ヴィジョンが特徴である。おなじくブリューゲルの「絞首台の上のかささぎ」なども「世界風景画」に数えられる傑作だろう〔この絵については、第三章2の(1)で詳しく論じる予定である〕。カササギが一羽、絞首台の上に止まっている。その傍らの空き地に村人

アルブレヒト・アルトドルファー「アレクサンドロス大王の戦い」

が群れて円陣を作り、食べたり飲んだり踊っている。片隅で脱糞する男までいる。絵のテーマは当然、死と生なのだが、この絵が面白いのは、そうした主題を表象する情景を前景に収めると、さらに中景と遠景が広く描き加えられていることである。中景には村人たちが住む村があり、川や林がある。さらに奥には地平線の彼方にまで広がる平原があって、丘や山があり、その向こうには城が見えて、空には雲があるといったように、森羅万象のすべてを一枚の作品の中に描きこんでいる。はたして前景のカササギや村人が本当の中心主題なのかどうか、分からなくなってしまう。画面上方に広がる空の彼方には、村人たちがまったくあずかり知らない、未知の大陸が横たわっているかもしれない。そういう想像の部分まで含めて、世界図絵は、ルネサンスの人間に固有な、飽くことなき探究、収集、網羅の意思を図案化したものであるといえるだろう。

(4) ラブレー

一六世紀ルネサンス期に、文学の世界図絵ともいうべき、興味深い記述を残してくれているのが、文学者のラブレーである。物を列挙し、網羅する記述で一世を風靡した作家であり、ルネサンス人らしい「世界図絵」の人として、たとえば人間の下半身に対するおおらかな関心とこだわりを見せる。幼い王子ガルガンチュアが、父王の留守中に、排便の後のお尻を拭く方法について、「熱心に実験をくりかえして、これまでにはない、なんともみごとで、具合もよくて、高貴なお尻のふきかたを発明した」といい、試してみた道具を次々に列挙する有名なくだりがある〔a ラブレー 1 113-122〕。

そのガルガンチュアが帝王学を修めて王となり、『パンタグリュエル物語』で、パリに留学中の息子パンタグリュエル王子に書き送った「教育書簡」がある。父王は息子が習得すべき学問についてこんなことを書いている〔a ラブレー 2 110-117〕。

いまや、あらゆる学問《ディシプリーヌ》は復興され、諸言語の研究も再興された。たとえば、これを知らずして、知識人を自称するなど恥ずべきことであるギリシア語をはじめとして、ヘブライ語、カルディア語、ラテン語といったものだ。じつに優雅にして、正確なる印刷術《アンプレシオン》もおこなわれているが、これは、わが治世に、神の霊感によりて発明されたのだ――兵器火器のたぐいが、悪魔の教唆により考案されたのとは反対にな。この世は、学識ある人々、博学多識なる教師、広壮なる図書館でみちあふれて、思うに、プラトン、キケロ、はたまたパピニアヌスの時代でも、当代ほどの勉学の利便はなかったにちがいないのである。ミネルウァの学舎にて切磋《せっさ》琢磨《たくま》せざる者は、今後、人前に出て交わることもできなくなりそうではないか。わたしの見るところ、当世では、強盗、刑吏、傭兵、馬丁といえども、かつてのわが時代の博士や説教師よりも博学かとも思われるぞ。

いや、それどころではない。女性もまた、年齢を問わずして、こうした栄誉を希求し、優れたる学識という天の恵みにあこがれているのだ。こうした次第であるから、このわたしも、この年齢になってギリシアの文芸を学ぶ仕儀となったわけだが、それは大カトーのごとくに、これを軽蔑していたのではなく、若き日には学ぶ機会もなかったのである。それが今では、プルタルコスの『モラリア』、プラトンのみごとな対話編の数々、パウサニアスの『ギリシア案内記』、アテナイオスの『食卓の賢人たち』といった著作を好んで繙いては、大いに楽しみ、わが創造主たる神のおぼし召しよろしく、この地上を離れよとのお呼びのある日を待ちかまえているという次第なのである。

されぱこそ、わが息子よ、いいか、おまえの青春をだな、学問《エチュード》と力徳《ヴェルチュ》の修得にしっかりと用いるべきことを切言しておきたい。おまえはパリにあって、エピステモンという良師も付いているではないか。一方は、口頭による直接の教えにより、そして他方は、称賛にあたいする実例によって、おまえに薫陶をほどこしてくれようぞ。

わたしとしては、ぜひとも、おまえに諸言語を完璧に学んでほしい。まず第一は、かのクインティリアヌスも申したように、ギリシア語であり、次がラテン語となる。聖書の読解のためには、ヘブライ語が欠かせぬし、カルディア語とアラビア語も不可欠だ。そしてギリシア語はプラトンを、ラテン語はキケロを手本にして、文章を磨くがいい。歴史《イストワール》などもいずれもしっかりと覚えこむべきだが、それには、その道の人々が書き残した世界の記述《コスモグラフィ》が役立つかと思われるぞ。幾何・算術・音楽といった「自由学科《アール・リベロ》」については、おまえがまだ五歳、六歳という幼い時分に、そうした嗜好を授けておいたから、これをきちんとまっとうすればよろしい。ただし天文学《アストロノミー》については、すべての法則を学ぶはもちろんとはいえ、未来を予言する占星術《アストロロジー》や、ルルスの魔術は、錯誤かつ虚妄なるものとして、手をつけずにおくのだ。民法は、優れた原典を暗記して、哲学と関連づけて考えてみることを所望しておきたい。

自然の事象に関しては、これを知るべく大いに熱意を注ぎ、いかなる海洋、河川、湖沼にしても、そこに住む魚類を知悉し、空を飛ぶ鳥類、森の樹木や大小の灌木、大地の草花、さらには地中の奥深くに潜みし金属、オリエントや南の国々の宝玉なども、なにひとつ知らぬものがないようにするがいい。それから、ギリシア語、アラビア語、ラテン語の医学書を念入りに繙読する一方で、タルムード編纂者やカバラ学者をもないがしろにすることのないように。しばしば解剖《アナトミー》をおこない、人間という、このもうひとつの宇宙《オートル・モンド》に関する完璧なる知識を身につけてほしい。その日のしかるべき時間を定めて、聖書の勉強にも手をつけなくてはいけない――まずはギリシア語の『新約聖書』ならびに使徒たちの『書簡』を、次いではヘブライ語の『旧約聖書』を学ぶがいい。要するに、わたしとしては、おまえには深遠なる《アビーム・》学識《ド・シアンス》の持ち主となってほしいのだ。今後、おまえが大きくなって、一人前の男となれば、この静かで、落ちついた勉学生活にも別れを告げなくてはいけないのだぞ。そしてだな、騎士道と武芸百般を学んで、家門と朋友とを守り、ことあるごとに、悪逆非道の敵の攻撃から救ってやらなくてはいけなくなるのだからな。

したがって、さっそくにも、おまえの修養の成果のほどを試してほしいのだ。そのためには、あらゆる主題について、公開の場で、だれかれを問わずに討論《コンクルジオン》をおこなうこと、そして、パリや、その他の土地の学識ある人々と交わることこそ、最良の手段であるにちがいない。

とはいえ、賢者のソロモンもいうごとくに、英知《サピアンス》はよこしまな《マリヴォル》精神には宿らないのだし、良心なき知識は、霊魂の廃墟にほかならないのであるからして、おまえは、神に仕え、神を愛し、かつまた畏怖しなくてはいけないのであるぞ。そして、おまえの思いのたけや希望のすべてを神に託し、慈愛《シャリテ》により育まれた信仰によって、神と一体のものとなるべきなのであって、罪を犯して、そこから離反するようであってはならないのだ。いいか、この世の誤謬を疑い、空しきことに執心してはならぬぞ。なぜならば、現世はつかの間のものなれど、神の御言葉は永遠のものなのだからな。隣人たちには、だれにも親切に接し、おまえ自身のようにして愛してやりなさい。師傅《しふ》を敬うのだ。そして、このような人間にはなりたくないと思う手合いとは、つき合いを避け、神よりたまわりし恩寵を、空しく受けとるようなことがないようにするのだ。そしてだな、御地にて、あらゆる学識をば獲得したと思った暁には、わたしのところに戻ってくるがいい。死ぬ前におまえの姿を見届けて、祝福を与えてやることを念じているぞ。

わが息子よ、主の安らぎと恵みが、おまえとともにあらんことを。アーメン。

ユートピアより。三月一七日。

おまえの父、ガルガンチュア。

いささか長い引用になったが、ここで父ガルガンチュアが息子のパンタグリュエル王子に言い聞かせている教育上のアドヴァイスの数々は、ルネサンス期のユマニストが身に付けるべき「世界図絵」学習法の要諦そのものなのである。

(5) 博物誌と書誌

「収集」や「網羅」を手段とした「世界図絵」へのこだわりは、もう少し大きなルネサンス期の潮流の中で考えてみる必要がありそうである。たとえば、当時の大航海を無視する訳にはいかない。羅針盤といった技術の進歩に支えられて、多くの探検家が海を渡り、未知の大陸を踏査・探検することが可能になった。コロンブス、ヴァスコ・ダ・ガマ、マゼランといった人たちが探検隊を組織して遠隔の土地を発見し、そこで見つかったさまざまな人間や事物を連れ帰ったり、持ち帰ったりしはじめる。旅行家の中には紀行文を残す人もいれば、画家や学者に記録させて、後にそれが博物図鑑のような形になる場合も多かったようである。

たとえばプリニウス『博物誌』は、ルネサンスが発掘した古典的名著で、アリストテレスと並ぶ博物学の原点となる書物である〔b Plinius〕。この名著は、自然のありとあらゆる現象を網羅した、最初の百科全書的集大成である。プリニウスの分類法は独自のもので、宇宙、元素、天体、気象など天文関係の次に、地理、人間、動物がくる。それから植物、次いで植・動物からえられる薬のこと、最後が鉱物となっている。いわゆる「客観的」な自然記述ではなく、どこまでも人間の都合に合わせた分類なのである。

コンラート・ゲスナーの浩瀚な『書誌総覧』〔b Gesner 1〕は、一五四五年に刊行されたが、古代記憶術との深い関連の相の下に置かれた興味深い著作になっている。これは注釈付き図書目録で、ラテン語、ギリシア語、ヘブライ語で書かれた、すべての書物の網羅を目指すシリーズの第一部をなす。『書誌総覧、すなわち、ラテン語、ギリシア語、ヘブライ語の三カ国語で書かれた書物すべての内容豊富な目録。これらの書物はわれわれの世代にまで伝えられたもの、失われたもの、古典から現代にいたるまでのもの、知識人によるもの、識者でない作者によるもの、出版されたもの、未発表のまま図書館に埋もれているもののすべてを含む。チューリヒの医師コンラート・ゲスナー著』〔a 今泉 217-218 注(84)〕というのが正式のタイトルであるが、数万点にのぼる著作目録に、すべての著者の略歴資料を付した著者名索引(三〇〇〇人)が付き、総合的学者人物伝、著述家事典になっているばかりか、各書物の内容の要約、抜粋や、序言の内容までが収録されるという凄まじさである。ゲスナーの著作には、明確に意識されてはいないが、世界を一冊の書物(外在化された脳髄)に納めきってしまおうとする、古代記憶術の方法が色濃く影を落としているように思われる。文字通り、書物による世界図絵なのである。その場合、各書籍を静態的な分類システムに封じ込めてしまわず、書物の背後に潜み隠れる「著者」にまで思いをめぐらせ(ゲスナーはヨーロッパ各地を旅して、著者を訪問し、インタビューして歩くことまで辞さなかったと言われる)、書物から著者へ、また別の書物へと検索範囲を広げていく、まことに今様の研究アーカイヴの活動に相応しい調査を続けた。

(6) 一七世紀の整序

このような事物や知識の収集への情熱が、大航海時代を背景にしたヨーロッパ・ルネサンスの、きわめて人間的で、かつ攻撃的、積極的な心性を特徴づけるものであるとすると、少し下って一七世紀には、集めた物、蓄積した知識や観念を、今度は組織的に分類しようとする新しい動きが出てくる。デカルトのような合理主義哲学の主導者が、「分析」「枚挙」「総合」といった知性の機能で、人間の思考を体系化したことも、無関係ではないかもしれない。いろいろなものを集めて並べ、吟味を加えたり、並べ替えたりしながら、一つのシステムに分類・整理していく方法である。世界図絵はここにおいて、初めて近代的整序のシステムと出会うのである。

整序は主として二つの方向に向かったようである。まず、言葉を収集・分類して辞典・辞書を作っていく方向。もう一つは事物を収集・分類して、いわゆる事典を作る方向。前者は日本で言えば『広辞苑』、後者は平凡社などの『百科事典』にあたる。言葉を集めて辞書を作る試みは、フランスの場合、アカデミー・フランセーズが一六三五年の創立以来、重要任務の一つとして準備していた画期的な作業であった。アカデミーの仕事は遅々として捗らず、その間に、リシュレが単独でフランス語辞典を出版してしまった。一六八〇年のことである。これがフランスにおける真に近代的な国語辞典の最初の達成ということになる。アカデミーの初版は、大幅に遅れて一六九四年に出た。フランス語の単語をアルファベット順に整理し、ラブレーなどが愛好したであろうような卑猥な言葉は排除して、洗練された言葉に語彙を限定し、政府のお墨付きの国語辞典を作ったわけである。あまり実際的な辞書ではないというので、出版当初から評判は悪かったが、フランス政府としては、その後世界にその名を謳われる、いわゆるトップダウン文化政策の礎の一つに、国語の整備を考えていたのである。

フランス語辞典の刊行に平行して、やや少し遅れる形で、今度は科学アカデミーが、物や事の網羅と整理という大事業に着手する。後に科学アカデミーの図版集として、一八世紀半ばに出版されるが、準備が始まったのは一六九九年である。主として、職人のさまざまな技術の集大成といった趣の資料集で、それまで個々のアトリエ内部に、マン・ツー・マンの孤立した形で伝えられてきた技芸を、一挙に国家規模でまとめてしまおうとする画期的な試みだった。

一七世紀ということで、もう一つ落とせないのが、クシシトフ・ポミアンが見事にまとめている「コレクション」というテーマである〔a ポミアン〕。

ポミアンの記述は、「好奇心の文化」をめぐって、一七世紀、一八世紀の主にイタリアを中心にしている。それというのも、フランスがもっぱら国王のコレクションという形で、中央集権的な文化政策を貫いたのにたいし、イタリアではヴェネト地方を中心として、個人の収集家が活躍し、それが政治的意味さえおびるという、重要な契機を作りだしてきたからなのである。しかし、フランスにも、南仏にピエール・ボレルという医者がいて、有名な陳列室を設けるが、ポミアンによればそのコレクションの構成原理は、あらゆる生物と事物とを「四大要素」からなるものとして説明しており、ようするに一種の「世界図絵」をなしているというのである〔a ポミアン 73-76〕。

また、ポミアンはすこし先で、一七世紀のアントウェルペンで描かれた室内画に触れ、さまざまな収集物であふれた部屋を模写した絵について、それらがボレルの陳列室に似た「小宇宙」だというのである。「ボレルのものに似かよった陳列室は、ボレルの陳列室と同様、すでにひとつの『小宇宙』であり宇宙の縮図である。絵の中に描かれた陳列室はしたがって、一目で見るべく提示された宇宙であり、いわば目の大きさに縮小された宇宙である。しかしながらこの縮小は、細部への配慮と、品物、なかでも絵画を識別できるほどの正確な描写と共存しているのである。それはあたかも、世界を構成している事物を、視線がそれらすべてを同時に包括できるように、しかしだからといってそれらの事物のもっとも密な性格が失われることのないように、縮小しているかのようである」[a ポミアン 78]。

(7) 一八世紀とカタログ

一八世紀に入ると、物を分類し、何らかの形でそれを書物にするという専門別の営みが、さらにいろいろな領域で行われるようになる。スウェーデンのリンネは、二分法という方式で植物を分類して一世を風靡した。突飛な飛躍と叱られるかもしれないが、フランスの大作曲家ラモーが近代和声学を確立して、音の組み合わせを組織化し、体系づけたのも、同じ流れの中で考えることができるかもしれない。フランスではこのほかに、『経済学事典』のような、各種の主題別百科事典が編纂されはじめ、また収書家の大貴族が蔵書目録を作成させるようになり、それが現代の書誌学から見ても興味深い分類法を採用しているなど、きわめて広範囲にわたる事物と観念の交通整理が行われ始めたのである。

まだあるのだ。ブルジョワを中心とする一八世紀人は、理性を駆使した思惟や知覚の対象分類(哲学書)や言葉の交通整理(辞書)に留まらず、人間生活の全領域にまで、そのカタログ化の関心を広めた。一八世紀人にとっての世界図絵とはカタログであった。理性の申し子であるはずのこの時代の文学も、人間生活と人間心理との総目録といった様相を呈してくる。マリヴォー劇は、恋愛心理のさまざまな変化や様相に関する精緻なカタログであるし、メルシエの『タブロー・ド・パリ』は、大都市の明暗や裏表をくまなく記述した、テーマ別事典と見なすこともできよう。言うまでもなく、サドをはじめとしてこの世紀に書かれたおびただしい数にのぼる小説群も、一九世紀のバルザックやスタンダールを待つまでもなく、そうした収集熱と解析趣味の行き着く果てに展開する、人間の情動や行動に関する、架空の図録に他ならない。

3 『百科全書』初版とはどのような書物か?

フランスの『百科全書』は、こうした大きな時代の流れの中で、一八世紀の中葉に誕生した。現在の百科事典と呼ばれるすべての書物の母胎と言ってもいいこの巨大な書物は、私がこれまで記してきた「世界図絵」のさまざまな成り立ち、ルネサンスこのかた人々がこだわり続けてきた言葉や事物の収集と分類への執念の、いわば集大成のような趣がある。

本書では、二〇世紀後半からめざましい進展を見せているヨーロッパとアメリカを中心とした、『百科全書』研究の歴史と現状についてページを割く余裕はない〔この問題についての現在望みうる最良の案内は、a 逸見である〕。ただ、私の留学時代の恩師で、その後も交遊が絶えることのなかった故ジャック・プルースト教授のことだけは触れておかなければならない。プルーストが一九五〇年代に準備して、一九六二年に刊行した博士論文『ディドロと百科全書』は、本書のとりわけ第一章と第四章とを執筆するにあたって、たんなる参考文献といった生やさしい恩恵をはるかに超えるインパクトを、この私におよぼしているおそるべき書物である。両二章の記述は、ほとんど毎ページ、いや毎行にわたって、私がいくどとなく繙いたジャック・プルーストの博士論文を中心とした、膨大で圧倒的な業績が背後にひそんでいる。これをいちいち注で断っていたら、大変な分量になるだろう〔とりわけ以下の書物。Proust 1, Proust 2〕。

プルースト教授との一週間

九月一日(土)

――まったく忙しい日であった。すこし遅目の朝食を終えたかと思うと、もう正午がすぎて、そそくさとテレビのスイッチを入れる。いわずとしれた、ヘビー級ボクシングの世界タイトルマッチである。試合はたったの二分でけりがついた。丸太棒のような腕をそれこそハンマーかなにかのようにブンブン振りまわして、挑戦者をマットに沈めるチャンピオンのジョージ・フォアマンを唖然として見つめているうちに、私はいつのまにか、テレビの画面が伝えるこのたくましい黒人の姿を、一人のフランス人教授のそれに重ねあわせていた。六時間後には日本の土を踏むはずの、かつての私の指導教授、ジャック・プルーストその人である。

プルースト教授よ、あなたが人種偏見のない人間であることは百も承知だが、黒人ボクサーとのアナロジーにはあまり嬉しい顔はしないだろう。でも、あなたもジョージ・フォアマンも「途方もなく強い男」であることはたしかなのだ。フォアマンのげんこつとあなたのペンとは、強靭な意志と無類の正確さと恐るべき破壊力を秘めている点で、私のように脆弱な人間にとっては一つの驚異ですらある。

ジャック・プルースト。四七歳。南フランスのモンペリエにあるポール・ヴァレリー大学の教授。専門はディドロをはじめとする一八世紀フランス文学。博士論文は『ディドロと百科全書』。私は一九六七年から一九七二年までモンペリエに滞在して教授の指導をうけ、文字どおり物心両面にわたって多大な恩をうけた。そのプルースト氏が、学術振興会共同研究員としてははじめて来日する。ドイツ系スイス人の美しい夫人が一緒である。

夕方六時の羽田。あまりの混雑ゆえ、眼の焦点があわず、ものを直視できない。案の定、とっくに姿をあらわして出迎えを探しているプルースト夫妻を見落としてしまう。あわただしい握手、微笑、スーツケース、タクシー。プルースト訪日の世話役を引き受けて下さったO教授、招聘校京都大学のN助教授、それからモンペリエ時代のゼミ仲間で立教大学の助教授H君などが同行。

都心へむかう車中ではもっぱらAF機内でみたというジャック・タチの映画の話。これはフォアマンでいえば左右のジャブである。タチは日本で親しまれているというあたりから、窓外のネオンが急に数を増して、かれは口をつぐみ、すこし疲れ気味の夫人ともども、東京の夜景に眺め入る。

中目黒の私のアパートに着いたのが八時ごろ。ホテルがあまりにも高いので、二DKのみすぼらしいわが空間をそっくり提供したのである。鴨居に頭をぶつけても、私の知ったことではない。

駅前のレストランで「しゃぶしゃぶ」をつつく。夫妻とも旺盛な食欲。そして食欲以上の弁舌。話題は多岐にわたり、俎上にのせられるフランスの学者や思想家も一人や二人ではない。じっさい、こういうくつろいだ時の教授の話ほど、おもしろくてタメになるものはない。いちいちカードにとって保存しておきたいぐらいである。モンペリエの大学仲間の近況。私と親しかったP青年が兵役勤務中「アカ」の刻印をおされ、精神病院にまで送られた話。同じPが最近失恋し、港町セットの運河でボートから落ちた(身を投げた?)話。


こんなふうなバカ話を明快なフランス語でしゃべるプルーストには、グランヴァルのサロンで談笑するディドロの魂が乗りうつっているといっても過言ではない。

アパートに帰っていろいろな指示、説明を与える。妻はマリアンヌ夫人をつかまえて冷蔵庫とガス・レンジの使いかたを伝授。私は教授に「押入れ」を示し、マットレスとフトンの敷きかたを教える。文学研究で鍛えたはずのフランス語がなんの役にもたたぬことを痛感。それにしても、リリパット王国に迷いこんだガリバー夫妻のような二人、本当に眠れるのかしら?

プルースト教授のブッたまげたもの、私の愛用しているズボン・プレッサー。生まれてはじめて見るらしい。それから電気掃除器のコードが胴体にひとりでにスルスルと入りこむことに気づいたときの異様な唸り声。啓蒙主義を専門にしているプルーストだが、もしかしたらすっかり「啓蒙」されて帰るのではあるまいか?

九月二日(日)

N氏、H氏と中目黒のアパートで落ちあい、二人を町に連れ出す。マットレスがことのほかお気に召した由。フランスでは「寝室」の存在が次第に無用の長物と化しつつある、あそこは寝る以外なんの役にも立たない、その点マットレスは、云々。

昨夜と同じレストランで「豚肉のしょうが焼」の昼。地下鉄日比谷線で上野までゆき、雑踏にもまれて公園を歩く。プルースト氏は持参した電気カミソリが日本で使えず、無精髭をはやしたまま。珍しい日本晴れで気温は三三度をこえていよう。上野から銀座へ場所を移すころは、五人ともかなり消耗してしまった。恐るべき湿度……これは本音らしい。

電気カミソリのアダプターがどうしても見つからない。やむをえずデパートで簡易カミソリを買ってもらう。

夕食は焼きとりと日本酒、あいかわらずの食欲で、五目釜めしまでペロリと平らげてしまう。食後の散歩に皇居前をすこしぶらつくが、さすがに二人は疲労困憊の様子。

九月三日(月)

N氏と二人で夫妻を一ツ橋の学術振興会国際課へ連れてゆく。パレス・サイド・ビルで天ぷら定食の昼。どうやらかれらは米が好きらしい。

京都へ帰るN氏と別れたあと、エア・フランスと交通公社で数時間をつぶす。有楽町から銀座にかけての街のかたちを、もうすっかり頭に入れた模様。写真をすこしとる。

四時半から歌舞伎座で「四谷怪談」をみる。五時間の通し狂言。ワグナー的苦痛。日本版ブリュンヒルデのお岩を歌右衛門が好演している。プルースト先生は根っからの芝居好きなので、まばたきもせずに舞台を見つめている。かれの興味をひくのはもっぱら「しぐさ」であり、筋書きのほうは私の下手な解説でもじゅうぶんらしく、「メロドラマ」でかたづけてしまった。それから「成駒屋!」のかけ声にひどく心を奪われて、ブレヒトとか観客とか、なにやらむつかしいことを口走ったが、もう忘れてしまった。二〇分の幕あいに幕の内弁当なるものを食べた。

九月四日(火)

なにもしないでいたい、というので、私のほうもゆっくり「休養」する。あとで問いただしてみると、二人で地下鉄にのって銀座でおり、デパートで買物したらしい。地下の食品売場で「つくだに」を見つけ、その「成分」と「用途」について大議論したとか。同じデパートの中のレストラン(大衆食堂のこと)に入り、にぎり鮨を注文したが、おいしくなかった。鮨そのものがまずいのではなく、たまたままずい鮨にぶつかったのだ、という正しい解釈。

九月五日(水)

暁方からの大雨のため、五時起きで予定していた日光参りはオジャンになった。午後一時、H君、それから今秋モンペリエに留学する東大のT君などと中目黒のアパートにゆく。食事がめんどうなので、近くのソバ屋から「なべ焼き」の出前を頼む。「出前」は「おしぼり」についで、かれらがもっとも感心したものの一つである。

南青山の根津美術館で一時間。そのあと降りしきる雨をついて庭を歩く。茶室を眺めているうちにタタミの話になり、かれらは中目黒のアパートの絨毯の下に本物のタタミが隠れていることをはじめて知る。

美術館わきの喫茶店で長いおしゃべり。プルースト教授の珍しい身の上話。とりわけその独自の「旧約」思想に触れて、はじめてかれの複雑な「存在」の内部を垣間見たような気がする。なにしろかれは、コミュニストで無神論者で、しかもプロテスタントなのだ。渋谷の中華料理屋で食事。

九月六日(木)

午後二時より如水会館で東京ゼミの第一日。一ツ橋大学主催。

プルーストは見知らぬ聴衆とのはじめての接触をまえにしてすこし緊張気味。軽い昼食にしたいという注文で、パレス・サイド・ビルで天ざるを勧めたら、喜んで食べていた。

ゼミはO教授の司会で約二時間半。今日はディドロの初期小説「おしゃべりな宝石」の分析。はじめに手のうちを全部見せておいてから分析にかかるので、とてもわかりやすい。いくつかおもしろい質問も出て、予想していたより成功だったのではないか。マリアンヌ夫人はプルーストがしゃべっているあいだ、傍につつましく控えていたが、途中でアイス・コーヒーが配られると、紙袋を破ってストローを出してやるところなど、なかなか微笑ましい。

夜は慶應のH先生、モンペリエの仲間H君、S君などと一緒に新宿で天ぷらを食べる。夫妻のはじめて経験するタタミ。健康上の理由でヨガを実行しているという教授も、三〇分が限度のようだ。

九月七日(金)

ゼミの二日目は『運命論者ジャック』にかんする最近の研究の紹介。まさに「新批評」のプロパガンダという感じで、それも対象が一八世紀小説であるため奇異な印象を抱いた人も多かったのではないか。私の知性はプルーストの主張と方法を全面的に支持するが、私の中の「土俗」が「新批評」のスコラ性にほんのすこし抵抗する。ともかく明日の能が楽しみだ。

夜は新宿のイタリア料理屋へゆく。今回はじめてのまともな西洋料理。

九月八日(土)

むし暑い土曜日。渋谷ですっかりお気に入りの五目釜めしを食べてから、水道橋能楽堂へゆく。クーラーのない息苦しい舞台で、世にも息苦しいものが演じられる。「花筐」と「黒塚」。二人はほとんど茫然としてただ眺めるだけ。シテが狭い舞台をぐるりと回っただけで何百キロという旅が完了する、というあまりにも高度の象徴性はやはりショックらしい。それから鼓を打ち鳴らすと同時にきこえるあの異様な音声。マリアンヌ夫人は困ったような、べそでもかきそうな表情。そして「不安だ」と一言。これは自分の価値判断が通用しないものに直面した人間の、正直な感想であろう。プルーストは言葉少なめに、「自分はどちらかといえば知的人間なのでいまはどうということもないが、無意識の中になにかが沈んでいったようだ、そのうち反応があらわれるかもしれない」と語った。

六時から如水会館で一ツ橋大主催の晩餐会。

九月九日(日)

四時に霞が関で待ち合わせ。昨日の能はやはり教授の「無意識」に強く働いたようだ。悪夢を二つ見たとのこと。夫人の話では、夜中に突然大声をあげて自分のほうへ転がってきたそうだ。

今日は文楽鑑賞。国立小劇場で三世竹本津太夫三十三回忌追善。「摂州合邦辻」と「紙子仕立両面鑑」。いずれも一八世紀「メロドラマ」ということで、プルーストの興味は当然ながらフランス一八世紀の「ブルジョワ悲劇」との比較という問題にむけられる。かれは差異よりも類似のほうに注目し、たとえば「紙子仕立」の愁嘆場など、まさにグルーズの絵ではないかと感心する。だがなんといっても「合邦庵室の段」における津太夫の語りが絶品で、満場の視線を集めてしまう。かれら二人も津太夫の出番のあいだは、ほとんど人形を見ていられなかったらしい。

渋谷の料理屋でビールを飲んで帰る。

九月一〇日(月)

朝九時の新幹線で京都へ出発。H君と二人で見送る。しんどい一〇日間だったが、楽しかった。プルーストはやはり「強い男」であった。あのスケジュールにもかかわらず、遅寝早起を断行し、いささかの乱れも見せなかった。時折り目撃した小さな夫婦喧嘩はご愛嬌というべきか。

ともかく四〇日間の滞在の、まだ四分の一を消化したにすぎない。私もかれらを追ってじきに京都にゆく。京都では沢山のゼミが、沢山の寺と庭が、待っている。そして私は、オサシミとスキヤキをかれらに賞味させるという仕事をまだ残しているのだ。

社交性の文学
――ディドロ研究の仲間たち――

私は今この原稿を京都イタリア会館の宿泊室の机で書いている。窓の向うに見える京都大学文学部で集中講義をするために来ているのだ。数時間後にはどこかの教室で第一声をはりあげ、ディドロと文体といった問題についてしゃべりはじめているにちがいない。そしてその教室には、京大生にまじって、京大仏文科助教授中川久定さんと、早大仏文科助教授市川慎一さんが机を並べ、皮肉まじりの笑顔で私の話をきいているだろう。

中川さんと市川さんと私の共通点は二つある。酒を飲みながらよもやま話に興じるのが好きなことと、フランス一八世紀の作家ディドロを研究していることである。私に集中講義の話をもちこんだのはむろん中川さんだが、承諾してしばらくしてから会ったら、「私も出さしてもらいます」という。なにしろ中川久定といえば日本が世界に誇るディドロ学の権威なのである。

そんな恐ろしい人の前で一週間三〇時間もディドロのことをしゃべるなんて狂気の沙汰である。毎晩やけ酒といきたいところだが、やけ酒の相手をしてくれるのも中川さんだろうし、それに二日酔では授業にもさしつかえる。

困ったことがもう一つ。ほかならぬ早稲田の市川さんである。この人はフランスでの留学時代からの同僚で、同じ指導教授についてディドロを学び、住むところも一緒なら食べるのも一緒、ついでに飲むのも一緒という、まあ滅多にない親友なのだが、あげくの果てには女房まで学習院仏文で同級生同士というのをもらってしまった。その市川さんが奥方と坊やをつれて私と同じ日に京都に着いた。昨日の日曜のことである。

市川さんの心づもりでは、私の講義を冷やかしがてら、家族にもサービスを忘れないという、いわば一石二鳥を狙っているらしいのだが、三歳そこそこの市川少年が元気な昼間が講義の時間でもある以上、サービスと講義が両立しえないのは火を見るよりもあきらかだ。夫婦ゲンカの結果、恨まれるのはこの私にきまっているではないか。

まだあるのだ。昨日の夕方、新幹線で京都駅に着き、タクシーを拾ってイタリア会館にかけつけてみると、中川さんが予約しておいてくれた筈の部屋は今日から、つまり月曜からだという。そんなバカな、と食い下ると、人の好さそうな事務員は宿帳を調べて、そういえば同じ中川さんの紹介で市川さんという方が先程おみえになっています、という。それでハッと気がついたのだが、なにかの手違いで予約が入れちがってしまったのである。私は月曜の午後から授業が始まるので遅くとも日曜の夜には京都にいなければ困る訳だが、市川ファミリーは特別に急ぐ理由もない。たしか月曜を出発予定日にしていた筈だ。中川さんか、市川さんか、あるいはこの私の勘違いでカレンダーが入れかわってしまったものと思われる。

空いている部屋はありませんか、と訊ねると、人の好さそうな事務員は、ないことはないがベッド・メイクをしていない、それに日曜日で従業員がいないから今からではお泊めできない、という。明日のために少しは下調べもしたいのに、のっけから何たる先制パンチをくらったものかと途方にくれていると、突然人の好さそうな事務員が、「市川さんとはお親しいのですか?」ときいてきた。「ええ、とても」、「それじゃあ、こうなさってはいかがでしょう。市川さんのお部屋はツインなのですが、奥様とお子さんが今晩だけ大阪に泊まられるとかで、実はベッドが一つあいているのです。お親しい方でしたら、事後承諾ということで、今スペア・キーを差し上げますから荷物だけでもお入れになったらいかがですか」。「で、市川さんは?」「先程出ていかれましたよ」。

感謝感激である。それにしても、よく考えてみると、泊まり客の親友と称する人間にこうも簡単に鍵を渡してしまうのは、天性の信頼か、それともイタリア仕込みのユマニスムだろうか。かくして私は一夜のベッドを確保した。あとは中川邸に電話をかけるだけである。

案の定、中川夫人の話では、中川さんと市川さんは四条河原町のしゃぶしゃぶを食べにでかけていた。七時すぎに私は二人に合流し、遅くまで酒を飲んでから宿に帰った。市川さんのいびきは留学時代とくらべても少しも遜色のない出来栄えだった。

そろそろ講義の時間が近づいてきたようだ。私は土曜日までの六日間、いろいろなことをしゃべるつもりだが、ディドロの思想における「社交性《ソシアビリテ》」の観念がメイン・テーマの一つとなるだろう。私たち三名のディドロ研究家は、いわばこの観念を実践的にも研究しつつ、日頃のきびしいトレーニングとしているのである。

(1) 出版の経緯

フランスの歴史上、最大規模を誇る書物の世界図絵とはいえ、『百科全書』の企画は、そもそもの初めはささやかなものだった。一七四〇年代の初頭に、パリの出版業者ル・ブルトンが英国で評判の百科事典、チェインバーズの『サイクロピーディア』全二巻(一七二八年)を仏訳しようと思い立ったのである。ル・ブルトンは経済上の安全策として、三名の同業者と組み、「共同出版社」を結成する。この時点では、若いディドロとダランベールは翻訳者として雇われただけで、企画それ自体にも英国のモデルを超えるような新しい着想などは見当たらない。その後、ル・ブルトンたちの企てには何度か挫折と修正があり、結局、有能な若いディドロとダランベールが共同編集者として出版業者と契約を結ぶことになる。そして、この頃からディドロたちの事典構想は英国のチェインバーズを離れて拡大し、フランス独自の大百科事典刊行にまで漕ぎ着けるのである。この大規模な出版事業が、フランスをはじめ諸外国からも熱狂的に迎えられたことは言うまでもないが、一方で教会その他の激しい攻撃に晒されたこともまた事実であった。一七五〇年代の後半はそうした危機が増大し、発行禁止令などに見舞われ、ダランベールが早々に戦線を離脱する。ディドロはその後単独で『百科全書』の編集に携わることになる。一七五一年に「本文」第一巻が出てから二二年をかけて、一七七二年に、後発型の図版の巻を含む全巻の刊行が終了する。

(2) 『百科全書』の体裁と価格

『百科全書』は、実際に書物としてどういう体裁だったのか。今の百科事典と大きく違うところは、文字だけの「本文」が一七巻、図版が一一巻と分かれていることだ。あわせて二八巻がディドロの編集になる部分である。後に若い出版業者のパンクックが、ディドロの協力を得られないままで、さらに補遺と索引を七冊刊行し、現在では全三五巻をワンセットにして、古書店のカタログなどに出る場合が多い。

『百科全書』パリ版のサイズは、最大級のフォリオ版と言い、タテ四〇センチ、ヨコ二五センチ。一ページが左右二段組み、各段が七四行あるので、一ページで一四八行。普通の書物の優に三、四ページ分は入っていることになる。各巻は九〇〇ページ以上あるから、全体で一万六〇〇〇ページ。それに加えて二八〇〇枚を超える図版が一一巻付くので、一九世紀以降に出たラルースなどの有名な近・現代の大百科事典と比べても、それらをはるかに凌駕する規模になっている。

(3)『百科全書』の編集者ディドロ

『百科全書』の刊行は出版事業として考えた場合、フランスの歴史においてかなり新しい局面を切り拓いた。ディドロとダランベールに支払われた謝礼は年俸制で、これはフランス文学史上最初の文学者に対する本格的俸給であると言われている。ディドロの手紙を読むと、時折、出版業者ル・ブルトンたちを相手に雇用条件の改善を主張して、交渉をやっているのが分かる。この時代は印税などというものがなく、物書きに定収入は保証されていなかったから、一人娘の持参金を作らなければならないディドロは必死だった訳である。

したがって、一七四七年一〇月六日、共同出版社と最初の契約を結ぶに際して、ディドロの要求がたいしてやかましいものではなかったであろうことは想像できる〔以下の記述は、Proust 1 の 92-104 に依拠している〕。前任者の編集主幹グワ・ド・マルヴは大物だったので、俸給は比べ物にならなかった。ディドロの取り分は、七二〇〇リーヴルを分割して、第一巻刊行時に一二〇〇リーヴル、残りは一四四リーヴルずつを四一カ月間支払われるというものだった。

当時、明礬鉱の鉱夫は日給が一リーヴル、鉱石加工に従事する労働者は一リーヴル半稼いだ。この人々は日曜日も祝日も働くので、前者は月に約三〇リーヴル、後者は四〇リーヴル以上を稼いだ。『百科全書』の共同出版社による巨大収益(二四〇万リーヴル)や『百科全書』一巻の価格(当初の予定では何と二八〇リーヴル)に比べたら、ディドロの月給一四四リーヴルはわずかなものだった。

一七五三年九月二日に娘のアンジェリックが誕生し、それまで自分の境遇となんとか折り合ってきたディドロが、豹変する。ジャック・プルーストの厳しい指摘によれば、ディドロは、生涯「清貧」を貫いたルソーなどとは大違いで、いわゆるブルジョワ風の生活に完全に転向したのであった〔以下の記述は、Proust 1 の第2章に依拠している)。

一七五五年一月一日付の新しい契約内容は、共同出版社の帳簿から知ることができる。契約が含む三カ条のうち、二条はまったく新しい。今後、給与はディドロにとって謝金の一部でしかない。その給与も増額し、一七五五年に刊行予定の第五巻以降、ディドロは巻毎に二五〇〇リーヴルを受け取る。刊行速度は、この頃は年に一巻の割合なので、刊行終了まで、ディドロは年額二五〇〇リーヴルの給与を保証されたことになる。さらに、出版業者から提供されたすべての書籍は、ディドロの私物になったが、これはかなりのコレクションになる。また、『百科全書』の本文最終巻の刊行直後に、出版業者はディドロに二万リーヴルの支払いを約束していたが、このことは、いいかえれば、企画終了後のディドロに対して、給与に代わって利率五パーセント、一〇〇〇リーヴルの年金が保証されたことになる(p. 96)。

以後、ディドロのパリにおける生活は「プチブル化」する。新しい契約後、大学街にあるタランヌ街に居を構え、召使いを一人雇うことになるのだ。

さらに、一七五九年、故郷ラングルでディドロの父が、約二〇万リーヴルの資産を残して亡くなり、ドニ・ディドロは長子としてかなりの遺産を相続する。その後、ディドロが共同出版社の奴隷にならなかったのは、まさにこの相続のおかげであった。一七五九年以後、遺産はディドロに安全と自由をもたらしたのだ。

ここで、ジャック・プルーストがやっている面白い試算を紹介しよう。一七六〇年について、ディドロの収入はざっと以下のような具合である。出版業者からは、『百科全書』の文字でLMNOPQの巻と「自然誌」の巻の完了について、「謝金」として五二八八リーヴルを受け取った。さらに保証された元金の前半分の年金として、五〇〇リーヴル、それに元金の後半分の七分の一、すなわち一四二八リーヴル一一スー五ドニエの利子として、七一リーヴル八スー六ドニエがこの年は加算された。一方、ディドロの故郷からの個人収入は、年金二〇〇リーヴル、農場からの収入を現金換算して六六〇リーヴル。現金支給の契約が四六七リーヴル一〇スー。動産分の補償金三〇リーヴル、ラングルの実家に関する権利放棄の代償として、弟と妹からそれぞれ三五リーヴル一五スー九ドニエ。農産物などの現物は考慮していない。総計は、給与五二八八リーヴル、共同出版社に保証された元金の年金五七一リーヴル、土地年金一四三〇リーヴルとなる。

(4) 『百科全書』の執筆協力者〔以下の記述は、Proust 1 の第1章に依拠している〕

『百科全書』の執筆協力者は、どのような社会階層からリクルートされたのか。類書でよく目にする「ブルジョワジー」という概念は、扱いに細心の注意を要する。一七五〇年以前から、ブルジョワジーは均一な階層とは見なされなくなっていた。一八世紀のブルジョワジーによっては、貴族の特権を享受する者さえいたのだ。啓蒙哲学の担い手じたい、上級官吏、法律家、検事、公証人、執達吏で、すべて官職保有者であり、社会的地位からして、伝統的組織と不可分の関係を持つ者が少なくない。かたや民衆という概念も曖昧で、第三身分に属する諸カテゴリーが截然と区別されえないことは明らかである。要するに伝統的な図式はすべて見直される必要があるのだ。

重要なことであるが、『百科全書』の巻によっては冒頭に「前言」を掲げて、執筆者を紹介しているが、爵位や肩書きがほとんど無視されているのである。君主やお偉方の名前は、学問上の貢献がある場合にのみ『百科全書』に記されたのであった。したがって、たとえ執筆協力者全員の地位が知れていても、それらを旧体制下の社会の諸階層に配分してみたところで、まったく意味がないことになる。ディドロたちによる執筆協力者抜擢は、まったくべつな基準でなされたのである。ディドロが「有益な技芸への嗜好」と呼ぶものは、たとえささやかでも、生産の全工程で積極的な役割を演じているかどうかだったのだ。その結果、伝統的・社会的ヒエラルキーにおけるある人物の地位と、その社会的活動との間に、顕著な差異が現れているのである。その人物は愛好家、学者、技芸家なのであって、その資格で『百科全書』に協力しているのだ。したがって、執筆協力者たちをすべて、ブルジョワジーや第三身分のどこかに組み入れるのは危険である。大部分は第三身分だが、それ以外の人々もいたからである。

ディドロが執筆協力を求めなかった階層がある。いわば、『百科全書』に敵対する人々である。貴族、それも宮廷貴族、帯剣貴族、聖職者、国家の弾圧機構に属する人々、お互いの利害にかまける知識人、要するに社会の非生産的部分に属し、特権の擁護に汲々とし、そのために国家におけるおのれの重要な地位に物言わせているような人々である。『百科全書』執筆協力者の中には、そうした特権者に近い場所を占めてはいるが、特権の擁護に与せず、それを自分の主たる活動とも考えない人たちがいた。概して、執筆協力者における高等法院評定官、弁護士、聖職者は、こうした人格分裂の典型である。

協力者はブルジョワ出身者が圧倒的に多い。一部の貴族、高等法院評定官、聖職者等もその活動においてブルジョワジーに同化する。農民、職人は「前言」に名前を出す必要がないとディドロは判断した。だが、旧体制下のブルジョワジーについても、そのすべてが執筆協力者の中で代表されているわけではない。卸売商人や大規模商人は姿が見あたらない。弁護士、金融関係の官職保有者、高等法院評定官等の協力は、多くの場合、職業とは無関係だった。上級官吏、下級官吏、官職保有者の大部分は排除された。秩序側に与する知識人、学者、文人、神学者や法律家も遠ざけられた。ゆえに、ディドロの周辺に糾合された集団は、数の上ではブルジョワジーの、したがって旧体制下の社会の、ほんの一部を代表しているにすぎなかったのである。

収入源からして、このブルジョワジー層は富裕であり、地代、官職収入、年金で暮らし、封建制度に密着していた。百科全書派は基本的に金持ちだった。貴族の生まれでなくとも、功績や財産に物言わせて爵位を貰い、特権者になる者もいた。また、自らの職業による収入も馬鹿にならなかった。製造業者、販売商人＝製造業者、技芸・奢侈産業職人、芸術家たちのあげる利益がそうである。国家の指導的地位にあって技術者が貰う謝金、医者の診療費などは、個人的なものであり、各自の仕事の量や質に応じて支払われた。こうした収入は、社会的有用性の物差しであり、本質的にリベラルなものだった。伝統社会のシステムに組み込まれながらも、この人たちの報酬はそのシステムからの自立を確保し、べつな世界を構想するのに十分なものだった。

だが、ディドロが執筆協力者を募ったブルジョワジーのカテゴリーは、収入源よりも社会的活動によって特徴づけられる。数こそ限られているが、新しい経済的社会的秩序が育まれつつあった国家の重要な部門で、重きをなす人たちだったのである。百科全書派とは、硬化した過去の桎梏から解放され、それぞれの活動領域で探求や革新を可能な限り推し進めようとしている人たちだった。そうすることで、一九世紀産業革命の理論と技術の基盤を準備したのである。実践家としても、医学から手工業に至るまで、研究段階で構想した進歩を実現しようとした。生産の拡大や改善に寄与できるなら、資本を投入することも辞さなかった。生産過程とのこうした直接間接の関係を通じて、百科全書派は定義されうるのである。さらに、このブルジョワジーは国家の中枢機構で不可欠な存在であり、国家の生産を管理・指導する立場にあったのである。

(5) 『百科全書』の読者

読者の側に立ってみると、『百科全書』は予約購読制だった。二一年の間にも企画は増大の一途を辿るので、購読条件も決して一定ではないのだが、一七七二年に全二八巻が配付された時点で、最初から購入を続けた読者は総額で約九〇〇リーヴル払った勘定になる。この金額を現在の物価に換算するのはかなり困難で、あまりにも誤差が多くなってしまう。ただ、一リーヴルが非熟練労働者の一日の労賃に当たるので、仮に今の学生の一日分のアルバイト代を五〇〇〇円と見積もって九〇〇倍してみると、『百科全書』ワンセットで四五〇万円。少なめの換算で一リーヴル一〇〇〇円でも九〇万円。どちらにしても、現在二〇万円そこそこで買えてしまう大方の冊子体百科事典価格に比べて、一般の人間が手を出せない、法外な高値であったという事実が確認できる。このことは『百科全書』の読者層というものを考える上できわめて重要である。文盲率が高く、誰でも本が読める訳ではなかったこの時代に『百科全書』全巻を購入できる読者は、僧侶、貴族、上層ブルジョワといった、富裕でかつ教養のある階層の人たちに限定されていたということなのである。

(6) 『百科全書』の商業的成功

この事業が商業的に大きな成功を収めたことも無視できない。後世の研究にはまことに厳しいものがあり、ル・ブルトンらの帳簿を徹底的に調べ、出版業者たちが編集長ディドロや幾多の執筆協力者への俸給や謝金を抑え気味にしながら、いかにおいしい商売で懐を潤わせたかを暴き出している。ジャック・プルーストが明らかにしたところでは〔Proust 1 58〕、出版業者の利益は約二四〇万リーヴルにのぼる。すでに記したように、一リーヴルを一〇〇〇円と見積もるか、五〇〇〇円と見積もるかによって誤差は大きいが、どちらのレートで換算しても、天文学的な金額になることは明らかである。

一方、『百科全書』に執筆協力した人々は、総じて無報酬に近く、出版業者の巨大な儲けもこれで説明できる。総経費の中で、原稿料の占める割合はきわめて小さい。ディドロへの俸給は三〇年間でも全部で八万リーヴルに満たない。原稿料の総額は、四〇万リーヴルと一五万リーヴルとの間程度と推定され、ほとんどの執筆協力者たちの恬淡ぶりが、事典の成功におおいに貢献していることが分かる。執筆協力者が無欲だったおかげで、出版業者はたとえば図版の版画に大きな予算を割くことができたし、自分たち自身が儲けもした。だが、一方で、この執筆協力者の無私無欲あってこそ、全的な表現の自由が確保され、これこそが『百科全書』の大きな特質となっている事実も見逃せない。

(7) 在野の企画

もう一つ重要なことは、『百科全書』が民間の出版企業家による企画だったということである。当時、真理というものは一つしかなく、その真理は二つの権威によって独占・管理されていた。教会とソルボンヌ神学部である。この二つの権威から外れた場所でいかなる思想が表明されても、権威が独占する真理に背反する思想は排除される。そういう時代に、ルネサンス以来の知の蓄積である巨大な情報の体系を、民間企業が書物として刊行したことは、画期的な事件だった。むろん、『百科全書』といえども始めから終わりまで進歩的な事柄ばかりを主張していた訳ではない。執筆協力者の中には教会関係者もいたし、単なる歴史上の事実を事実として列記しているだけの項目もあれば、宗教上のさまざまな教義を、キリスト教の教えそのままになぞっているような記述もある。つまり、まことに雑多な、統一を欠いた作品ということになる。しかしながら、この企画の原動力になった出版の主体があくまで民間企業であり、その理念を支えた主導者がディドロ、ダランベールのような大学に籍を置かない知識人であったということ、すなわち企画の「在野性」という特質は、どれほど強調してもしすぎることはないだろう。

(8) 国家との関わり

この出版事業はフランス国家にとっても無視できない大事業だった。国が出資した訳ではないにせよ、政府は『百科全書』の刊行が、内容にいろいろ波瀾含みの箇所が含まれることを承知の上で、対外的にはフランス国家の威信を高める文化事業であることをよく知っていた。政府の中にも、この巨大な事典の価値を十分過ぎるほど認める者たちがおり、そういう人たちの一部は、いわば体制内の造反者のようにして、陰日向に『百科全書』の刊行を助けたのである。発禁にしておいて、裏でこっそり印刷させ、折を見て刊行を再開させるようなことをやっているのである。そうした「シンパ」の筆頭とも言える存在が、出版監督局長官マルゼルブであった。この高邁な役人は、『百科全書』が息の根を止められかけた一七五九年の大危機に際し、出版業者の帳簿を調べて、初期の予約購読者に購読料の取りすぎ分を返却する命令を出す裏で、出版業者が被害をこうむらないように按配した。出版業者が図版を刊行することで、予約購読者への返金に代えたいという企画にも賛成した。禁止された本文の巻とは別に、図版は無傷で刊行できると仄めかしたのも、恐らくマルゼルブだったと言われている。

(9) 国際性

『百科全書』はフランス政府が思い込んでいたような「国家事業」などではなく、ヨーロッパ規模の大事業だった。執筆協力者だけでもフランス人の他に、ドイツ、スイス、英国、リトアニアの人々を擁し、その多くはフランスのプロテスタントの末裔だった。当時はフランス語が国際語なので、どこでもフランス語を操る人であれば、自由に学問が出来たのである。典拠資料の由来も汎ヨーロッパと言えるほど広範囲にわたり、法学と政治哲学はドイツ、イタリア、スイス、医学と解剖学はオランダとイタリア、農業、剣術、詩歌は英国、地質学、鉱物学、哲学史と宗教史はドイツに負うところが多かった。また、『百科全書』の影響も国境を越えて波及し、スイスやイタリアで幾度も再版が試みられたのであった。

4　本文の世界

(1)　Encyclopédie の意味

一七巻におよぶ『百科全書』の本文とはどのようなものであったか。『百科全書』に限らず、あらゆる百科事典の編集者がまずしなければならないのは、知識の分類である。世界図絵の要諦は何よりもまず、世界の分類だったことを思い出して欲しい。ディドロやダランベールはこの分類をどう考えていたのか。手がかりは『百科全書』の本文第五巻にある。そこにEncyclopédie、すなわち文字通り《百科全書》という、ディドロ自身が書いた項目がある。冒頭で、ディドロはまずEncyclopédieという語の意味を、ギリシア語源から説明している。この語はen (en) と cyclo (kuklos) と pédie (paideia) とに分解できるが、en はフランス語の前置詞と同じで「何々の状態において」、kuklos は英語の「サイクル」と同じで「円環」や「輪」を意味する。paideia は「知識」や「教育」を意味するから、三つをあわせて「円環をなす知識」、すなわち人間の知識がお互いに鎖のようにつながりあっているという意味になる、とディドロは言っている。

(2)　知識の分類

そういう知識を分類する時に、一体何を基準にしたらいいのか。ディドロたちが形の上でモデルにしたのは、一七世紀英国の哲学者ベーコンが『学問の進歩』という著作で試みた学問の分類法だった。キリスト教の神学に依拠した神中心の学問体系であるが、ディドロたちはこのベーコンの分類を利用しながら、これに大きな修正を加えた。『百科全書』が打ち出したのは、ルネサンス以来の人間の目や感覚を世界の中心に置いて、そこから切

ディドロとダランベールの系統樹

人間知識の体系詳述

知性

- **記憶力**
  - 歴史
    - 聖史—予言者の歴史
    - 教会の歴史
    - 古代および近代の世俗史
      - 厳密な意味での世俗史
        - 回想録
        - 古代遺跡
        - 通史
      - 文化史
    - 自然史
      - 自然の一定不変性
        - 天文
        - 流星誌
        - 陸と海洋の記述
        - 鉱物誌
        - 植物誌
        - 動物誌
        - 元素の記述
      - 自然の変異
        - 天体の異常
        - 異常流星
        - 陸と海洋に関する異常
        - 異常鉱物
        - 異常植物
        - 異常動物
        - 元素の異常
      - 技術
        - 金銀の加工と利用
          - 貨幣鋳造工
          - 金箔工
          - 金モール工
          - 圧延工
          - 金銀細工師
          - 平磨工
          - 象嵌工など
        - 宝石の加工と利用
          - 宝石研磨工
          - ダイヤモンド細工師
          - 宝石細工師
        - 鉄の加工と利用
          - 製鉄
          - 錠前製造
          - 刃物製造
          - 兵器製造
          - 火縄銃製造など
        - ガラスの加工
          - ガラス製造
          - 板ガラス製造
          - 鏡製造工
- **理性**
  - 哲学
    - 一般形而上学，または存在論，または存在一般・可能性・実在・持続等に関する学問
    - 神についての学問
      - 自然神学／啓示神学
        - 宗教
        - (およびその誤用から生じる)迷信
      - 善悪を行なう諸霊についての学問
        - 占い
        - 妖術
    - 人間についての学問
      - 精神論，または心についての学問
        - 理性的
        - 感情的
      - 論理学
        - 思考法
          - 理解—観念の学問
          - 判断—命題の学問
          - 推論—帰納
          - 方法—論証
            - 分析
            - 綜合
        - 保持法
          - 記憶
            - 自然的
            - 人為的
              - 先天的観念
              - 表象
          - 記憶の補足
            - 筆記
            - 印刷
              - アルファベット
              - 数字
                - 書き方
                - 印刷法
                - 読み方
                - 解読法
                  - 綴字法
        - 伝達法
          - 叙述の手段の学問
            - 文法
              - 記号
                - 身振り
                  - 物真似
                  - 演説法
                - 文字
                  - 表意文字
                  - 象形文字
                  - 紋章的文字または紋章
              - 韻律法
              - 統辞法
              - 博言学
              - 批評
              - 教育学
                - 学問の選択
                - 教授法
          - 叙述の質の学問
            - 修辞学
            - 詩の技法，または作詩法
      - 倫理学
        - 一般的
          - 善悪一般の学問，義務一般・徳・有徳の必要などに関する学問
        - 特殊的
          - 法律の学問または法学
            - 自然法学
            - 経済法学
            - 政治法学
              - 国内商業
              - 対外貿易
              - 陸上貿易
              - 海上貿易
    - 物体についての形而上学，または一般物理学，延長・不可入性・運動・真空等についての学問
      - 算術
        - 算数
        - 代数
          - 初等代数
          - 微分
- **想像力**
  - 詩
    - 宗教詩
    - 世俗詩
      - 物語詩
        - 叙事詩
        - 恋歌
        - 諷刺詩
        - 小説など
      - 音楽
        - 理論的
        - 実践的
        - 器楽
        - 声楽
      - 絵画
      - 彫刻
      - 建築
      - 彫版
      - 劇詩
        - 悲劇
        - 喜劇
        - 歌劇
        - 牧人劇など
      - 寓話詩—寓話

- 利用
- 手工業生産
  - 皮革の加工と利用
    - なめし皮工
    - シャモワ皮なめし工
    - 皮細工師
    - 手袋工など
  - 石，石膏，スレートの加工と利用
    - 実用建築
    - 実用彫刻
    - 石　工
    - 屋根職など
  - 絹の加工と利用
    - 織物製造
    - 生糸紡績
    - ビロード等の製造
    - 錦織り製品など
  - 羊毛の加工と利用
    - ラシャ製造
    - 帽子・靴下・編物類の製造など
  - その他諸産物の加工と利用

- 自然についての学問
  - 数　学
    - 幾何学
      - 初等幾何学ー軍事建築術，兵法
      - 超越幾何学ー曲線の理論
    - 混合数学
      - 力　学
        - 静力学
          - 厳密な意味での静力学
          - 流体静力学
        - 動力学
          - 厳密な意味での動力学・弾道学
          - 流体動力学
            - 水力学
            - 航海術，造船
      - 幾何学的天文学
        - 宇宙形状誌
          - 天体記述学
          - 地理学
          - 水圏学
        - 年代学
        - 日時計製作法
      - 光　学
        - 厳密な意味での光学
        - 屈折光学，投影図法
        - 反射光学
      - 音響学
      - 気体学
      - 確率計算術ー偶然の分析
    - 数学物理
  - 特殊物理学
    - 動物学
      - 解剖学
        - 単純解剖学
        - 比較解剖学
      - 生理学
      - 医　学
        - 衛生学
          - 厳密な意味での衛生学
          - 美容衛生学ー整形術
          - 体育衛生学ー体操術
        - 病理学
        - 徴候学
        - 治療学
          - 食餌療法
          - 外科学
          - 薬　学
      - 獣医学
      - 調馬術
      - 狩　猟
      - 漁　撈
      - 鷹　狩
    - 物理学的天文学ー占星学
      - 占星術
      - 物理学的占星術
    - 気象学
    - 宇宙学
      - 天体学
      - 大気学
      - 地質学
      - 水理学
    - 植物学
      - 農　業
      - 園　芸
    - 鉱物学
    - 化　学
      - 厳密な意味での化学
        - 火薬製造術
        - 染色など
      - 冶金学
      - 錬金術
      - 非超自然的魔術

り取られる図を世界像として定立していく人間中心思想、あるいは絵画でいうところの遠近法だったのである。その見事な成果が、「人間知識の体系詳述」という表であり、一七五一年に刊行された本文第一巻の冒頭近くに、折り込みの形でついている巨大な知識総覧である。

この表のどこが人間中心なのか。知識の根源に人間の「知性」を持ってきたことである。そして知性が有する三つの機能、「記憶力」、「理性」、「想像力」から、すべての知識が派生してくるのである。記憶力が司る知識の分野が「歴史」だが、この歴史は、私たちが高等教育で学び教える歴史とは大分趣が違い、最初に宗教関係の歴史が来て、それから「古代および近代の世俗史」。これが現在私たちが普通に「歴史」と呼んでいる分野である。しかし一番大きなスペースを割いて貰っているのは、その下にある「自然史」なのだ。英語のナチュラル・ヒストリー、日本語では「博物史」または「博物誌」とも訳している。「自然史」はさらに細かな項目に枝分かれしていくが、面白いのは「自然の利用」という分枝である。ここには、人間が持てる技術を駆使して自然に働きかけ、自然を加工して何かを作りだす活動領域のすべてが網羅されているのである。『百科全書』の中でも、ディドロはこの部分に一番力を入れ、職人たちのアトリエに赴いて、実地に調査したり、図面を作らせたりした。「技芸の詳述」と呼ばれるこのグループの項目群を、ディドロは一番自慢にしていたのであった。

真ん中の「理性」が生み出すのが「哲学」である。ここにおいても、哲学の名の下に、今日では到底哲学の分野には含まれないようなものまでが含まれている。上の方に一般形而上学その他の哲学関係の項目があり、その下に「神についての学問」が置かれている。位置関係から見れば上位の項目には違いないが、その中の「自然神学」「啓示神学」の下に「占い」や「妖術」が含まれているのが面白い。しかも、それらの全体は、理性という、当時のキリスト教の教義とはまったく相容れないような人間知性の機能の支配下に置かれている。何とも戦略的な知の配置であるというほかない。

後は「人間についての学問」「自然についての学問」と続くのだが、いわゆる総合大学のカリキュラムを網羅するごとき諸学問が紹介され、さらに総合大学でまず教えないような科目、たとえば「鷹狩」とか「調馬術」などが「動物学」の下位カテゴリーとして整理されている。二五〇年前の知の分類が、いかに現在のそれと違うかを分からせてくれる興味深い図表なのである。

(3) 参照と分類符号

『百科全書』を編集するに当たってディドロたちがぶつかった最大の問題の一つは、「人間知識の体系詳述」と、いわゆるアルファベット順とをどう関連づけるかということだった。アルファベット順は八、九世紀のラテン語辞典あたりから姿を見せはじめ、一六、一七世紀の外国語辞書全盛時代になってヨーロッパに定着したようだが、当然ながらまったく恣意的な順番でしかない。ディドロはそこで「参照」と「分類符号」という方法を援用する。

「参照」とは、項目《百科全書》で詳しく説明されているのだが、各項目の冒頭や末尾、場合によっては途中に、類似の内容を持つ他の項目名を適宜挿入し、読者の読みを遠隔操作により秩序立てるというものである。「分類符号」は、項目見出し語の次に置かれ、「犬」に対する「哺乳類」という具合に、見出し語の上位概念を示して、「人間知識の体系詳述」への組み入れを図るためのものである。これら二つの導きによって、読者はアルファベット順とは違った経路を辿らされることにより、いつしか『百科全書』全項目の総体を把握できるという訳である。

「参照項目」にはもう一つ便利な利用法があった。検閲逃れである。とりわけ宗教関係の項目で、執筆者が少しでもキリスト教を批判したい時は、検閲官が期待するような場所を意識的に避けて、参照のトリックを使い、読者を予想外の項目に送って、そこで存分に目的を果たすのである。たとえば復活祭の《四旬節》を読んでも大したことは書いてないのだが、そこにある参照項目の中で《断食》を読むと、四旬節の絶食の習慣がいかに身体に悪いかが医学の立場から力説される、といった具合である。

5 『百科全書』後の世界——世界図絵の大変換

「世界図絵」としてのフランス『百科全書』は、「もの」を集積することに血道を上げた一九世紀までのヨーロッパ社会を代表する書物であった。そこから現代社会へ向けて、一体、世界図絵はどこが変わったのか。産業革命後のフランス社会は、まず「もの」や「情報」の過剰に苦しみ始める。一九世紀を代表する小説家フロベールは『ボヴァリー夫人』の一節で、ヒロインが初めて目の当たりにする大宴会の圧倒的な物量を、驚き呆れるヒロイン自身の目を通して描き出している。

七時に晩餐が出た。人数の多い男性は玄関の第一テーブルに、そして女性は侯爵夫妻とともに食堂の第二テーブルに着席した。なかにはいるとすぐ、エンマは、花の香りと上等のテーブル・クロスやナプキンの香りが、肉類の香気と松露の香がまざりあう、暖かい空気に包まれるのを感じた。枝付き燭台の蠟燭は銀の皿覆いの上に炎を伸ばし、湯気にくもったカット・グラスは、ほのかな光を照りかえしていた。花束はテーブルの端から端へと一列に並び、広い飾り縁の皿にはナプキンが司教冠形にたたんで置かれて、その二つの襞の割れ目のあいだに、小さな卵形のパンがひとつずつ挟んであった。伊勢えびの赤い足は皿からはみだしていたし、透し編の籠に盛られた大きな果物は、苔を下に敷いてその上に段々に重なっていた。鶉は羽根をつけたままの姿で湯気を立てていた。そして、絹靴下、短ズボン、白ネクタイ、レースの胸飾りという服装の給仕長が、裁判官のように厳粛な顔つきをして、あらかじめナイフをいれてある皿の料理を客の肩のあいだから差しだし、客の選んだ一切れを匙で取りわけてくれた。銅の筋を入れた大型の陶製のストーヴの上では、襞をよせた衣裳で顎までくるまった女人像が、客のたてこんだ部屋をじっと眺めていた〔a フロベール 53〕。

一定の限度を超えた量や集積の光景は、貴族が開催する絢爛豪華な晩餐会にはじめて出席したボヴァリー夫人のみならず、小説家フロベールの同時代人、すなわち大革命後の産業革命から、工業化社会にいたる時代を生きた一九世紀の人間を強く捉えたのだった。この人々は産業人であると同時に大収集家であり、大量生産される工業製品や新聞、植民地から運び込まれる珍しい植物や動物のコレクションに熱を上げずにはいられない、いわば「量」に憑かれた人間であった。一八世紀の『百科全書』以来の蓄積は、かくして「巨大量」の世界図絵となって人々を圧倒し始めたのである。

さて、二〇世紀に入ると、ヨーロッパ人は前世紀が蓄積した「もの」や「情報」の過剰に耐えきれず、これをすべて「速度」に変換することで凌ごうとするようになった。スポーツ(世界記録やカー・レース)、遠征(アムンゼンやスコット)、土木工事(ニューヨークに林立する高層ビル)、交通手段(特急列車や音速機)、こうした「高速化」の快挙は予想以上のスピードで次々と実現され、いまや目にもとまらぬ速度や時間に幻惑された大衆を酔わせた(1)。

この大変化を巧みにいい当てた表現がポール・ヴィリリオにある。

富、資本主義化、生産諸様式が束縛を解かれたとき、それは様々な交換、自由取引といったもの、すなわち交換の社会化に達するためではなく、交換に固有の運搬能力、交換の力学的有効性の最大値に達するためにほかならなかった。またそれこそ、速度術的進歩の本質の中へ消散してしまった富の「無益さ」にほかならない〔aヴィリリオ 69〕。

二〇世紀に入って、「量」の過剰が「速度」という新しい概念装置に変換される文学表現として、先ほどのフロベールに匹敵する表象例を求めるならば、ピエール・ド・マンディアルグの小説『オートバイ』(一九六三年)の次のような描写に尽きるのではないだろうか。

家並み区域から躍り出し森の中に入るとき、メーターの針は一五〇を指している。片手でアクセルをしめながら、二度すばやくからだを傾け、勝手知った、ほとんどスピードをゆるめる必要のない、ゆるい曲がり道に車をさし入れる。ついで、ズフレンハイムまで、一〇キロばかりはまた直線にもどる。いまや刃物で切りとったような正確な空間が、錘線に似た眩暈感をおぼえさせ、切り立った深い断崖の縁のように誘いかける。蜜蜂の軌跡が有する不思議な魅力、あの虫をあんなふうに一直線に飛ばせるものはいったいなんなのか? おのれの存在の極限まで到達する恍惚感か? 幸福か? 熱狂か? 渇望か? それとも人間には授けられていないが、この場合それと察せられる、なんらかの空間感覚によるものか? いまでは高い樅の並み木がスピードによってオーバーラップし、黄泉路の岩にうがたれた隘路の壁を髣髴させる(ぶつかった場合の衝撃には変わりないだろうが)、おまけに道路も、たぶん末は明るみに突き抜ける、おなじく真暗な狭いトンネルの小道にそっくりだ。レベッカは、オートバイを運転しているというよりも、光の標的に向かって大砲の狙いをさだめてでもいるような、それとも自分が弾丸になったような思いにさそわれる。本来なら、勇み立ち、ハンドルに力を込め、エンジンに最大限のガスを送り込まずにはおれないところだ。それなのに、彼女はグリップをひねり、スロットルを完全に切り、惰力のまま、しだいにスピードを落とし、二キロあまり進む、そして左手の路肩におかれた、ベンチの前までくると、ブレーキをかけ、一段ギアをおとし、道路を横切って、その苔むした板の前で停止する。車から降り、彼女はオートバイをスタンドの上に憩わせる。その古びたベンチの上に、あおむけに彼女は長々と横になる。

それというのが、時計は持ってこなかったが、ふと時間のことを思い出したからだ。時が記憶によみがえったのは、林間の道路に明確にかたどられた空間の裂け目のせいか、それともそこまではっきりしない理由からか、それともまったく理由なしにか、いずれにせよたいした問題ではない。肝心なことは、五時をいくらも回っていないことだ、……〔aマンディアルグ 23-24〕。

『ボヴァリー夫人』の描写がこれでもかと強調する、パーティー会場を彩る食器の山や料理の堆積は、何かを実行する速さの極限追求や、移動にかかる時間の短縮競争へと変容したのだった。フロベールにおける物量的な食のパフォーマンスから、マンディアルグが異常な執念で描き出すオートバイの疾走スピードへ、ここには、まぎれもなく、空間的妄執を時間の関数へと変換しようとする、きわめて西洋的な悪魔祓いの仕草の痕跡を見てとることができるだろう。ドイツにいる恋人めがけてオートバイを超高速で疾駆させるレベッカの脳裏に、空間と時間の二つの次元が微妙に交錯しているありさまが見て取れる。

6 『百科全書』の復権と世界図絵の解読

「量」を「速度」に変換した現代社会は、同時に「量」が内包する恐るべき可能性や神秘を封印し、スピードに明け暮れる刹那社会を実現してしまった〔現代社会における「速度文化」の跋扈についてはc Thomlinson〕。カラヤン以後の現代演奏家が、総じて優れた技術を身に付け、音楽を奥行きで味わうのではなく、表層を滑りゆくジェットコースター仕様の快感主義へと堕落したのも、このことと無関係ではない。いや、音楽などという特殊なものを今更持ち出さずとも、我々の周囲に充満している生活上のさまざまな知恵や習慣は、すべて刹那と速度の「神話」に仕える小細工や浅知恵なのだ。

学界で『百科全書』をさながら一冊の思想書のように単純に読み解く論文が多いのも同じである。これまでの思想史研究の多くが、『百科全書』をまるで数百ページしかない書物として解釈している。つまり、早い話が、ほとんど『百科全書』を読まずに論じている。そこには「概念知」があっても、「身体知」がない。「概念知」は類推や飛躍で「一を聞いて十を知る」切れのいい方法である。だが、生きた人間の親指の爪のかけら一つから、一体どんな人間像が描き出せるというのか。同様に、巨大な『百科全書』を相手に、それを極小規模の「思想書」に矮小化しておいて、そこからどんな「十」を知ることが出来るというのか。初めから探したいものしか、見つけないことになりはしまいか。『百科全書』に盛られた思想の「質」を性急に問い、小賢しい結論に走る前に、読み手はその驚くべき情報量を相手にすべきなのである。

問題をさらに複雑にしているのは、近代以後規範化された、「作品」「テクスト」「作者」「内閉体」「独創性」といった文学史や思想史の概念枠そのもののなかに、『百科全書』という巨大書物の存在意義を、どこまでも周縁的なものとして抑圧しようとする契機が潜み隠れていることである。まず、『百科全書』の作者は複数である。いわゆる「百科全書派」と呼ばれる一群の執筆者集団は、必ずしも思想や傾向を共有した、まとまりのいいグループではない。時にそう見えるのは、『百科全書』を論じる研究者が、そうあって欲しいと思う執筆協力者像を論文の中に描き出しているだけのことなのである。ここでも、作者像の錯乱に困惑し、集合的主体の定位がいかに難しいかを痛感するという、素朴な「巨大量」体験、すなわち「身体知」から、私たちは出発すべきなのである。

同じように、『百科全書』というものの「テクスト」をどう扱ったらいいものか。コナン・ドイルの『赤髪組合』の可哀想な主人公ウィルスンは、いつ果てるともしれない『大英百科事典』の手写作業のさなかに、心の片隅で、アルファベット順に配列された項目から項目へと、砂漠を横断するに似た不毛で不安な感覚を味わっていたに違いない。

今や、多くの研究者の努力で、『百科全書』の項目同士は、参照記号や分類符号といった、随所にばらまかれた手がかりを媒介にして、アルファベット順を超えて作品内部に張り巡らされた大きなネットワークに繋がっていることが明らかになっている。さらに、内部のテクスト関連のみならず、あらゆる「事典」がそうならざるをえないように、『百科全書』は先行する前代や同時代の内外で刊行されたさまざまな書物からの引用や援用の集積物であり、いわば自らの「外」へと向けて開かれている、不安定で落ち着きのない書物なのである。

こういう途方もない書物を「解読」する方法は、一つしかない。それは、私たち自身が、昨今の「速度」や「独創」、「作者」といった、底の浅い思想の桎梏や束縛を忘れ、原点に戻ってみること、すなわち『赤髪組合』のウィルスンや『恩讐の彼方に』の市九郎に倣って、一見無意味で不毛な「反復」や「蓄積」を『百科全書』に則して真似してみることであろう。私が若い研究者たちと始めた、『百科全書』メタデータ抽出企画とは、まさにそうしたほとんど愚かしいまでの、ドンキホーテ的とすら言える、巨大量との戦いの企画なのである。

私個人のささやかな思い出に、三十代前半で先輩たちに誘われて作業に協力した、詩のコンコルダンス作成という経験があるが、パソコンが日常化して、文系研究者にとってすら必携ツールになってしまった現在、巨大量との取り組みという課題は、一九七〇年代以上に切実なものになりつつあるようだ。

ランボー詩の『コンコルダンス』をめぐって

最近のように科学がめざましい進歩を遂げると、見たところ科学とは縁もゆかりもなさそうな分野にもその余波らしきものが姿を見せはじめるからおもしろい。文学研究もその例に洩れず、一篇の詩はただ心で味読すればよい、と決め込む御仁に、〈文学〉者への道は開かれていても、もしかしたら、文〈学者〉への道は鎖されているかもしれないのである。

ここにランボーの『酔いどれ船』を愛好する男がいたとする。彼はとりわけ、詩篇を通じて二度使われている〈青空〉(azur)という語のイメージに魅惑されている。ランボーにとって青空とはいったい何だったのだろう。この天才詩人は他の詩篇でも同じ単語を用いているのだろうか。この素朴な設問が、文学研究の領域におけるいわゆる用語索引(インデックス、そしてコンコルダンス)の存在を正当化することは言う迄もない。従来の研究家たちが自己流のカード・システムで、いわば累乗で解くべき問題をこつこつ加算していたのに対し、インデックスはこれを一挙に解決し、青空という単語のランボー詩における頻度数は一二回であることをたちまち教えてくれる。ましてやコンコルダンスともなれば、単語の使用されている部分のコンテクストがそのまま復原されるから、頻度数ばかりか、語の意味論的な価値にまで理解の範囲は及ぶのである。これは文学、わけても詩の研究家にとってはこの上なく貴重な道具と言わなければならない。

われわれ慶應義塾大学フランス象徴主義研究会〈会長・佐藤朔名誉教授〉が、昨年度の福沢基金の援助をえて、ランボー詩の『コンコルダンス』全四巻を作成した根本の動機には、以上のような問題意識があった。当研究会は今を遡ること七年、一九六七年に国学院大学の故橋本一明氏からの呼びかけで、東京在住の若手の仏文学者たちが象徴主義研究という大きな旗印の下に集まったことに、端を発している。今では人口に膾炙した感のあるヌーヴェル・クリティック(新批評)の台頭に加えて、ブザンソンのフランス語彙研究センターの意欲的な活動が世界中の注目を集めている頃であった。中でもB. Quemadaの編集になるボードレール『悪の華』のコンコルダンスは橋本氏をはじめとする当時のメンバーたちに大きな刺戟となった。Quemadaの仕事に匹敵するような作業が、ランボーやマラルメの作品について実現できたら……佐々木明（現青山学院大助教授）と井村順一（現東京大助教授）両氏のコンコルダンスに関する技術的発表は、その後の研究会の進むべき方向に有力な指針となったようだ。一九六八年から二年間、文部省の科学研究費助成金が交付される。研究は準備段階から本格的な作業段階に移り、マラルメ・グループとランボー・グループの二つに分かれた。現立教大学の松室三郎氏がマラルメ研究の中心となり、一方ランボー・グループのイニシアチブをとったのは、橋本一明氏、および本塾文学部の高畠正明助教授であった。ランボー研究会は、Quemadaのボードレール・コンコルダンスを範として、テキストの熟読玩味から、やがてはその全用語のインデックス化を目指していた。一九六九年、橋本一明氏が不幸な病に倒れて遂に帰らぬ人となられてから、活動の中心は慶應大学に移り、橋本氏の遺志を継いでコンコルダンスの完成を急いだのである。

作業の全過程を通じて常に良き模範であり続けたB. Quemadaの『悪の華』コンコルダンスは、一九五〇年代に台頭したいわゆるパンチ・カード・システムによる用語索引の先駆的作品であり、ニューヨークで出版されたP. Ellisonによる英語版聖書のコンコルダンス（一九五七年）等と並んで、永く記念されるべき達成といえる。その後、フランスにおいては、一九六一年にブザンソンで開かれた国際学会あたりを機縁にして、全過程の電化への兆しが見え始め、電子計算機が時代の花形として脚光を浴びるようになる。が、しかし、我々フランス象徴主義研究会には、ランボー詩をコンコルダンス化するにあたって、電子計算機はおろかパンチ・カードを操作するだけの財政的・技術的余裕もなかった。それにQuemada方式は次の三点に関して、我々の意を十分に満たしえない疑問を残しているように思われた。

(1) コンコルダンスの対象となった語はいわゆるmots-pleins（名詞、形容詞、etc）であり、冠詞、前置詞の一部等はmots-grammaticauxとして除外されている。

(2) 機械操作のため同一綴りの単語の区別が不完全

である。

(3) 単語が随伴するコンテクストは詩篇の一行に限定されているため、コンテクストとしての価値はきわめて低く、いわゆるワード・インデックスに近いものとなっている。

以上の問題点をふまえ、更にもろもろの物質的条件を考慮した上で、我々の選ぶべき方法はたった一つしかなかった。全くの手仕事(manuel)によるカード作りである。財政上の制約を別にすれば、時間と人手に不足はないから、一枚一枚のカードについてありとあらゆる操作が(少なくとも原理的には)可能になる。Quemada の疑問点の(2)は、作業過程に我々自身の判断を介入させることで容易に解決できる。疑問点の(1)の語の選択という問題も、一切の語を(句読点まで含めて)例外なく対象とすれば良い訳で、これは詩作品のキー・ワードが必ずしも動詞や形容詞ではなく、一見無意味な品詞でもありうるという見地からしても、必要不可欠なコンコルダンスの条件といえる。ところで最大の難関は三番目の疑問点、すなわちコンテクストの扱いである。コンコルダンスが本来の役割を十分に果たしうるためには、いちいち原文を参照せずともその価値を把握できるていどのコンテクストが、一つ一つの単語に随伴していなくてはならない。ところで、単語の価値は可変的だから、当然それぞれの場合に応じてコンテクストの分量にも違いが生ずる。同じ名詞でも、たった四語の引用で事が足りるかと思えば、一〇行にわたるコンテクストの中に置いてみなければ正しい意味がわからないケースもあるのだ。ここにおいて象徴主義研究会は完全なコンテクスト尊重の方針をうち出し、ブザンソン語彙研究所の画一的方法と袂をわかつことになる。我々がランボー詩のコンコルダンス作成にあたって採用した〈手仕事〉方式とは以下のようなものである。

(1) S. Bernard の校訂になる Garnier 版をグループで講読し、各詩篇をいくつかの意味単位に分割する。

(2) 意味単位をコンテクストとして、そこに含まれている単語の数だけのコピーをカードにする。

(3) カード一枚につき単語一つに下線を引く。

(4) 下線を引いた単語カードをアルファベット順に並べ換える。

(5) 順番に揃えたカードを一五〜一六枚ずつまとめてゼロックスにとり、これを製本する。

このようにして出来上がったコンコルダンスは、『地獄の季節』や『イリュミナション』を含まぬ、いわゆるランボーの詩篇のみを対象としているにもかかわらず、全四巻という厖大なものになってしまった。馬鹿正直な手仕事が生み出す以上のものでありえないことは百も承知である。機械といっても写真とゼロックスぐらいで、後は凡て手弁当の人々の黙々たる忍耐と労働の産物なのだから、体裁は悪いし、間違いも多い。しかし、コンテクストの問題一つをとってみても、このコンコルダンスには従来の機械操作がとらえることのできなかった味わい、すなわち手仕事のみに許される恣意の自由が横溢しているのである。筆者個人は途中から企てに参加したせいもあって、意味単位分割の恣意性に対しては最後まで懐疑的であったが、仕事が完成した今、恣意は〈詩意〉に通じるという下手な地口で手仕事の味を見直しているのが現在の心境である。本書は費用の関係で五部しか印刷できなかったが、一部が三田の本塾図書館に寄贈されている。

最後にコンコルダンス作成にあたった象徴主義研究会のメンバーは、佐藤朔会長以下、朝吹三吉、井上輝夫、片山左京、小浜俊郎、小潟昭夫、立仙順朗、鷲見洋一、高畠正明、田中淳一、以上一〇名であり、また塾外の協力者として、安藤元雄(国学院大)、花輪莞爾(国学院大)、中安ちか子(茨城女子短大)、渋沢孝輔(明治大)諸氏の名前を忘れることができない。それから、三田情報センター収書課の渋川雅俊氏には仕事の完成をみるまでの長い期間にわたり、文字通り献身的なお世話をいただいた。メンバーを代表して、ここに厚く御礼を申しあげる次第である。

世に浜の真砂ほどもいる若きランボー・ファンの中から、このコンコルダンスを批判的に利用してくれるような本格的な研究者が現れることを祈って、報告の結びとしたい。

デジタル・メディア時代の書物と書物研究

世を挙げてのパソコン・ブームである。

文化系はまだまだと思っているうちに、気がつくと私自身、自宅と研究室とにデスクトップを一台ずつ、ノートブック型にいたっては大小あわせて五台も購入しているのだから呆れる。それも、ワープロやタイプライター代わりに使うばかりではない。インターネットや電子メールに手を出し、CD-ROMを利用したり、スキャナやデータベース・ソフトで資料を整理・分類したり、何ともはや我ながら恐ろしくなる。

　むろん、これは単に便利な道具が増えたといった単純なものではない。いつの間にか、この身近の変化は私の思考や感受性のあり方にまで及んでいるらしい。以下はパソコン文化に「洗脳」された一外国文学研究者の、まとまらない表白である。

　まず、私の中で変わったことの第一。書物を一ページ目から繙くあの線型読書の習慣に亀裂が生じたこと。そもそもの昔、書物はその形状変化の過程で、線型読書(連辞型)を前提とした巻物式(volumen)から、縦横の検索を本質とする読書(範列型)の可能な綴じ本式(codex)への移行を経験しながら、依然として読み手に勝手な連想や飛躍を禁じる線型読書を強制してきた歴史がある。そうした書物の専横に対して秘かに抵抗してきたのは、古代から近世にかけてあらゆる知の構築作業を支配したあの「古代記憶術」であった。フランセス・イエイツの調査では、記憶術を身に付けた人

間は軽く一〇万件ぐらいの知識を暗記できたというから、これは通常のフロッピー・ディスクの容量など遥かに超えた凄さである。近代の百科事典が線型書物の宿命からしてまったく恣意的なアルファベット順を採用せざるをえないのに対し、記憶術によって頭脳に蓄積された知識の総体は特定の宇宙論の論理や基準で整理されているから、まさに範列型の検索によってしか利用できないし、またそういう利用をしなければまったく意味がない。これはもう、ほとんど現代のパソコンで作成した巨大データベースの話と同じである。歴史は繰り返すというが、「古代記憶術」はキケロやライプニッツなどが思いも及ばなかったデジタル・メディアを媒介にして、今や復活しつつあるのだ。

　新しく蘇った記憶術は、フランス文学研究の場合、ハイパー化された(ということは範列型検索が可能な)テクストのデータベースという形で、インターネット上のサイトや各種CD-ROMの中に生きている。たとえば「ディスコテクスト」というデータベースは、たった一枚のCD-ROMに一八二七年から一九二三年までに刊行されたフランス文学の作品約三〇〇点の全文

が収められ、利用者はこのデータを思いのままに(単語の頻度数と文脈の参照、語彙索引作成など)活用できるのだ。一八世紀を研究する私にとって有り難いのは、最近刊行されたディドロ＝ダランベールの『百科全書』全巻のCD-ROMである。全三五巻、図版二八〇〇枚を含む最大級の百科事典がたった四枚のディスクに収まっている。タテ四〇〇ミリ、ヨコ二五〇ミリの重いフォリオ版を棚から出し入れする手間が省けるだけでも有り難い。この参照項目の体系それ自体をハイパー化された事典検索で研究対象にすることにより、いずれ『百科全書』時代の独自な「記憶術」の構造、その世界観、宇宙論が見えてくるはずである。

こうしためざましいデジタル・メディアの発達に疑問を呈し、書物、それも古版本だけはモニター上の幻の画像では不足で、実物を手に取って肉眼で見ないと分からないと宣う御仁が決して少なくないことは知っている。問題はその「実物」概念である。文献学を手がける専門家には眼鏡をかけた人が多い。商売柄、眼を酷使するからである。眼鏡を介して補正された「幻の画像」に頼る限り、その人は「肉眼」や「実物」を捨てていると言えないだろうか。ところでデジタル・メディアは、単に書物の内容(すなわち文字列)を範列化するばかりか、書物の形態や材質研究にすら驚くべき成果を約束してくれる。最近私が凝っているのは、フランスを中心とした一六世紀から一九世紀にかけての博物図版の調査なのだが、関西のとあるメーカーが開発した「デジタル・マイクロ・スコープ」なる機器のお世話になりっ放しなのである。もともと精密機械の検査用に考案されたものだが、この機器を使うと、過去の木版画や銅版画の特定部分を二五倍から一七〇倍ぐらいにまで拡大し(それ以上の拡大画像は紙の繊維の研究でもするのでない限り、我々文化系研究者には意味のない情報になってしまう)、たとえば絵具がプリントされたものか手彩か、二枚の版画の版木が同一のものであるかどうかなどが瞬時に見分けられるのだ。つまり、デジタル・マイクロ・スコープとは「眼鏡」の延長線上に位置づけられる道具なのである。今後こうした機器が与えてくれるデジタル情報と、理工科系の研究者がもたらしうる情報とを突き合わせれば、書物、とりわけ古版本の「もの」としての成り立ち、すなわち紙の質、透かし、インクや活字の種類、場合によっては印刷機の刷り癖などに至るまで、研究者の「肉眼」には及びもつかない精密作業が期待されるだろうことは論をまたない。何とかと鋏は使いようなのである。ただし、何とかはともかく、この鋏は今のところやや高価なのが玉に瑕と言うべきか。

目下、私を代表とする計八名のメンバーは、二〇〇八年度から、『百科全書』にかんする研究計画を立案し、文部科学省科学研究費の支援を受けて、つぎのような途方もない企画を実行に移しはじめた。すなわち、一万六〇〇〇ページを超える『百科全書』本文巻の全ページを分担して読み、各項目ごとに、所定の基準で定義されたメタデータを抽出するという、基本的作業である。まず抽出するメタデータは、私たちが「簡易メタデータ」と呼ぶ以下のAからPまでの一六種である。〈O「本文項目参照」〉を除けば、すでにアメリカの二人の研究者、シュワッブとレックスによる膨大な『インヴェントリ』〔c Schwab〕を下敷きにしたものである。

A「アステリスク」(ディドロが執筆した項目は、署名のかわりにアステリスクが付いていることが多いので、それを特化する)

B「項目名」(すべて大文字で印刷された見出し語を拾う)

C「スモールキャピタル」(同じ見出し語が続くとき、二つ目の項目名からは、イニシアル以外、スモールキャピタルが使われるので、Bの「項目名」と区別し、『百科全書』における親見出しと子見出しとが区別できるようにする)

D「開始位置頁」(項目の最初がどのページにあるかを示す)

E「開始位置欄」(項目の最初が左右ABどちらの欄にあるかを示す)

F「開始位置行」(項目の最初が何行目からかを示す)
G「終了位置頁」(項目の最後がどのページにあるかを示す)
H「終了位置欄」(項目の最後が左右ABどちらの欄にあるかを示す)
I「終了位置行」(項目の最後が何行目かを示す)
J「目録番号」(シュワッブのつけた分類番号。ただし、シュワッブが省いている項目もあるので、注意を要する)
K「長さ」(シュワッブがやっていない、項目ごとの全行数計算)
L「品詞と性」(見出し語の次にある略記を拾う)
M「分類符号」(見出し語の上位カテゴリーを示す。この符号は、ディドロたちが作成した「人間知識の体系詳述」に送っているものである)
N「執筆者同定」(多くは略号やアルファベット文字で示された執筆者名)
O「本文項目参照」(本文中の類似項目への参照)
P「図版への参照」(本文の記述に対応する図版の巻への参照)

シュワッブたちの仕事は、私たちのプロジェクトにとって絶対に欠かせない偉大な先駆的業績である。二人は数十年をかけて、だれもが思いつかなかった『百科全書』全項目のメタデータ記述という、途方もない作業を完成させた。不幸にして、二人の仕事は冊子体でのみ刊行され、いわゆる今風の電子化されたデータベースの体をなしていないため、きわめて使い勝手が悪く、しかもところどころに恣意的な問題も散見する。私たちは、この尊敬に値する浩瀚な『インヴェントリ』を、まずは徹底して電子化し、ついで「本文項目参照」のような、シュワッブたちがあえて手がけなかった、厄介なメタデータまで視野に入れて、徐々に文系研究者による「読み」の成果を、メタデータ抽出に反映させていこうとしているのである。これから手がける予定の「詳細メタデータ」には、次のような項目が予定されている。

「本文に明示された典拠情報（標題）」（あくまで項目文中に明示された限りにおいての、項目執筆に際して著者が依拠した資料で、もっぱら文中に現れる標題を拾う）

「本文に明示された典拠情報（著者）」（あくまで項目文中に明示された限りにおいての、項目執筆に際して著者が依拠した資料で、もっぱら文中に現れる著者名を拾う）

「引用文」（項目文中にあって、明らかに引用と見なせる部分を拾う。括弧やイタリック体などの目印が重要だが、地の文に埋め込まれた引用もあるので、熟練の「読み」を問われる）

「図表」（楽譜や数表など）

「特殊活字」（ラテン文字やギリシア文字以外の活字。ヘブライ文字、漢字など）

「詳細メタデータ」抽出作業には、テクストに対するかなり踏み込んだ「読み」が要求される。この「読み」を、私たち研究者の間で、可能な限り同質で共通性の大きな営みに均らすことが、本企画の正念場であり、そのための打ち合わせや読み合わせのための会合が適宜開催されなければならないだろう。すでに、私と若干の分担者の間で、試みに任意のコーパスについて、メタデータ抽出結果の照合が実施され、かなり高い精度で一致を見ていることからも、互いの信頼とある種の学習環境の共有さえ確保できれば、作業結果の均質化はかなりの高水準で達成しうることが期待できる。

いま、私たちの企画の作業全容をここに説明するゆとりはないが、一万六〇〇〇ページを超える世界図絵を読みとるために、私たちが採用している戦略や方法の一端を紹介しておこう。

1　研究目標

とりあえずの目標は、二〇〇八年度からの四年間という期間に、『百科全書』の初期の巻三冊についての「簡易メタデータ」と「詳細メタデータ」とをそれぞれ抽出して、データベースを作成することである。対象となるページ数は、ざっと三〇〇〇ページ弱になる。

2　理工系の技術協力

研究分担者に一人、理工系の専門家がおり、毎回、作業前に、『百科全書』のページについての画像データを提供してくれる。処理前と処理後の二種類の画像である。『百科全書』のオリジナルがまず絶対にアクセス不可能である以上、このデータは貴重であり、メタデータ抽出作業に欠かせない。処理前データ(ページ画像ファイル)は、『百科全書』の本文をそのまま取り込んだ画像で、後の処理の必要上、欄を単位に切り取って、それを再びつなぎ合わせてあるが、見た目には通常のページ画像と変わらない。処理済み画像ファイルは、作業の効率化を図るための工夫が施されたファイルで、特定の文字列に色づけがなされているほか、行番号が添えられ、文系研究者の作業を助けてくれる。

3　研究協力者

日本各地域に散在する優れた研究者約三〇名が、当初は無償で、ついで科研費から薄謝が支払われる形で、協力してくれている。この恬淡とした好意や情熱は、世界でも類例を見ないもので、たとえばフランスなどでは千年経っても不可能だろう。まさに「こつこつ」の美学や倫理が、この協力集団を通じて、アウラのごとく輝きだしてくるのが目に見えるようである。

4　共通サイト

すべての情報交換や、資料の配付、成果の提出には、インターネット上の共通サイトを活用し、新規参加者には、IDとPWを付与している。

現在までに(二〇〇九年六月)、「簡易メタデータ」だけが『百科全書』第一巻と第二巻について完成している。まだ、シュワッブの仕事を電子化して、わずかに色を付けた程度のレヴェルでしかないが、電子化の威力はすさまじいもので、シュワッブの冊子体データをいくら眺めても見えてこない、『百科全書』初期巻が織りなす、それこそ「世界図絵」の目に見えないネットワークの戯れや構造が、はやくも発見されたり摘出されたりして、世界中の一八世紀研究者が半ば呆れ、半ば感動して見守ってくれている私たちの「暴挙」に、かすかな光明が射してきていることはたしかなのである。

第二章　過剰・集積論

——記憶術、ベーコン、『百科全書』、そしてアーカイヴ——

1　過剰の恐怖と馴致

前章でみたような「巨大量」をめぐる西洋型の思考に対立する、いわゆる「野生の思考」というものがある。ここでは、過剰や多量にたいして別様な反応を示す人間がいる。たとえばわれわれ日本人の「数」に関する民間信仰がそうだ。日本人のなかには、量への恐怖をむしろ「お守り」や「厄よけ」へと転化してしまう、ほとんど無意識の伝統的態度を崩さない人々がいる。「お百度参り」や「千羽鶴」の習慣を考えればいい。こういう反復行為や集積情念は、ほとんど魔術的、宗教的なカテゴリーに属するといってよい(1)。蛭川立は、真木悠介の論考を借りて、原始共同体の「反復的時間」とヘレニズムの「円環的な時間」が、可逆的な時間であるのに対し、ヘブライズムと近代社会を特徴づける時間観念が、それぞれ「線分的な時間」と「直線的な時間」であって、いずれも不可逆的であるとする。「可逆的な時間の観念をもつ社会では、社会全体が定期的ないしは不定期に〈他界〉的状態に回帰することで、過剰に肥大した『この世』的リアリティをいったん解体し、システムをリセットするのだが、不可逆的な時間の観念をもつ社会は、このようなリセットの装置をもたない」〔a/八束 45〕。

当然のことながら、可逆的な時間とはかぎりなく「無時間」に近く、ものごとは進歩したり変化せず、むしろ堂々巡りや反復の相のもとに現れる。比叡山の僧が決行する「千日回峰行」なども、そうした無時間性を生きる試みであろう。光永覚道は『千日回峰行』のなかで、千日回峰行じたいの厳しさを語ると同時に、「百日回峰行」や「四種三昧」と呼ばれる予備的修行においてすら、すでに「数」の観念が生きていることを教えてくれる。「四種三昧」についてはこう説明されている。『摩訶止観』のなかに説かれた行法で、常行三昧・常坐三昧・半行半坐三昧・非行非坐三昧を合わせて四種三昧と称する。常行三昧は般舟三昧、仏立三昧ともいい、九〇日を一期として、弥陀の宝号を唱えつつ、心に阿弥陀仏を念じ、一寸たりとも休むことなく行道する。常坐三昧は一行三昧ともいい、九〇日を一期として専ら仏の名号を称えて観想する。半行半坐三昧は七日の方等三昧と二一日の法華三昧を修し、行と坐を兼ねて修する。非行非坐三昧は方法、期間を定めずに行する」〔a 光永〕。重要なのは、つねに怪しげな「合理性」、あるいはコケの一念ともいえるような「確信」がそこにはまといついていることである。合理や確信は、量がどこかで質に転化してくれる奇跡への信仰とでもいえる思いこみに支えられて成立する。明晰な理性によるというよりは、無限反復や単純律動のなかに理性を眠らせて、はじめて実現しえる合理であり、確信なのだ。不安に駆られた人、危機に瀕した心性は、客観的にはどう見ても成就しそうにない願望や期待に、「量」を恃みにした一縷の希望をこめがちなのである。むろん、この私とて例外ではない。

わたしの独り言

大学生の頃から、一八世紀フランス啓蒙と付き合ってきた。『百科全書』の思想やディドロの文学を研究し、さらには教室で教えるようにまでなると、いつしか「合理」や「理性」の塊と思われている。実際は大違いなのに、人は一度レッテルを貼られると、少しでもレッテルに似ようとし始めるものらしい。いつしか自分でも、そういう自己イメージを作り上げていた。

もうひとつ、日頃付き合う相手がフランス思想、フランス人だということもある。啓蒙思想など持ち出さずとも、もともとデカルトを愛するフランス思想やフランス人は、こちらが悲しくなるほど徹底した合理主義者であり、ほとんど理性という名の宗教ないしは病気に取り憑かれている。

そういう私に「非合理」、いや「反フランス」への関心らしきものが兆す出来事が起きた。

つまらない転倒事故で脳震盪を起こしたのである。もう二〇年以上も前のことになる。病院の脳外科でレントゲンと脳波の診察を受けたが、医者は何ともないという。だが、首のあたりのだるい違和感は、間違いなく現実のものである。どうも納得がいかない。

たまたま、身内の紹介で訪れた指圧の先生から、東洋医学の凄さを初めて教えられた。先生は、診療所でカルテを作成するにあたり、一応の説明を患者の私から受け、転倒して後頭部を強打したという経過も理解したはずだ。だから、何をおいても後頭部か首のあたりを触ってくるものと、私は予想した。ところが、である。先生は私の上半身などには見向きもせず、下腹部を触診し、やがて「ああ、鞭打ちを起こしているね」とこともなげに言ってのけたのである。

私の驚きを想像してほしい。後で知ったことだが、先生は私の「経絡」なるものを調べただけなのである。でも、その時の私は、信じられない手品か魔法を目の当たりにする心地だった。まさに青天の霹靂である。

昔流行った文学研究で、構造主義的分析というのがある。ロラン・バルトなどが得意にしていた手法だ。テクストの中に見つかるちょっとした細部や手がかりから、だれも気がつかないような隠れた思想や願望を引っ張り出してくる、意表をついた読み方である。指圧の先生が私の身体を相手に行ってみせた「読み」とは、まさに構造主義的分析でなくて何だろうか。「文学の科学」を標榜していたバルトを連想した以上、私は東洋医学の方法にも、ある種の合理主義を認めたことになるのではないか。

少しして、今度ははからずも悪性腫瘍を患い、手術後の放射線治療などでかなりひどい目にあった。予後の健康回復のため、やはり身内に紹介されて、上野にいる漢方の老先生の診断を受けることになった。先生は薬局の奥に診察室をもち、初診の患者はかならずそのベッドに寝かされる。ズボンを緩めさせ、右手で患者の下腹部を一分ほど触るのである。それだけで、過去の病歴をほとんどすべて当てる。私の場合、衝撃的だったのは、「あなた、生まれてすぐ、一度死んでるね。それが今度の病気の原因だよ」と言われたことである。

赤ん坊の時に、仮死状態になったなどという話は聞いたことがない。帰宅して、母に電話したら、実はそういうことがあったと言う。六カ月の赤ん坊の時に、顔に血がのぼって紫色になり、高熱を出し、呼吸が止まってしまったらしい。父が慌てて即席の荒っぽい人工呼吸をやったら、ギャッと泣き出して、みるみる紫色が薄らぎ、助かったという。

さらに驚いたことがある。その数日後、病院の主治医に呼ばれた。手術前の患部の写真を何枚も見せられ、説明を受けたのだが、主治医の話と漢方の先生の見立ては完全に同じだったのである。主治医は科学技術の粋をつくした精密器械があたえてくれるデータを頼りに診断を下しているわけだが、漢方の老先生は右手を使ったわずか一分程度の触診だけで、私の幼児期に関わる、私自身も知らない秘密を言い当てたのだった。

どうやら、東洋にも、西洋文明に勝るとも劣らない「合理主義」や「科学思想」があるらしい。ただ、東洋人は口べたというか、怠惰というか、そういう知恵や秘訣を体系化したり、誰にでも分かる言語や制度に噛み砕いてマニュアル化したりしてこなかった。だから、優れた漢方医と、金儲けだけが目当てのインチキ商法とが区別されず、保険制度からも疎外されるのだ、というあたりが私の偽らざる感慨だった。

外科手術後の衰弱した身体に、漢方薬はよく効き、放射線治療の後遺症が嘘のように消えた。手術跡などもたちまち薄れ、身体は前よりも健康になった。これに気をよくした私は、いろいろな人をこの漢方医の爺さんに紹介し始めたものである。中に、子供が二人とも筋萎縮症という教え子の夫婦がいて、難病ゆえ余命いくばくもないと宣告されていた。家に遊びに来ても、転んでばかりいる。恐る恐る爺さんに伺いを立てたところ、直してみせると豪語するではないか。薬を調合して貰い、飲み始めて半年。さすがに完治はしないが、病気の進行が止まり、上の坊やは中学でなんと陸上部に入って走り始めたというから驚く。

それ以来、この種の面白いエピソードには事欠かない。すべて指圧や漢方など東洋医学にまつわる話である。書こうと思えばいくらでも種は尽きないのだが、ほとんどの関係者がまだ生きているので、憚られる部分が多い。どのエピソードをとっても、当たるも八卦、当たらぬも八卦だのといった不条理で理屈に合わない東洋医学のイメージを裏切るようなものばかりである。漢方や指圧を前にした私たちは、西洋医学とまったく性格を異にする一種の合理主義と向き合っているのだ、と私は確信するようになった。そういう世界に背を向け、馬鹿にしてみせることが、自分たちの存在証明、いやステイタス・シンボルにすらなっているフランス人などには、思いも及ばないことである。

さて、そうこうするうちに、今度は占いというものと巡り合うことになった。人生九年周期説と、人生一二〇年周期説というのがある。どちらもタイムスパンの設定が長く、複数年単位になっている気宇壮大さが気に入った。とりわけ後者は、人間個人の一生をはみだすような長期持続を扱い、途方もなくスケールが大きい。どんなに長寿でも、まず一二〇歳まで生きる人はいないだろうから、この周期は誰一人として全うできずに死んでしまう定めである。

この占いによれば、人間は春夏秋冬の四つの季節をそれぞれ三〇年ずつかけて生きるのだそうだ。ただし、生まれたとき、必ずしも春の第一年目にいるというわけではない。どこか途中で生まれ、そして途中で死ぬのである。私の場合は、「夏」の真っ盛りに生を受け、さきほどの仮死状態になった話がまるで嘘みたいに、幸福を謳歌した子供時代を送り、二一歳で「秋」に入り、五一歳以後は「冬」で、六二歳の今は、いずれ八一歳になって巡り来る春を楽しみに生きている、という運びになっている。なぜ春が楽しみかというと、人生で最高の季節は夏であり、次が春、ついで秋、そして冬という具合に四季のランクが定められているからである。つまり、私は最高の赤ちゃんとして夏をエンジョイし、その後徐々に零落して、目下最悪の状況にあり、八〇歳を超えて、やっと春が巡ってくるという人生らしいのだ。これでいくと、慶應義塾大学でフランス文学を学び、フランスに留学し、帰国して母校で教職について以来のほぼ四〇年間は、涼しい秋から寒い冬という、あまりぱっとしない生活を送ってきたことになる。憮然とする話ではないか。

そういえば、私が異常に赤ちゃん好きなのも、ひょっとしてこの幼少期の幸福な記憶のなせるわざかとも思う。昨年亡くなった父の部屋から、おびただしい身内の写真が出てきたが、そのうちのかなりのものが、長男の私が生まれたばかりの頃に撮った写真だった。写真が趣味の父親が、とりわけ長男の姿を嬉しそうに撮りまくるというのは、どこにでもある話である。だが、私を驚かせたのは、写真の枚数よりも、そこに写っているいたいけな赤ん坊の常軌を逸するほどの可愛らしさだった。これが自分なのか、と何度も溜息が出た。やはり、夏に生まれただけのことはあるのだ、あの時、顔を紫色にしたまま息絶えなかったのも、この夏の季節が恵んでくれた強運のお陰なのだ、と。

さて、写真の中の私は、小学生、中学生、大学生と成長するにつれて、だんだんと元気がなくなる。すくなくとも、私の目にはそう見える。大きくなるにつれて、子供らしくなくなるといった、誰にでもあるプロセスを問題にしているのではない。赤ん坊の時に持っていたかけがえのない生気が、徐々に失われていくような気がするのである。写真を年代順に眺めると、とりわけ秋を迎える二一歳の頃から、急に被写体としての魅力を失って、私はどこか霞み始める。先入観もあるだろうが、教師になってからの写真、とりわけ名簿に掲載されている顔写真など見たくもないほど忌まわしい。

赤ちゃん好きと言えば、一生忘れられない恐怖の思い出がある。数年前、大学の雑務や授業でかなり疲れ、JRで西荻窪まで来て、駅ビルの西友でヴィデオテープかなにかを買った。レジには長い行列が出来ていたが、その一つに並んだところ、すぐ前に若い母親がいて、赤ちゃんの眠る乳母車を私との間に置く格好になった。こちらが覗き込めば、赤ちゃんにキスでもできそうな距離である。まあ、どこにでもある情景だ。ここから先が恐怖譚になる。

日頃、赤ちゃん好きをもって任じる私は、可愛い幼児を目にすると、「赤ちゃん」ではなく、精一杯の愛情を込めて、「アガジャーン」と濁音で声に出すか、心の中で呟く癖があった。身内や知人の間だけで許される、他愛のない愉楽である。時には「アガジャーン」と言いつつ、あごに触ったり、ほっぺたを舐めたりしてしまう。さて、その日、疲労のため意識のコントロールが緩くなっていた私は、こともあろうに、見知らぬ買い物客や店員のいる前で、乳母車の赤ちゃんに向かって、ごく小声ながら「アガジャーン」と叫んでしまったのだ。心の中で呟いたはずが、思わず口に出てしまったのだ。叫びは若い母親の耳にだけ、確実に届いたらしい。母親はその声を聞くなり、きっとなって私の方を振り返ると、なにか恐ろしい危険が最愛の我が子に迫っていると思ったのだろう。乳母車を動かして、自分の前方に移してしまったのである。そして、物凄い目つきでこちらを睨み付けるではないか。私は恐怖のあまり、凍り付き、震えた。

レジの列は長く、我々の番はまだまだ回ってきそうにない。母親は時々こちらを振り向き、何か醜悪な物でも見るような目つきで睨む。私は心の中で、「世界よ、消えろ」、「時よ、止まれ」と叫んだ。そして、瞬間的に、三つの対処法を思い浮かべた。その一、名刺を出し、怪しい者ではないと説明する。その二、列を変えてやり過ごす。その三、このままひたすら耐える。結局、選んだのは第三の道だった。名刺など出したら、状況は悪化するだけだったろう。慶應義塾大学教授が乳母車の赤ん坊に向かって「アガジャーン」と叫ぶ行為の、どこが怪しくないだろうか。二番目の列を変える方法は、意味がなかった。列を変えても、お互い近間にいるのは同じで、しかも勘定を済ませたあと、買った品を袋詰めする台のあたりで、また鉢合わせする可能性が高い。雛を襲われかけて気が立っている雌鳥みたいな母親に、何度もねめつけられながら、私は黙って何も知らない店員にヴィデオテープを差し出し、勘定を済ませて、その場を離れた。

「冬」の時代なればこそである。かつてのまばゆい赤ん坊が、目の前のまばゆい赤ちゃんに、手も足も出ないのだ。宝を後生大事に守っている恐ろしいメスのドラゴンのせいで。きっとあの赤ん坊も、かつての私と同じで、「夏」の真っ盛りなのだ。だいぶたってから、酒の席で、この話を若い同僚にしたことがある。同僚は愉快そうに笑い、「赤ちゃんに向かって赤ちゃんとは、恐いですよね」と評した。たしかに、スーパーの野菜売り場で初老の紳士が、トマトに向かって「トマト」と叫んだら、周りから人影が失せることは確実だろう。これはもう、サルトルの『嘔吐』にある、マロニエの根のエピソードに匹敵するような、哲学的怪談の類に属する。

ようするに、我々は生きるためにふだん何を原理、ないしは物差しにしているか、である。人生一二〇年周期説で、今は冬、昔は夏と信じ込むのも原理である。そういう話を馬鹿にして、笑うのも、また別の原理である。病院で輸血をされ、一命を取り留め、やはり西洋の科学技術は凄いと感嘆するのもある種の物差しである。教室で啓蒙思想を教えるのもある物差しに従っているわけだが、その同じ人間が漢方薬の効能に驚き、漢方医の見立てに舌を巻くのも、これまた別な物差しを信じていることになる。赤ちゃんを可愛いと感じて構うのが人類愛という原理なら、そういう初老の紳士を狂った化け物として糾弾するのも、これまた母性愛という物差しである。

　こう見てくると、原理や物差しはどうやら一つではなさそうだ。宇宙は多元的だというのが現在の宇宙物理学の先端思想であるらしい。とすれば、私のなかに巣くった複数の物差しは、そのすべてが正しいことになる。やはり、フランス人は単一の真理しか信じられない原理主義者なのだろうか。しかしかれらは、大西洋の向こうにとぐろを巻いた、もっと困った原理主義者がイラクを攻撃して引き起こした騒ぎに、声を大にして反対してはくれたのだが。

　さて、東も西ももはやなくなった地球時代の只今現在、私たちは博物館や図書館という、近代が生み出した巨大な「集積装置」に日々囲まれて暮らしている。書物と各種ホールを別にすれば、私たちにやや古いタイプの「教養」や「憩い」を供給してくれるのは、依然としてこれらの文化施設であろう。面白いのは、そこへ足を運んでも、収集されている考古資料や書物の「量」に圧倒されたり、恐怖をおぼえることはまずありえないということである。博物館や図書館で、収蔵物のすべてが一挙に開示されていないおかげであるし、また、そうした施設の利用については、とりわけ「時間」という制度が介在していて、「量」にたいする途方もない驚愕や畏怖を、あらかじめ無化できるように按配されていればこそなのである。開館時間と閉館時間という決まりがあるから、幾晩も徹夜して館内に留まることは許されない。また、展示物や閲覧書籍と付き合う時間も限られている。博物館の客がある壺の前に立ち止まるのは、ふつう数秒から長くても数十秒であり、それはつまり、商品化された「芸術」や「知識」にたいしては、一定時間以上向かい合わないほうがいい、という近・現代文化による馴致の成果なのである……。

図書館の記憶

記憶ではない、むしろ現在を語るべきかもしれない。だが、現在の塾図書館について何かを言うためには、私の過去をまさぐって、別な図書館の記憶をいくつか引っ張りだすことも必要だろう。いや、それよりも先に、私が図書館をよく利用するのは自宅に本の置き場所がないからである、という事情を説明しておいた方がよさそうだ。退屈は承知で、まず私のささやかな住宅問題をおずおずと記させてもらおう。

私の生まれた実家は東京の目黒にあった。かなり大きな西洋館だった。本などいくら並べてもかまわないほどのスペースがあった。残念なことに私の蔵書はあまりにも少なすぎた。塾の仏文科を卒業して大学院に進んだ時、私の一家は目黒の土地屋敷を売り払って郊外の国立に越した。畑の中の一軒家。長男の私は八畳ほどの勉強部屋をせしめた。古本屋に本を売るのが好きでなかったから、書棚にはかなりの数の書物が並んだ。でもぐるりの壁を一面埋めつくすというほどではなかった。

それからフランス留学があった。四年半して帰国すると、日本の住宅事情は非常に悪くなっていた。それに私ももう独身ではなかった。とりあえず、私たち夫婦は一年間ほど国立の実家に居候した。八畳の勉強部屋は前からの蔵書に加えて、フランスから送った書物が次々と届くにつれ、足の踏み場もなくなっていった。余計な本は段ボールにでも入れて、廊下の片隅に積んでおくほかなかった。

帰国してちょうど一年目、私は塾文学部の助手に採用されたのを機に、実家を出て都内に移った。それから五年間、義兄の評言を借りるならば「典型的都会人の放浪」ということになるらしい私たち夫婦のオデュッセイアが始まる。中目黒から野沢、高輪台、さらに代々木八幡と引っ越しを重ねているうちに、私の蔵書は雪だるま式に増えた。それは引っ越しのたびにお世話になるミカンの段ボール箱の数と重さでわかることだった。野沢に家を借りたあたりまでは、殊勝にも段ボールをことごとく解いて中味をところ構わず天井まで積みあげていた。だが、そのどこかに紛れこんでいるはずの岩波文庫の一冊がどうしても見つからず、結局は三田の大学図書館から借り出すといういまいましい経験を何度も繰り返しているうちに、蔵書にたいする私のフェティシスムに近い愛着は徐々に薄らぎはじめていた。書物はいつでも好きな時に読めてこそ書物である。玄関のタタキの隅に古新聞と一緒に積みあげた鷗外全集を、はたして蔵書と呼べるのだろうか。

野沢から港区高輪台のマンションに越した時、私は本を詰めこんだ段ボールをほとんど開かないことにした。幸い専用の倉庫があったので、必要最少限度の書物を取り除けると、残りは全部しまいこみ、鍵をかけてしまった。どことなく悪いことをしたような気分に襲われたが、今にして思えば何とも純情なことである。書斎には本当にわずかな本しか置かなかった。当然のことながら、図書館の需要がいちじるしく増すことになった。

そして今年の七月一日、高輪台から代々木八幡への引っ越しが敢行された。私はいよいよ蔵書との腐れ縁に決着をつける気でいた。そこで蔵書を三つのランクに分類した。どうしても手もとに置きたいもの、あるいは置くべきもの、次にどうでもよいもの、最後にクズ本。ところが仕分けをしているうちに、ふっきれたはずの未練がまたもやよみがえり、分類基準はどんどん甘くなった。たとえば、一度だけ翻訳の注で芳香植物を調べるために開いたきりの原色動植物図鑑全一〇巻がどうしても捨てられない。数年前、衝動買いで手に入れた厄介者の一つである。これではみすみす買い損だとか、五つになる甥が中学生になるまで待つべきだとか、自分で勝手な理屈をひねりだしては必死に抵抗しているのである。家内にもわかってもらえぬ孤独な戦いの末、「クズ本」が段ボール三十数箱におさまった。それをさらに二つに分けて、片方を実家の納屋に運び入れ、残りの半分を文字通りクズ同然の値で売り払った。「どうでもよい本」を「クズ本」として扱う勇気はなかった。だから、それはほとんどが、「手もとに置くべき本」のカテゴリーに移動した。まだ悟りの境地にはほど遠いが、野沢から高輪台に移った頃とくらべれば格段の進歩である。とはいえ、全体としてみれば焼石に水にはちがいないので、私が現に住んでいる代々木八幡のマンションは依然として薄汚ない段ボールの洪水に見舞われている。押入れの中や洋服ダンスの上に、「天明町農協」とか「愛媛名産」とか「ナショナル掃除機」とかの印刷の入った赤や黄や茶の紙箱(段ボールというのもこれだけ集まるとずいぶんといろいろな色や柄があってけっこう楽しめる)が、ディドロの書簡集だの、「あしたのジョー」だの、何とか美術全集だのを納めてところせましとひしめきあっているのである。

仮りに私が柳田国男の著作の一つを読みたくなったか、あるいは読む必要が生じたとしよう。筑摩書房の著作集全何十巻かがどこのカートンに入っているかぐらいはわかっている。押入れの上の天井に届くあたりにしつらえた戸棚の右の奥、それも重い大型の箱が幾列か重なっているその後ろ側である。踏台を使った冷汗まじりの出し入れを考えただけでも、私は躊躇なく渋谷あたりの大きな本屋で文庫本を買ってしまうか、たまたまその著作が文庫に入っていない時は、大学図書館から著作集の一巻を借り出すだろう。どうみても、現在の私の住居で本当の意味の蔵書と呼べるのは、書斎の本棚に並んだ必要最少限度の辞書、参考書類と、一八世紀フランスのテクスト、研究書、それに若干の新刊書と雑本ぐらいのものである。要するに手を伸ばせば届く範囲にある超小型の私設図書館。その範囲を越えなければならない調査や検索となると、これはもう埃と汗にまみれた押入れ漁りを繰り返すよりも、外に出てさまざまな公共施設を存分に利用する方がまともな解決といえはしないだろうか。

図書館の徹底利用という習慣をいやというほど身につけさせられたのは、フランスのモンペリエ大学に留学していた四年半の間だった。文学部にジャック・プルーストという少壮の教授がいて、私はこの鉄のような意志と絹のような感受性を備えたすぐれた人物から実にさまざまな恩恵を受けた。たとえば学問研究におけるどちらかといえば技術的な要素、つまり図書館の利用の仕方からタイプ・ミスの修正法にいたるもろもろのこ、つ、を細かく教えてくれたのもプルースト教授だった。何度か自宅に招かれて書斎を見る機会が重なるにつれ、私は教授がさほど沢山の書物に囲まれて暮らしている訳ではないことに気づきはじめた。おもしろいことに、食堂と居間を兼ねた広くて明るい部屋が、奥のところで仕切りもないままに書斎に通じており、そこの書棚を埋めている数百冊の書物が一目で見渡せた。書物の半分ぐらいが教授の専門である一八世紀の作家や思想家の全集本で、残りのほとんどは豪華本や画集や写真集のたぐいだった。けっして多いとはいえぬ蔵書である。プルースト教授の書斎のこの簡素なたたずまいは私をいたく刺激した。高校生の頃になにかで読んだ「哲人」の生活、すなわち自分にとって本当に大切な書物だけを厳選してそれらと共に暮らし、思索の合間にはパイプをくゆらせて重い画集の一冊をひもとく、といった按配の、無駄をなくして切りつめたところでこそえられるゆとりの生活を眼の当たりにする思いだった。

とはいえ、教授の「知的生活」がこの数少ない書物の熟読玩味からだけで支えられているはずはない。段ボールや埃にわずらわされない優雅な安息を家庭で確保するために、教授が一歩外に出るとどれだけ精力的に自分の研究のための情報や資料の収集に努めているか、その全体を窺い知ることができるようになるまでにはかなりの時間と交際が必要だった。大学の研究室や資料室、図書館をフルに活用するばかりか、マイクロフィルム、マイクロフィッシュ、テープレコーダーなどをまめに使いこなし、そうやって集めた情報はすべてカードにして整理する。話にはきいていたが、なるほどこれが学者の仕事なのかと唸ることしばしばであった。こういう合理主義を貫けば、非衛生的な私設図書室との何やらただれた関係はいっぺんに断ち切れるのも道理である。私は徐々にプルースト教授の情報処理の技術を少しでも身につけようとしはじめた。

モンペリエ市には二種類の図書館があった。市立図書館と大学図書館である。市立図書館は町の中央にある古い建物で、一八世紀の珍しい文献コレクションが有名だった。私の一八世紀研究ははじめて日も浅く、基本文献を読むので精一杯だったから、よほどのことがない限り、足は自然と大学図書館の方に向いた。大学図書館は学部別になっており、私が通ったのはむろん文学部のそれで、町外れの静かなところにあった。

寮から近いのがとても便利だった。収蔵部数がどれぐらいの規模かは忘れた。とにかく、研究者用というよりは学生向けのごく小さな図書館だった。基本文献はさすがにほとんど揃っていたが、私が勉強していたディドロの研究書となると自分で日本から携えてきたものの方がずっと多い、という状態だった。ありがたかったのは、他の都市にある大学図書館との相互協定にもとづいて、モンペリエにない書物をとりよせてくれるサービスだった。これがどれほど私の研究に役に立ったかはいくら強調してもしすぎることはない。

半年に一回ほどのペースで、パリに「研究旅行」もした。論文のテーマが具体的なイメージを結び、モンペリエで読めない必読書や資料のリストがかなりまとまった数になると、教授に一筆もらって夜汽車に乗り、翌朝にはパリのリヨン駅に着いていた。地方の給費留学生にとってパリへの研究旅行はとても楽しみな年中行事の一つなのである。交通費と滞在費の大半は払い戻されたし、「研究」といってもそこはパリのこと、地方都市では考えられないさまざまな気晴らしがともすればふさぎがちな心を慰めてくれる。パリで私が通いつめたのはリシュリュー街の国立図書館である。日本人仲間はここをBN《ベーエヌ》と略して呼んでいた。パリ在住の研究者にとって、BNとは毎日通って勉強する場所ではない。パリにはソルボンヌをはじめ各地区にいつも大きな図書館があって、BNというのはまさにBNでしか読めない資料を読みに行くところなのである。それにいつでも満員で、朝開館と同時に入らないとなかなか席がとれない不満もある。でも、私のような地方からの上京組は時間の制約もあって、あらゆる要求を確実にみたしてくれる総合図書館がいちばん落ち着いて仕事ができた。またBNの館員はみな親切な人ばかりで、こちらのどんな愚問にも嫌な顔一つせず答えてくれるのが魅力だった。私はBNから歩いて五分のテレーズ街にある安ホテルを常宿とし、おおむね朝九時から夕方六時まで、食事と休憩以外はBNで本を読み、閉館の六時になっても仕事にきりがつきそうにない時は、五時頃BNを出てバスに乗り、パンテオンの脇の夜八時まで開いているサント・ジュヌヴィエーヴの図書館に河岸を変えて頑張ったものである。何と勤勉で誠実な学徒であろう……そう思われる方は多いにちがいない。でも、考えてもみてほしい。私は本当に貧しい留学生だったので、昼間からパリの街をうろついてみても何もすることがなかったのである。それに東京とちがって当時のパリの文化生活は夜の部が充実しており、コンサートや芝居の開演はほとんどが八時か九時だったから、昼間どれほど勉強してもそれで一日が終わるということはなかった。

　地方組の私はBNではいつも一人だった。昼の食事も一人、息抜きに建物の向かいの小さな公園で一服つけるのも一人、ともすれば夜の食事も、そのあとのコーヒーも、コンサートも一人。図書館ではいつも孤独といういまでも変わらない私の感情は、おそらく何度にもわたるこのパリへの研究旅行の体験で育まれたもののようである。孤独な私とBNの間に眼に見えない愛情の絆のようなものが生まれたのは、ある小さな偶然をきっかけにしている。忘れもしない一九七〇年夏の、とある暑い日の午後である。その頃、私はディドロの『ラモーの甥』という小説について博士論文をまとめる準備をはじめていたが、全体の構想がいま一つ弱くてどこか物足らなさを感じていた。パリに発つ前、プルースト教授は小説の冒頭でディドロが使っている「個性」(アンディヴィデュアリテ)という名詞が、この小説の書かれた一七六二年の時点ではまったくの新造語であり、おそらくフランス文学史でも最初の用例である事実を教えてくれた。パリで調べてみると、ディドロはこの名詞を生物学者シャルル・ボネの論文(一七六〇年)から借りていることがわかったが、ここまではリットレの語学辞典にも記されているいわば常識で、とても論文に使えるような代物ではなかった。「個性」という新造語から何かを引き出してくるためには、もう一つか二つの用例が是非とも必要である。私は語彙論の専門家でもないし、そういう根をつめる調査は苦手だったから、思い切りよくあきらめて、別のテーマを追いかけはじめた。その日も朝からBN入りした私は、『ラモーの甥』が執筆された前後にパリで刊行されたいくつかのテクストに目を通し、その中でヴィルメールというまったく未知の作家にどういう訳か興味を抱いて、彼の著作を初期のものから検討していった。いちいち読んでいる暇はない。巻末の目次で見当をつけ、章ごとに乱暴なまとめ読みをして、一時間ぐらいで一冊をあげてゆく方法である。午後二時半ぐらいだったろうか。私の眼の前にはヴィルメールの三番目の著作『アンドロメトリー』(一七五四年)が置かれていた。前の晩の深酒で私はいささかくたびれていた。何とつまらない作家だろう。そして何という眠さよ！　私はもうヴィルメールを捨てる気に半ばなりかけていた。それでも最後の奉公とばかり『アンドロメトリー』の初版本を開くと、何ページ置きかのとばし読みでおおよその骨組をつかんでいった。ふと、七三ページが眼に入り、私のもうろうとした視線は縦長の白い長方形を埋めた黒い活字のかたまりの、左上方から右の下にかけての部分を一気に走った。視界の片隅に「個性」という文字が映った。いや、それは正確でない。厳密にいえば、individualitéという、あのやたらとiの字の多い、まるでダックスフントみたいに胴長な単語の形が、ぼんやりと知覚されたのである。知覚映像が私の頭の中で「個性」という意味に翻訳され、私のもうろうとした意識が事の重大さに目覚めるまでに半秒とはかからなかった。青天の霹靂とはこのことである。あるいは神の摂理というべきだろうか。私の怠惰なとばし読みは、七三ページでなく、七四ページを開いていてもよかったはずである。私は有頂天だった。『アンドロメトリー』をていねいに読み直し、さかのぼってヴィルメールの処女作から改めて精読した。スイスの別荘にいるプルースト教授に気負った手紙を書くと、私もそんな作家は知らない、しっかりやり給え、という返事がきたのも嬉しかった。それからというもの、私はモンペリエに帰ってからも、半年ぐらいはすっかり「個性」づいていた。

私が論文の中でこの発見の興奮をどのように活かし、また処理したか、ここはそれを述べる場所ではない。ただ、この日を境に、私とBNの関係は大きく変わった、と言いたいのである。その感じは、一途な片思いの相手からようやく言葉をかけてもらえた時の気持ちに似て晴れがましいものだった。BNが私に向かって「個性」という語をつぶやきかけてくれたのは、まったくの偶然、つまりは気紛れであろう。だが、たまたまつぶやきかけた相手が愛情に飢え切った孤独な若者で、その偶然を必死になって一つの必然に変えたということなのだ。

現在の私はどうであろう。出勤すれば必ず一度は足を踏み入れる三田の大学図書館に、私はかつてのBNにたいするような愛情の絆を感じているだろうか。残念ながら答は否である。理由はいろいろに考えられる。私はもうそれほど純情ではなくなっている。授業や公務に追われて、なにかを「発見」できるような息の長い調べ物に没頭できなくなっている。また詳述はできないが、図書館の側にもこちらの要求をつねに満たしきれない問題点がいろいろあって、検索のたびにもどかしさを感じることが多い。その問題点の最たるものは、三田キャンパスの架蔵書が現実には三つのスペースに分割されている現実であろう。私のようなフランス一八世紀という「文学」とも「思想」ともつかぬ曖昧な分野を手がけている人間にとって、この分割形態ほどいまいましいものはない。三つのスペースとは、図書館と研究室書庫と研究個室である。図書館における新分類と旧分類の並存は既成事実として眼をつむるしかない。とにかく両分類を合わせて一本化し、共通の管理システムの下に置いているのだから、それはそれでいい。二番目の研究室書庫になると多少趣がちがってくる。書庫に架蔵されている書物は、原則として教員の専門的研究に必要なテクストや研究書のはずであり、学生も利用できる図書館の蔵書とはどこかで一線を画する性質のものであってしかるべきである。ところが、建前の方はそれでよいとして、実際には図書館の蔵書と研究室書庫の蔵書はいかなる意味でも区別しがたい。また収書にあたって、両者への振り分けがしかじかの基準で行われているという話もついぞ耳にしたことがない。それどころか、両方にまたがって架蔵されているいわゆる重複本がひどく多い。おどろくべきことに、この重複は、研究室書庫の内部でも発見できる。それというのも、書庫の収書は学部ごとに独立して行われるから、たとえばルソーのような総合的思想家に関する重要な研究書が刊行されると、文学部と経済学部と法学部と商学部がそれぞれ一冊ずつ購入し、さらに専攻が一六もある文学部内部でも重複するという有様である。忌憚なく言わせてもらうと、現在の研究室書庫なるものは、図書館まで足で歩いてゆき、カードを引いて書物を探すのが億劫な専任教員が、なるべく自宅の書斎に近いイメージでこしらえあげた私設図書室なのである。同じ本がすぐ隣の図書館や階下の他学部書庫に重複していようと、そんなことはどうでもよい。要は自分のすぐ近くに自分の必要とする書物が、まさに自分だけのために雁首を揃えて並んでいてくれることなのだ。

文学部の場合は、本来ならせめて研究室書庫で全教員の利用に供せられるべき書物が、往々にして専攻ごとの共同研究室や個室の書架に収められ、文字通りその専攻や個人の私有物と化してしまっている。これが三分割の第三のスペースである。このスペースに収められた書物を閲覧するには、精神的にも物理的にもひどい苦労と苦痛を伴う。まるで他人の書斎から借り出すのとなんら変わるところがないからである。

以上述べた図書三分割の収蔵方式は、私のように住宅問題を抱えて「書斎」の夢を放棄し、ひたすら大学図書館の公共性とサービスに活路を求めるしかない教員にとっては、実に迷惑な障害である。いま塾が構想中の新図書館建設のプランについて詳しいことは知らない。だが、公開の原則にも反し、無駄の多い分割方式を何らかの形で一本化する方向が構想の中に組みこまれていないと、近い将来塾の図書館がたとえば他大学と相互貸出協定を結ぶなどまず不可能だろうし、また塾の研究体制そのものも依然として書斎の枠組みを越えないおそれがあると思うのだが、いかがなものであろうか。

私における図書館の「記憶」は、ここで「現在」と重なることによって将来への「期待」に変容する。欲しいのは本ではない。私がパリに置き忘れてきたあの「絆」なのである。

本章で私は、「アーカイヴ」という、博物館や図書館とは似て非なる「集積所」について考えてみたい。とりわけ、「アーカイヴ」について考える手だてとなるべき、基本知識ないし基本歴史のようなものを探ってみたいと思う。そもそもアーキヴィスト(ないしはアーカイヴを利用する研究者)の本質は、上に記したような「量」「過剰」「集積」に向き合う姿勢のなかにこそ求められるのではないか、というのが私のまずは出発点である。

2　下河辺淳アーカイヴの意義——個人記憶装置の可能性

ここで取り上げる「下河辺淳アーカイヴ」は、誠に興味深い試みである。単に総合研究開発機構(NIRA)独自の資料コレクションとして重要であるだけではない。「アーカイヴ」という、日本ではあまりなじみのない制度について考える際に、貴重な手がかりをいくつも与えてくれることが頼もしいのである。そこで「下河辺淳アーカイヴ」について記す前に、そもそもアーカイヴとは、といった根本問題から入っていきたいと思う。

(1)　アーカイヴとは何か

この問いに答えるためには、身の回りからなるべく分かりやすい例を見つけてくるのがいい。例えば近親者が一人亡くなったとしよう。その人は家族や身内にとって掛け替えのない存在であった。皆は相談して、故人をしのぶよすがとなるようなある種の「記憶装置」を作ろうとする。写真アルバム、追悼文集などは、だれにでもできそうな「装置」だ。もう少し手が込んでくると、故人が使っていた書斎をそのまま手を加えずに保存し、そこに故人ゆかりの品々、机、筆記用具、書籍や収集品などを並べたりする。故人が遺族にとってのみならず、住んでいた町の人々、いや国全体にとって特別な意味を持つような偉大な存在であった場合、話はもっと大きくなるかもしれない。故人の名前を冠した記念館や霊廟が建立され、観光名所になることだって珍しくない。規模の大小を問わず、このような「記憶装置」を案出しようとする私たちの衝動の中に、アーカイヴなるものの本質は秘められている。

以上の例からもお分かりいただけるように、アーカイヴは、図書館、博物館、美術館などとはかなり趣を異にする組織である。後者がそれぞれ行っている総合的・網羅的な収集作業とは初めから一線を画し、特定の主題や人物に特化した、かなり限定された資料体を扱う施設である。また資料体が限定されてはいても、その半面、故人が愛用したパイプの傍らに愛読書が置かれ、レコードプレーヤーもあるといった具合に、資料の形態や媒体的特性による制限を設けないのも特徴で、むしろ領域、主題、個人を成立させている共約性を重視するのがアーカイヴらしさといえる。絞り込まれたピンポイント状のテーマに立脚しながら、巨大な俯瞰や視野に開ける可能性を持っている資料館、それがアーカイヴなのである。

(2) 量をデザインする文化装置

一冊の追悼文集や、記念写真アルバムなどはまだいい。アーカイヴの扱う資料が、われわれの分類や整理の能力をはるかに超えて、巨大な規模に及んでしまう場合がある。「記憶装置」が対象とする資料の「量」という問題は、アーカイヴを論じる上で避けて通ることのできない課題である。さらに、アーカイヴに集積される巨大な「量」と取り組む方法は、すでにそれ自体が優れて一個の「文化装置」の構築となる。特定の主題や個人を扱いながら、膨大で多様な資料を分類し、記述する方法の中に、ある時代の全体的構図や、ある文化の巨大な見取り図のようなものがおのずとあぶり出されてくる。優れたアーカイヴほど、文化装置たりうる可能性が高いのである。

「下河辺淳アーカイヴ」は、そうした文化装置の一つとして注目すべき役割を果たしているといえる。「量」の問題一つとっても、資料規模は一個人にかかわるものとしては異例なほど大きい。「資料別分類」の内訳を見ると、「単行本」だけで八〇〇点弱、「逐次刊行物」に至っては「一般雑誌」だけで三〇〇点弱、「機関紙誌」九〇〇点弱、「新聞」は二七〇〇点以上という膨大な量なのである。

ただし、誤解のないように付け加えれば、「下河辺淳アーカイヴ」で「単行本」や「新聞」とある場合、それらの資料は必ずしも下河辺淳氏個人の著作であるとは限らないのである。また、これは下河辺氏の収集した、いわゆる個人コレクションを扱うアーカイヴでもない。そして、この特徴こそ、本アーカイヴが文化装置であるゆえんなのである。資料の多くは、下河辺氏が監修者として、あるいは序文執筆者としてかかわった書物であるか、場合によっては本文中に下河辺氏に対する言及があるような本であったり、新聞記者による下河辺氏へのインタビュー記事であったりする。氏はいわゆる物書き一般と違って、自分の「著作」と呼べるものをあまり持たず、むしろ自分の多岐にわたる活動それ自体を「作品」として世に訴えてきた人物なのである。ここには「作品」と「作者」という概念の興味深い転倒現象がある。

そもそもわれわれには、因果関係に対する不思議な通念というか、信仰のようなものがあり、一個の人間(=作者)が熟慮と推敲の果てに生み出すものだけが作品なのだと考えている。だが、現実はそれほど単純ではない。巨大化し、複雑の度を高めた文明社会で、個人が何かを無から「創造」し、ある「作品」の「作者」を名乗れるケースなど、ほとんどありえない幻想である。そうした状況を踏まえて、下河辺氏は全く独自の立場を示してきた。だれが「主人」でもなく、「作者」でもありえない社会をいち早く察知して、氏は「書き手」や「作者」という古い役柄を捨て、諸現象、諸思想の「デザイナー」として振る舞っているからである。だれが何を生み出すわけでもなく、さまざまな声や意見や事象がただ大量に現出し、消費されている現代社会では、「デザイン」を知る者だけが真の賢者の肩書を約束されている。下河辺氏の数十年間にわたる多彩な履歴、すなわち政府の各省庁、総合研究開発機構(NIRA)、東京海上研究所などでさまざまなポストを経験されたという「デザイン史」が、いつの間にか戦後日本の歩んだ歴史をなぞってきているという象徴性からして、このアーカイヴは一個の「文化装置」なのである。「下河辺淳アーカイヴ」とは、単に下河辺淳なるたぐいまれな一個人を顕揚したり、その業績を記録するだけの「記憶集積装置」であるにとどまらず、氏の全業績・全事績がかかわる諸分野のあらゆる問題やあらゆる関係者にまで触手を伸ばしている、驚くべきネットワークの配信拠点として捉え返すことができるのである。

(3) 現存者を語るアーカイヴの構造

ところで、ここで忘れてはならないことがある。「下河辺淳アーカイヴ」が他のアーカイヴと根本的に違うのは、下河辺氏自身がまだ健在であり、自らのアーカイヴに関し、依然としてある程度かかわりを持っているという事実である。何よりも、不断の資料提供者として欠かせない存在であることはもちろんであろう。だがそれ以上に、本アーカイヴが採用している独自の検索システムが、現に生きている下河辺氏の思想や活動をそのまま模倣した形になっていることは、少しでもシステムを検討してみれば分かることである。

現在のところ、「下河辺淳アーカイヴ」を構成している実際の資料体は、そのほとんどが書籍や雑誌、冊子といった印刷物であり、一見したところ、一般の図書館の収蔵物とさして選ぶところがないように思える。このアーカイヴに検索対象として設けられている基本の五カテゴリー(これらはいずれもコード化されている)、すなわち「発行年別分類」「役職別分類」「分野別分類」「資料別分類」「発表方法別分類」のうち、とりわけ最後の二つは通常予想される図書分類そのもののように見える。

ところが、である。最後の「発表方法別分類」を見てみよう。発表方法は「著作物」と「口頭発表」とに大別されている。世に作家と呼ばれる人物を対象としたアーカイヴであれば、「著作物」の部分が著しく肥大し、それに座談会や対談などの口頭資料がおまけのように付随するという格好になるだろう。下河辺氏の場合は、著作と口頭のバランスが完全に入れ替わる。「著作物」は「論文、随想・小論、書評、その他」といたってつつましいが、一方「口頭発表」になると、「講演、パネルディスカッション、座談会、対談、インタビュー、談話、委員会等議事録、講評、あいさつ、その他」と多彩な広がりを見せる。さらに「その他(紹介記事)」「その他」と続く。

この独自な分類が示しているのは、下河辺氏が「口頭発表」を中心に、従来の「作品」概念とはかなり隔たった場所で、極めて豊饒な仕事を展開してきた人物であるということである。戦後社会を「デザイン」してきた下河辺氏が活動の中心に置いているのは、不特定多数の他者とかかわる「口頭」や「座談」の生きた場なのであって、思弁や整合や論理が優先される抽象的な「書き物」の世界ではなかった。

検索対象であるコード化された基本五カテゴリーのうち、残りの三つ、「発行年別分類」「役職別分類」「分野別分類」は、まさしくそうした戦後日本の生き証人である下河辺氏のキャリアに即した、ある意味ではきわめてパーソナルな項目立てになっている。「発行年別分類」は「一九五九年以前」から始まって、一〇年ごとに氏の人生を区切る形になっており、時間軸に沿った検索を可能にする。「役職別分類」というカテゴリーは「戦災復興院」から最近の「下河辺研究室」に至るまで、氏が歴任したポストを網羅し、さらに「分野別分類」は、本アーカイヴで最も主観性の強い分類システムが提示されている。「国土論、国土開発・計画」「都市、首都、東京」「地方・地方都市、地域開発」「土地、建築、住宅」「災害、防災」「経済」「企業、経営」「産業」「交通」「自然、環境、エネルギー」「国際関係、世界、民族、宗教」「社会論、未来論、歴史・伝統」「価値観、ライフスタイル」「ジェネレーション、ジェンダー、家族」「情報、メディア、ネットワーク」「科学、技術」「文化、デザイン」「生活全般」「シンクタンク」「政策、政治・行政」「人物、人物評」「その他」といった具合である。以上二〇を超える多彩な「分野別分類」の設定は、その全体性ゆえに、日本の地勢や国勢の全貌を描き出そうとする「年鑑」や「統計」の類とどこかで似通っており、どう見ても一個人の活動領域を網羅するような限定や偏向とは無縁である。そしてこれこそが、「下河辺淳アーカイヴ」のパラドックスであり、また真骨頂なのである。下河辺氏の強烈な個性とは、分野別分類を選択的に限定したり、偏向や嗜好から導き出されてくるような個性ではなく（それは一般に作家や芸術家と呼ばれる人々の個性だろう）、時代の「デザイナー」たらんとして、百科全書的な好奇心や活動力を発揮してきた人物の個性なのである。特定の主題や一人の個人を扱いながら、その分類、記述の方法自体に、ある時代の全体像があぶり出されてくるアーカイヴ、すなわち一個の「文化装置」たるアーカイヴの理想的な姿がここにはある。

(4) 創発性の開拓へ向けて

戦後日本社会の縮図といった趣を持つ「下河辺淳アーカイヴ」には、未踏の「新しさ」がある。その新しさということについて述べたい。もともと特定の主題や個人を扱うアーカイヴには、その主題や個人が資料として提示する諸要素をただ並べて閲覧者に供するだけではなく、要素の意味や役割を「新しさ」として評価しようとする傾きがある。それというのも、アーカイヴという制度が、一見ほこりにまみれた既存の資料を記録する過程で、資料を結合し編集する、すなわち「デザイン」するという創発性の強い営みを敢行し、ある集団的価値基準に照らして「新しい」と評価される意想外な連合や発見をもたらしてくれるからである。むろんその新しさは、ファッションを中心とするさまざまな流行現象が発散する新しさではない。アーカイヴを利用する個々のユーザーが、検索や調査の途中で、資料を並べ合わせたり、組み合わせたりしてえられる、出会いの面白さなのである。図書館や博物館でも、そうした「新しさ」に遭遇することはありえよう。ただ、その遭遇は図書館や博物館によってあらかじめ計画され、デザインされたものではなく、偶然のハプニングであることがほとんどである。

戦後最大の「デザイナー」である下河辺氏を「資料」とするアーカイヴが、「デザイン」を本質としていることとは、したがって偶然を超えた何かである。デザイナーをデザインする。「分野別分類」をはじめとする本アーカイヴの検索システムは、そのための工夫なのである。では、デザインの持つ創発性はどのような場面で発揮されるのだろうか。「下河辺淳アーカイヴ」の資料から、任意のタイトルを選んでみよう。検索の結果えられるのは、以下のようなデータである。

タイトル＝工場公害について　著者＝下河辺淳　出版物名＝建築技術　NO. 9★　編著者＝[なし]　シリーズ＝[なし]　発行所＝建築技術★　ページ＝pp. 21-24　資料別分類＝逐次刊行物（一般雑誌）　発表別分類＝著作物(論文)　出版年月日＝一九五二年〇一月〇〇日★　サイズ＝[なし]　ISSN, ISBN＝[なし]　コメント＝★出版物名、発行所、出版年月日は推測　転載＝[なし]　配架場所＝年代別F　年代域＝一九五九年以前　役職別分類＝戦災復興院、経済企画庁、建設省　分野別分類＝自然、環境、エネルギー　整理番号＝195201001

下河辺氏が一九五二年頃に書いたとおぼしき「工場公害について」と題する論文である。データで★印の付いているものは、コメント欄に記されているように「推測」を表す。アーキヴィストも下河辺氏本人も、もはや調べようがない情報であるということである。これらのデータを一覧して何が「デザイン」できるのか。お断りしておくが、私はインターネットでこの論文のタイトルに行き着いたのであり、論文それ自体を読んでいるわけではない。あくまで、データだけからデザインできる範囲で、ヴァーチャルな連想実験を試みるのだ。全部で一九ある項目のうち、筆者が[なし]とした記載のない五つを除くと、この論文は合計一四の角度から記述されていることになる。「タイトル」「著者」「出版物名」「発行所」「ページ」「資料別分類」「発表別分類」「出版年月」「コメント」「配架場所」「年代域」「役職別分類」「分野別分類」「整理番号」である。そのうち「配架場所」と「整理番号」は、NIRA内部の事情にかかわる記述であるから、ここでは考慮しない。残った一二種のアプローチを素材として、われわれはこの小論文の内容を知らないままで、「デザイン」してみるのである。

まず、工場公害を取り上げたこの文章が、著者の戦災復興院技術研究所時代と経済審議庁(一九五五年から経済企画庁)時代とのちょうどはざまに当たる五二年に発表されていること。公害問題一般が表面化する六〇年代に先駆けて、すでに工場公害を論じる文章が一〇年も前に執筆されているのは、驚くべきことであり、注目される。私の記憶では、いわゆる水俣病が発生したのは五三年頃であり、提訴は六〇年代、公害対策基本法が制定されたのは六七年であったはずである。次に、この小論文は『建築技術』という明らかに専門性の高い雑誌に掲載されている。すなわち、どう見ても工場問題をただ情緒的・事大主義的にあげつらったような雑文ではなさそうだという予感である。さらに、下河辺氏のプロフィールを多少とも知っている人なら、五七年以後、建設省で特定地域の総合開発、特に河川総合開発計画に着手し、有明海等の内海の総合調査に取り組んだという事績と、この「工場公害」というタイトルに、おのずと響き合う和音を聴き取らなければおかしい。また、こうした和音が和音を呼んで共鳴を起こしていく連鎖反応を思い浮かべるなら、この論文の帰属分野である「自然、環境、エネルギー」という「分野別分類」は明らかに不足であるという結論に至るだろう。なぜなら、公害現象はさらに、第二次世界大戦後の科学技術政策や高度経済成長、都市一極集中など、あらゆる分野に及ぶ横断的テーマだからであり、本アーカイヴの中でも、さらに「国土論、国土開発・計画」「都市、首都、東京」「地方・地方都市、地域開発」「災害、防災」「経済」「企業、経営」「産業」「科学、技術」「政策、政治・行政」といった諸資料のネットワークを、やすやすと手繰り寄せるような起爆性をはらんでいるからである。

このアーカイヴに、下河辺氏がかかわった全文書のテキストそのものをハイパー化した形で公開し、とりわけ「分野別分類」を中心として、その記述カテゴリー相互の融通無碍な往来や結合を可能にする装置が備わった暁には、われわれは、終戦後から高度成長期を経て現在にいたる、鉄火場にもなぞらえられる生まなましい状況に身を置いた人物を、その存在態様のすべてにおいてとらえ切った記憶装置を手に入れたことになるだろう。個の一人ひとり、組織の一つひとつを、さまざまな声や資質が交わり響き合う、対話的なネットワークの結び目、一つの交通の要衝や関係の場として考え、それらをデザインし直し、そのデザインに基づいて現代社会が備えるべき新しいシステムを追究し得るアーカイヴ、そのようなアーカイヴこそが、今後の社会には必要とされているのではないだろうか。

3 オパルカ〔この節の記述については、以下の展覧会図録を参考にした。c Riout, c Shapiro〕

「量」「過剰」「集積」にまつわるある種の傾向や思想と、現代アートの試みとの間に、何か関係はあるのだろうか。アートの領域でも、爆発的なテクノロジーの発達がもたらした時空の「加速化現象」が指摘される。絵画を脱出して「空間構成」に転じたニコラ・シェフェールが、一九六一年、ベルギーのリエージュにある公園に制作した「スパティオ・ダイナミック・タワー」は、高さが五〇メートルもあり、コンピュータ制御装置によって光と音響がフュージョンされて、大規模なページェントを繰り広げる「テクノロジー・アート」の先駆的作品である〔a 三井 92-94〕。一人のアーティストがこつこつと制作すれば何年もかかるようなスケールの作品であり、それが工業技術や集団労働のサポートで一挙に「加速化」されている。

だが、技術者とアーティストとの協力によってはじめて可能になる、大規模な予算と工事を前提とした巨大テクノロジー・アートにたいして、営みそのものはきわめて慎ましい仕草で織りなされるが、結果として「巨大」な表現が生まれてしまうような試みもある。ロマン・オパルカの地味な仕事がそうである。いってみれば、テクノロジー・アートをかりにスミソニアンかゲティ級の大博物館や大美術館になぞらえるとすれば、ロマン・オパルカのケースは、たったひと部屋で運営されているささやかなアーカイヴのようなものであろう。

一九三一年生まれのオパルカは、ポーランド系フランスの画家である。一九六五年のある日、生涯を賭けるに値する一大プロジェクトを思いつき、それ以来全生活をひたすらプロジェクトの実行に捧げている。アイデアは単純明快である。ゼロからはじめて、数字を次々にキャンバスに書き記していく。左から右へ、ある行から次の行へ。最初のキャンバスが終わると、新しいキャンバスに移る。数字はアクリル性の白い絵の具を使い、ゼロ・サイズの細筆で書かれる。しばらくして、オパルカは画布に施される下塗り用のグレーの絵の具に、一パーセントずつ白絵の具を混ぜはじめた。こうして、画布の素地は徐々に白に近づいていく。いつの日か、文字と地とがまったく見分けがつかなくなる時が来るだろう。オパルカはその日こそが、自分が死ぬ日だと信じている。

さらに、一九七二年以来、オパルカは数字を一つ画布に書き記すたびに、母語のポーランド語で数字を発音し、オープンリール型テープレコーダーに録音するようになった。また、一日の仕事が終わるたびに、アトリエの隅にしつらえた照明装置とカメラの前に行き、セルフ・ポートレートを撮る。一九六〇年代からずっとである。自画像は常に白いタートルネックのセーター姿だが、オパルカの顔や表情には、寄る年波で老いや疲労の影が徐々に刻まれる。オパルカの個展会場では、数字満載の画布を並べるほかに、必ずテープの声が流れ、また自画像写真が年代順に展示される。

日々の営みと化したオパルカの実践は、現代アートがまとっているもろもろの衣装とは何の関わりもないし、その精神、手段のいずれにおいても、現代アートおなじみのジャンルに決定されてはいない。普通の画家が身につけている習慣化した仕草を模倣はしているが(つまりオパルカも同業者とおなじように、画布、絵筆、絵の具を用いている)、だからといって、オパルカの芸術は美術業界に流通する種々のレッテルに絡め取られてしまうようなものではない。すなわち、それは抽象ではなく、具象でもなく、コンセプチュアルでもなく、テクノロジー・アートでも、パフォーマンスですらないのだ。それというのも、オパルカの実践が、いかなるイデオロギーや形態上の分類や、質にかかわる評価をも無化してしまうような場所でのみ成立するものだからであり、オパルカのアートがどんな意味分野にも属していないからである。一見、無個性に徹したオパルカの制作がわずかに関与していると思えるのは、過剰や無限、充満といった観念と隣接する、過激な否定性が支配する世界である。オパルカがまず作品から排除するのは、あらゆる個性や主張が紡ぎ出す「生の痕跡」とでも呼べるような要素である。テープレコーダーの声やセルフ・ポートレートは、破棄された「生」(というか、「死」に向かって歩み続ける一個の生)が残した、蟬の抜け殻にも似た形骸であり、証言であるにすぎない。すなわち、ここには、本来であれば、ある共同体全体がまるごと引き受けるか、あるいは機械装置や共同作業などの力を借りて手早く実現してしまえそうな営みを、たった一人の人間が、膨大な時間と手間をかけてやり遂げようとしている、壮麗にして健気な空虚さとでもいうべきものがある。先ほどの「お百度参り」の宗教性になぞらえるなら、第一章で論じた菊池寛の短編『恩讐の彼方に』が描き出す、罪の償いに数十年かけて岩山を掘り抜き、たった一人でトンネルを作ってしまった侍の姿を、オパルカのそれに重ね合わせてもよいだろう。

4 記憶術と現代のマルチメディア

量への固執は、なにも現代の専売特許ではない。先史時代からおなじみのものである。ファラオの墓やバビロニアの王宮を彩る金銀財宝は、主に個人崇拝や戦勝記念という形をとるが、権力者の財力や権力誇示を目的としたものだ。

「もの」収集への執念が、ひとたび全体知、過去のすべての知識の集成へと向かったとき、必然的に記憶装置や記録装置が活用されるようになる。ボルツがいうところの「コミュニケーション」の原点である。「世界にたいして自らを開けば、人間は絶え間なく溢れかえるデータの洪水に身をさらすことになる。人間がその生活世界を構築するのは、コミュニケーション行為を通して、この知覚に加えられた過剰負荷を軽減させることによってである」〔a ボルツ 28〕。

たとえば二〇世紀では、過去・現在の知や文化の集成願望は、音楽（再生装置とレコード）、写真と映画（フィルムとヴィデオ）、文学（マイクロフィルムと複写機）、美術（スライド）などで使われる文明の利器を介してよみがえった。これらの利器は、人間が自分の遠大にして豊富な過去の事績と対話し、そこに意味を発見するための唯一のコミュニケーション手段と考えられたのである。だが、オパルカの芸術が体現している根本思想は、そうした「アナログ型」記憶装置とはあまり関係がないように思われる。オパルカが制作過程の一部に「テープレコーダー」や「カメラ」といったアナログ機器を使用するとしてもである。なぜなら、オパルカの営みはどこからみても「コミュニケーション手段」とはいえず、むしろあらゆる伝達への意思や願望（芸術家らしい表現への欲望や市民としての道徳）を遮断するところから始まっているとしか思えないからだ。また、すでに指摘したように、オパルカがやっていることは、近未来型のテクノロジー・アートともまったく関係がない。オパルカの執拗な集積と継続の営みは、もっと古い過去に淵源を持つのではないか。

私とカセット

音楽愛好家の例に洩れず、私もしばらく前からカセット・テープの世話になっている。レコードは高い、オープン・テープは高い上に不便だ、音質などどうでもよろしい、という手合にとって、カセット・テープは文字通り天の賜物なのである。

テープ・デッキを買ってしばらく録音遊びに興じているうちに、留守録音がしたくなってタイマーを購入する。『FMファン』を欠かさず読み、赤鉛筆で丸をつける。カッターと定規も要る。エアチェックした番組を『ファン』から切り抜いてテープに貼るためだ。したがってプリット糊も要る。一年半もたつとテープが二〇〇本になった。もう何がどこにあるのかもわからない。それでテープの方は通し番号にして、索引カードを作成した。コレクトの小型のものに切抜きを貼りつけ、作曲家別に並べて箱に入れておく。このカードがざっと五〇〇枚。

先日、法学部の深田甫氏のお宅に伺ったところ、本棚といわず床といわず約五〇〇本のテープが散乱していたのにはびっくりした。上には上があるものだ。でも深田さんはカードにしていないのを知ってちょっと安心したりもした。

現在の悩みは、カセット・テープですら金がかかりすぎること、それから留守録音でアナウンサーのおしゃべり時間を予測し、それにもとづいてタイマーをセットすること。いずれ月ロケットなみの精度にしてみせる。

現代アートに著しい量や集積へのこだわりを理解するのに、第一章でも触れた古代記憶術を持ち出すのは、短絡や的はずれといった誹りをこうむるかもしれない。だが、私見では、このアナロジーこそが、量と質をめぐる問題群の今昔を把握するもっとも有効な手がかりの一つなのである。古代記憶術がヨーロッパ思想史で果たした役割については、二人の思想史家の著作があきらかにしてくれている。イエイツ〔a イエイツ〕とロッシ〔a ロッシ〕

である。

イエイツとロッシは記憶術という、それまであまり研究されてこなかった分野に新しい展望を切り拓くのに貢献した。記憶術とは、劇場や宇宙表象などから引き出した「場所」や「イメージ」に対象を貼り付けることで、巨大な記憶量を達成することを目的とする技術である。先ほどのボルツのひそみにならえば、古代・中世の人間は、おそるべき「データの洪水」を前にして、なお生活世界を構築するために、世界の分類表、すなわちコミュニケーション地図を作成することで、「知覚に加えられた過剰負荷」を軽減させようとしたのである。哲学者のブルーノやカンパネッラ、詩人のダンテ、画家のジョットらが活用したこの技術は、グーテンベルクによる活版印刷術の発明以後、衰退の一途を辿ったことは知られている。というのも、グーテンベルク以後、人類は自分の脳髄の外部に書物という頼りになる記憶装置、あるいはコミュニケーション地図を装備するようになったからである。[2] 現在、記憶術は、高校受験生目当ての怪しげな通信販売教材として、かろうじてその命脈を保っているにすぎない。

とはいえ、デジタル技術の進歩とともに、私たちはキケロ、ブルーノ、ベーコンらが利用していた技術とは比較にならないほど高度に洗練された装置の形で、古代記憶術が復活してきたという印象を否めないのである。この世界が決定的に紙の時代からデジタルの時代に移行したのは、ロマン・オパルカによるあの絶望的なまでに「量」と「継続」にだけ依存した企てが、世人の注目を浴び始めたときと軌を一にしているのだ。これは偶然であろうか。むろん、一致は表面のものにすぎないことはあきらかだ。オパルカが一人孤独にやっている数字の無限羅列表記を、コンピュータはおそらく一瞬で成し遂げるだろうからだ。だが、現代によみがえった古代記憶術としてデジタル・メディアを捉え直す視点からすると、オパルカの制作作業もまた、数字という「コミュニケーション地図」の基本構成要素を駆使した、ある独自な世界の構築作業といえなくもない。

5　ベーコンと記憶術

ここで視線を過去の方に向けてみよう。近代ヨーロッパの歴史で、過去の知識や記憶の集大成といえば、なにをおいてもディドロとダランベールの『百科全書』に止めを刺そう。だが、啓蒙時代の百科全書派ははたして古代記憶術を知っていたのだろうか。残念ながら、イエイツもロッシも、それぞれの著書ではそのことに言及してくれていない。イエイツは一七世紀のところでその著作『記憶術』を終わらせている。最終章「記憶術と科学的方法の成長」には、それでも私たちを夢想に誘うような記述がある。

一七世紀において、予想されるごとく、記憶術は、依然としてルネサンスの伝統に従うロバート・フラッドのような著作家にとってばかりか、新しい方向に向かいつつあるフランシス・ベーコン、デカルト、ライプニッツといった思想家にとっても既知のものであり、論議の対象ともなっていた。これは奇妙だが重要な事実である。なぜなら、この一七世紀において、記憶術は今一度変貌をとげ、百科全書的知識を記憶することで世界を反映する方法から、新たな知識を発見する目的のもとで、その百科全書と世界そのものを調査するための一手段へと変っていく。新しい世紀の流れの中で、記憶術が科学的方法の成長の一要素として生存を続けていくさまを眺めるのは、楽しいことである〔a イエイツ 415-416〕。

この締めくくりの章で、イエイツは一七世紀の革新的な三名の哲学者を論じるが、そのなかに『百科全書』の先駆者であるベーコンがいる。上記の引用に続く四ページはもっぱらベーコンに当てられているのだ。

フランシス・ベーコンは記憶術について極めて深い知識を有しており、自分でもそれを実行していた。実際、オーブリのベーコン伝のなかに、「場による記憶」に使用するための建造物が実際に設計されたという珍しい証拠の一つが見出される。オーブリは、ベーコンの邸ゴーハンベリーの回廊の一つに、彩色されたガラス窓があり、「一枚ごとのガラスに獣、鳥、花のさまざまな模様が描かれていた。おそらくベーコン卿はそれらを場による記憶の題目として使っておいでなのかもしれない」とのべている〔aイエイツ 417〕。

イエイツがベーコンの少し後に、啓蒙時代の一大記憶装置であるフランスの『百科全書』を思い描いていることは間違いない。一方、イタリアのパオロ・ロッシも、代表作『普遍の鍵』を予告する論文『魔術から科学へ』の中で、ベーコンについてほぼおなじことを言っている。ロッシによれば、ベーコンは記憶術に伝統的用法とは別な使い道があることを確信していたというのである。「問題は、記憶術で達成されうる驚異的なことを誇示することでも、それをもって奇跡を生むことでもなくて、それを具体的な真面目な人間的使用に適用することである」〔aロッシ 2 255〕。

事実、『新オルガノン』第二巻一〇節において、ベーコンは自然の解明を「帰納」と「演繹」という対立する二つの角度から捉えている。つぎに、帰納を三つの「補助」(ministrations)に分割する。すなわち、感覚、記憶、そして精神ないし理性にたいする補助である。

ところで自然の解明についての指標は、その種類が異なる二つの部門を包括している。すなわち第一の部門は、経験から一般的命題をひきだし、つくりだすことに関するものであり、第二の部門は、一般的命題から新しい経験を導きだし、ひきだすことに関する部門である。ところで、第一の部門は、感官にたいする補助、記憶にたいする補助、精神ないし理性にたいする補助という三部に分かれる。すなわち第一に、感官にたいする補助として十分で適当な自然誌と実験誌をととのえなければならないのであって、こうすることは成否のきまる基礎である。というのは、自然がなしたり、なされたりするものは、つくりあげたり、考え出したりすべきではなく、発見しなければならないからである。しかし自然誌と実験誌は多様と乱雑をきわめているので、適当な順序に整理され、展示されなければ、知性を当惑させ混乱におとしいれる。したがって記憶にたいする補助として知性が事例をとり扱うことができるような整頓した仕方で、事例表をつくって対照させなければならない〔aロッシ2 256-257に訳出〕。

ベーコン哲学の中で、記憶にあたえられた役割が決定的に重要であることはあきらかである。自然の広大無辺さと混沌は、自然誌の試みを混乱させるだけである。ベーコンは、自然科学の研究に記憶が用いられること、それも人工的な記憶の術、想起体系の秩序や配置の原理が、ある種の配列や分類システムへと変容することを要求する。(3) このいわば「百科全書的」な見解を踏まえて、ベーコンは『学問の進歩』の中で、記憶術に関する新しいコンセプトを発展させる。

この記憶の術は、二つの意図に基づいてうちたてられるものにほかならない。その一つは、予知であり、もう一つは象徴である。予知〔われわれが想起しようと思うものをどこにさがし求めたらよいかをあらかじめ知ること〕は、想起しようと思うものをあてどなくさがす労を省き、狭い範囲内に、すなわち記憶のありかにぴったりあっているものをさがすことを教えてくれる。つぎに、象徴は知的な想念を、感覚的な映像に変えてしまうのであるが、このほうがいっそう記憶に残るのである。予知と象徴の準則からは、いま行われているよりもずっとすぐれた記憶術を引き出すことができるであろう〔a ベーコン 233〕。

象徴は観念を記憶するための支えとなる媒介イメージであり、予知は記憶の呼び出し方を確保するための「事例表」の把握である。周知のように、『百科全書』の編集者ディドロは、事典編纂に関する多くの思想を英国のベーコンに負っているが、一七五一年に刊行された『百科全書』第一巻冒頭の「人間知識の体系に関する詳述」の一部は、あきらかにベーコンの上記引用部分から想をえて書かれたものである。というのも、ディドロもまた、ベーコンと同じように、予知と象徴についてのべているからである。

憶える技術には二つの分枝がある。記憶それ自体の学と、記憶の補助に関する学である。私たちはまず記憶をどこまでも受動的な能力と考えたが、ここでは理性によって完成されうる能動的な働きとみなし、自然の記憶と人工の記憶とに分ける。自然の記憶は諸器官が引きおこすものである。人工の記憶は予知と象徴で成り立つ。予知なくしては、何ものも個別の形で精神に現れてこないし、象徴によって想像が記憶を助けるのである〔c DPV, t. V, *Encyclopédie* I 110〕。

この「詳述」は、ディドロが大事典刊行に先駆けて執筆した「趣意書」とほぼ同文であるが、「趣意書」を丁寧に読んでいくと、記憶術の利用法について、ディドロが英国哲学者からどれほど影響を受けているかがあきらかになる。ここでそのいちいちは詳論しないが、ディドロの文章と『学問の進歩』との間には、かなりの数にのぼる似通った表現や用語が認められるのである。ディドロにとって、記憶術は、百科全書的知の構築に役立つような目標をはっきり定めて使うべき手段なのである。そもそも「人間知識の体系詳述」自体が、ベーコンのいうところの自然を解読するための「事例表」そのものであるし、また一一巻におよぶ図版集は、あきらかに、記憶術における「知的な想念を、感覚的な映像に変えてしまう」イメージの効果を狙って編集されていると思われる。

6 『百科全書』のなかの記憶術

それでは、記憶術は『百科全書』のテクストそれ自体のなかに、どのように取り込まれているのであろうか。ジョクールの筆になる項目《記憶》を読んでも、われわれの期待ははぐらかされるだけである。ジョクールはロックを批判しつつ、「通常混同されがちな三つのこと」、すなわち想像、記憶、想起を区別する〔b ENC 1, t. X, «Mémoire», 1765 327 a〕。ところがジョクールはディドロが「趣意書」で触れている「人工的記憶」には一切言及していないのである。

ここでやや書誌学的に細かい調査の成果を報告しよう。『百科全書』はディドロ＝ダランベールによるパリ版のほかに、スイスやイタリアでかなりの数にのぼる後続版がある。その中に、イタリアのルッカでディオダーティが刊行した通称「ルッカ版」がある。ディオダーティはルッカ版の項目《記憶》に脚注を付け、ジョクールが「人工的記憶」に触れていないことを批判しつつ、注の中で自分なりの補足を試みている〔b ENC 4, t. X 261a-p. 264b. 脚注は 263a-264b〕。まず、驚異的な記憶力で一家をなした者の名を列挙し、記憶力保持のためには厳格な節制が必要であることを説き、ついでキケロらが実践していた記憶術の伝統的方法を説明する。

ところで、パオロ・ロッシによると、ディオダーティには見落としがあった。『百科全書』第一巻に掲載された項目群《技術》のなかに、《記憶術》という項目があるというのである〔c Rossi 317-319〕。執筆者はクロード・イヴォン神父で、なるほど「人工的記憶」について、イヴォンはじっくりと書いているではないか。[4]「記憶術と呼ばれるのは、記憶を錬磨するための手段の学である。この種の手段は通常四つあるとされている。用いられるのは、脳を強化すると信じられる薬か、ある物事が記憶によりよく刻み込まれるようにしてくれる若干の形象ないし図式か、学んだことを簡単に想起させる術語か、あるいは観念が自然な順序で継起するように並べるある種論理的配置である」〔b ENC 1, t. I, «Art mnémonique» 718 b〕。イヴォン神父にとって、上記の四つの手段のうちはじめの三つはあまり信用がおけない。薬は胡散臭いし、形象ないし図式、あるいは術語を用いた方法は馬鹿馬鹿しいか、難しすぎる場合が多い。有効なのは、観念の論理的配置という最後の四つ目だけである。この手段のみが我々に論理というものを提供してくれるのだ。「あることについて我々が抱く観念が明晰で判明であるほど、それを覚えたり、必要なときに思い出したりしやすくなる。観念がいくつもあるなら、それらを自然な順番に配置し、主要観念に伴い、付帯観念が帰結として続くようにすればいい」〔b ENC 1, t. I, «Art mnémonique» 719 a〕。

『百科全書』においては、この「結合術」(アルス・コンビナトーリア)にも似た方法は新しい次元を獲得しているように思われる。伝統的な記憶術への言及も時折見られて、それなりに評価されることもあるが、[5]いかにも啓蒙の世紀らしい集積や収集の時代を象徴するような、「過剰」ないし「多量」の観念が問題になり、そのような「量」の分野を開拓する必要性が話題になるたびに、新しい分類原理が登場するのである。分類整理すべき対象物の単位数がおどろくべき量になり、もはや単なる羅列や堆積では間に合わなくなってきたのである。そこから、観念の論理的連鎖、さらによく見られるのは、枝分かれした樹木のイメージが要請されるようになる。『百科全書』といえば必ず引き合いに出される例の「人間知識の体系詳述」も、その意味では、自然の全体像に到達するために欠かせない通過地点でしかないのだろう。[6]

『百科全書』の全項目を通じて、「過剰」の観念は「混沌」ないし「混乱」の観念と結びついた形で頻出する。

代表的なケースは項目《自然史陳列館》で、この項目は前半をドーバントンが、後半をディドロが執筆している。ドーバントンの執筆部分では、面白いことに、まず自然史学と陳列館の様態との間に相同性が成り立ち、ついで陳列館の様態と自然それ自体との間にまた相同性が成り立つように書かれている。

自然史の学問は、「陳列館」が整備されるにつれて進歩する。材料がなければ建物は建たない。全体が成就するのは、全体を構成するすべての部分が集まったときである。この方向に堂々と歩むべく、皆が自然史研究にいそしんでそれなりの成果をあげたのは、やっと今世紀になってからである。「自然史陳列館」の名にふさわしい施設が創設されはじめたのも、これまた今世紀であると言われることだろう。中でも王立植物園は、ヨーロッパでもっとも収蔵品に富んだものの一つである。植物園の収蔵するコレクションを、種別に列挙してみれば、納得がいくだろう〔b ENC 1, t. II, «Cabinet d'histoire naturelle» 489 b〕。

自然の存在と、それらの分類原理との間に成立してしまうやや安易な平行現象、同形性にもかかわらず、やはり全体が従属すべき一つの秩序というものは認められている。

これらすべてのコレクションは系列別に整理され、自然史研究にもっとも都合が良いように配列される。各個体は名称をもち、すべては名札付きでガラスケースに入れられるか、一番ふさわしいやりかたで展示される〔b ENC 1, t. II, «Cabinet d'histoire naturelle» 490 a〕。

諸存在の系列別整理という整合性のある方法を、ディドロもまた採用する。ドーバントンの記述に続く、星印で始まる項目の長い後半部分で、ディドロはこうのべる。

本項目を終えるにあたり、国家にとって有益かつ名誉であるような企画を開陳させていただきたい。自然をたたえるべく、自然にふさわしい寺院を建造しようというものである。私の構想では、寺院はいくつもの棟から成り、それぞれの棟の大きさはそこに収蔵される資料の大きさに比例するのである。中央棟は広壮で巨大であり、海陸の珍獣にあてられる。鰐、象、鯨が展示されるこの場所に入った人は、さぞかしびっくりするだろう。そこから、おたがいに繫がりあった別な部屋部屋へと移動するうちに、自然をその多様性と推移のすべてにおいて観察できるというわけなのである〔b ENC 1., t. II, «Cabinet d'histoire naturelle» 492 b〕。

ディドロが構想する建造物は、この世に存在するすべてのものがそこに配列されるように構想された、理想の秩序に従っているのである。自然史博物館について当てはまることは、ディドロが考える大事典についても同じである。『百科全書』が提唱する「タクシノミア」(分類表)は、とりわけ鉱物、植物、動物、すなわち自然が生み出した存在すべてを包括するべきなのである。ある意味で、『百科全書』は記憶術の基本原則、すなわち厳密に配置された「場」に貼り付けられ、おたがいに結合して無限に増殖する、「強烈」で「活発」なイメージの術を復活させたといえなくもない。そうすることで、『百科全書』の編集スタッフは、伝統的な記憶術の要求を満たすと同時に、また、めざましいマルチメディア技術の進歩に酔いしれる我々「後世」の呼びかけにも応えている。というのも、現代の記憶研究で「意味記憶」と呼ばれているものは、基本的にはディドロたちが思い描いた全円的な知識のネットワーク像とさして選ぶところはなく、意味ネットワークは「意味的類似性の系列によって体制化されていると仮定するネットワークモデルが一般的である」〔a 太田 68〕からだ。

いずれにせよ、百科全書派の人々にとって、辞書とは全世界についての記憶を留める場であったに違いない。

第三章　世界図絵のなかの水車

はじめに

「世界図絵」というテーマを設定した場合、いろいろなアプローチが考えられる。まず、「自然」と「人間」を世界図絵の重要な構成要素と見なすアプローチがあるだろう。その際、両者を対立概念と考えるかどうかが一つの分かれ目になる。「自然」を「向こう側」に据え、「人間」を「こちら側」の人間社会の所産と捉えると、たとえば文学の中に自然描写がいつ頃から登場するようになったか、すなわち、人間社会はいつから自然それ自体をみずからの言説の中に取り込み始めたか、といった問いが生まれる。

逆に、日本のように、自他の区別が曖昧で、自然と人間を対立的に捉える習慣や発想のない文化圏では、わざわざ「取り込み」がなくても、自然は「季語」や「季節感」や「虫の音」の形で、初めから文化の中に溶け込んでしまっており、ことさらに峻別して分析する契機が見つからない場合もある。

本章はフランス文化史を研究する人間の立場から、主としてヨーロッパ文化圏について書かれるので、どちらかというと前者の自然観に拠る記述になるだろうが、まず、ヨーロッパ人が考える「自然」について、ごくおおまかな理解をえておきたい。たとえば、ディドロとダランベールによる『百科全書』がある。これは一八世紀フランスにおいて、ルネサンス以来の知識を総合的にまとめ上げようとした巨大な百科事典であるが、当然、《自然》という項目がある。項目執筆者がこの観念に与えている最初の意味はこう説明されている。

世界の体系、宇宙の機械、創造されたすべてのものの集合体。〈体系〉と同義。この意味では、〈自然〉よりも〈世界〉や〈宇宙〉といった方が誤解を招かない〔b ENC, t. XI, 1765 40-a〕。

これは一七世紀「科学革命」が生み出したデカルト風の機械論的世界像にあたるだろう。ヨーロッパにおけるさまざまな機械技術の発達に促されて、宇宙もまた一種の機械であるとする考え方が生まれたのである。『百科全書』の項目《自然》にはさらにいくつか、自然についての定義が与えられているが、それらは第一定義の部分的補足であるか、キリスト教への妥協を示す、やや場違いな説明であるにすぎない。第一定義に見られるこのデカルト的自然観は、実は一八世紀を通じて徹底的な修正を施され、より動的で多様な姿を帯びるにいたるのであるが、『百科全書』の項目では、少なくとも定義の位相において、そうした新しい自然観が反映されているとは思えない。つまり、機械論的な自然観は、啓蒙時代にしてなお、それほどにまで猛威をふるっていたと考えられるのである。

機械としての自然は、そのエネルギーを何らかの形で人間社会に伝えることがある。言い換えれば、人間が自然を利用して、自然のエネルギーを自らの役に立てるのである。その際に両者の媒介役を務めてきた重要な道具の一つが、「水車」なのである。本稿は「水車」をめぐる一連の考察の形をとりながら、媒介物の背後に広がる自然と社会とのせめぎ合いを、その各場面において、「世界図絵」成立の過程を検討しつつ、逐一記述しようとする試みである。

1　映画「七人の侍」

黒澤明に「七人の侍」(一九五四年)という傑作映画がある。[1]「アメリカの西部劇や冒険活劇のスケールを日本の時代劇にとり入れたアクションドラマ」(『a世界』項目《七人の侍》)という高い評価があり、海外でもジョン・スタージェスの「荒野の七人」をはじめとして、リメイクが試みられている。

その「七人の侍」の真ん中をかなり過ぎたあたりに、印象的な場面がある。野武士の軍団と、七人の侍率いる貧しい村民たちとの総力戦が、いよいよ避けられない様相を呈してくる。一軒の水車小屋があり、村の長老である「爺さま」が息子夫婦および赤ん坊と暮らしている。小屋は村外れにあり、いつ野武士に襲われてもおかしくない。だが、「爺さま」は村落と自然の境界にこだわるかのように、退去を勧める皆の説得に応じない。その水車小屋にとうとう野武士が火をつけた。中にいる四人が危ない。三船敏郎演じる農民上がりの若者、菊千代が小川伝いに駆けつける。後を追って志村喬扮する頭領格の侍、勘兵衛が来る。

小屋から赤ん坊を抱えた若い母親がよろめき出て、菊千代に赤子を渡すと、そのまま勘兵衛の腕に倒れ込んだ。女の背は野武士に刺された槍傷で血に染まっている。小屋の中では、恐らく長老と女の夫がすでに殺されているだろう。女の命も長いことはあるまい。燃えさかる炎を背景に水車が回る。その下を川の水が流れる。

「退け、退け」と促す勘兵衛の叫びをよそに、菊千代は泣き叫ぶ嬰児を抱いたまま動けず、水の中に坐り込んでしまった。そして「こいつは俺だ、俺もこの通りだったんだ」と慟哭する。ここにいたって初めて観客は、この偏屈で劣等感の固まりのような、しかしどこか愛すべき男が、実は哀れな戦争孤児だったのだと知らされる。あのフェデリコ・フェリーニが「生涯忘れられない映像」と激賞したシーンである。[2]

黒澤明「七人の侍」

映画「七人の侍」は、菊千代という赤の他人の名前を名乗る、得体の知れない若者の自己開示と成長をめぐる一編の教養小説として観ることもできるだろう。だが、燃える水車小屋の驚くべき場面に魅惑され、画面の隅々を眺め渡す観客にとっては、そのような菊千代もまた、一つのエピソードにしかすぎないのではないかという思いが強まってくる。

のっけから殺伐な話で恐縮だが、この場面には子供好きのイタリア人でなくとも、観る者すべての心を捉えて離さない恐ろしい力がある。それは「世界図絵」ということではないだろうか。短いながら、いやむしろその短さの故に、ここには凝縮した形で全世界が封じ込められているように思われてならない。燃えさかる小屋、水車の回る小川。すなわち、火があり、水がある。それだけでもう、世界の二大構成要素が揃っていると言えないか。

赤ん坊から長老まで、姿は見えずとも、そこに気配としてたたずむ存在まで含めて、あらゆる世代の人間がいる。さらに人物たちの過去、現在、未来がある。思いがけない形で回顧される菊千代の幼年時代。その菊千代の過去と重ね合わされる、いたいけな幼児の不幸な未来。そして過去と未来に挟まれるようにして表出される眼前の生と死のドラマ。時間にすればほんの一五秒足らずのこのシーンには、およそこの世界を作り上げている自然と人間に関する材料の肝要なものは、ほとんどすべてが時空の両面にわたって描き込められているといってよい。

世界図絵には必ず中心がある。この場面で誰の目にも焼き付く存在は、もちろん、のたうちまわる人間たちではない。燃える小屋でもないし、小川の水でもありえない。場面の中心はどこまでも水車なのである。戦後最大のヒューマニズム系芸術家である黒澤明が、この場面で菊千代をめぐる人間ドラマの描出に重きをおいていたであろうことは言うまでもなかろう。だが、本人がそれをどこまで意図したか否かに関わりなく、場面全体の構成と主題が、水車を必然の主人公として声高に指定しているのだ。

なぜ水車か。この問いは「世界図絵」について考える私たちをかなり遠くまで連れていくかもしれない。映画「七人の侍」では、この水車は何度か画面に登場する。そしてそのつど「爺さま」が必ずそこに居合わせることが重要なのである。映画が始まって間もなく、村人が野武士対策について爺さまの考えを求め、水車小屋に集まるシーンでは、姿の見えない水車が「ゴトン、ゴトン」という規則的な音響形象でその重く大きな存在を主張していた。「侍を雇うだ」という長老の最終決断は、自然と社会とを媒介して回るこの製粉機の律動に促されるようにしてなされる。世界図絵の中で発せられる爺さまの声は、まさしく人間に対する自然の側からの提案であり、もしかしたら命令なのである。

さらに、もっと抽象度を上げて、象徴や神話のレヴェルで「水車」のテーマを捉え直すことも出来るだろう。『世界シンボル大事典』の項目「車輪、輪」によると、車輪は「世界のシンボル」として示される〔aジュヴァニエ 477〕。「車輪は円によって喚起される完全に通じるが、また反面ある種の『不完全の誘発性』にも通じる。なぜ

「七人の侍」

ならそれは生成の世界、持続的創造、したがって偶然性と滅ぶべきものの世界に関連するからである」〔aシュヴァリエ 467〕。さらに『イメージ・シンボル事典』には「水車小屋(粉屋)」の項目があり、「輪」の意味から、太陽を表したり、「時、すべての周期的運動を表す」とも述べている〔aフリース 430〕。こうした普遍的なイメージの位相で水車や爺さまを捉えると、黒澤監督の画面をまったく新たな「世界図絵」の相の下に照らし直すことが出来るかもしれない。

　自然と人間社会との境界線を仕切る水車は、なによりもまず対立物の調和と媒介を本命とする。ジルベール・デュランの分析によると、火とは二本の枝の摩擦から生じるが、水車もまた周期的な律動、すなわち摩擦によって火を呼ぶという〔c Durand 357-358〕。石臼がその摩擦熱で水車小屋を火事にするという、昔からよくある事故が、ここでは神話的な次元を獲得し、臼を動かす水車の回転それ自体が火を呼び起こす力を付与されている。黒澤映画の問題の場面にそのような連想にまで観客を運び去るような、比喩や仄めかしが感じられるかどうかはさておくとして、まずはヨーロッパの歴史と文化に似たような水車の存在を探し求めてみようではないか。

2　一六、一七世紀の水車

(1)　ブリューゲルの世界図絵

ここで、「世界図絵」は西洋美術史上の重要な様式概念でもあることを思い起こそう。そして、黒澤映画の世界から、一挙にヨーロッパ一六世紀にまで飛躍しよう。ピーテル・ブリューゲルを「世界風景画」(Weltlandschaft)の流れに位置づけた論文で、W・S・ギブソンはフランドルの風景画家ヨアヒム・パティニールのパノラマ的眺望について論じ、山や谷、都市や町、湖や川がいつしか遠方の海へと合流するような包括的眺望を描くパティニールの風景画が、幾多の先例を踏まえてある種の総合に達したと述べ、この眺望様式がブリューゲルに与えた影響を指摘している〔a ギブソン 11-25〕。ヴォルフガング・ステカウもほぼ同じやり方で、パティニールとブリューゲルとの関係に言及する〔c Stechow 21 et 35〕。

パティニールはネーデルラントの画家で、画面前景の宗教テーマを口実に、周囲や背後に広がる自然の眺望をもっぱら描いた最初の画家と言われる。日付がなく、署名も少ないが、デューラーに高く評価されたその作品は、一六世紀ネーデルラント風景画の定型表現となった。いわゆる「世界風景画」の原点である。

合理的な遠近法を無視してまで描かれる「世界風景画」の傑作として二人が挙げているのが、あのブリューゲルが死ぬ一年前に制作した「絞首台の上のかささぎ」(一五六八年)である。ダルムシュタットのヘッセン州立美術館に収蔵されている板油彩画で、縦横五〇センチ前後という小さな絵だが、そこに描かれている世界は限りなく広くて深い。

従来、この絵は画家が当時の政治的弾圧に対して非難や告発の気持ちを込めて描いたとする研究者がいるが、

パティニールの「世界風景画」

ピーテル・ブリューゲル「絞首台の上のかささぎ」

最近はむしろもっときめ細かな読みをする者が多いようである〔以下の解釈では、森洋子の二編の論文に負うところが多い。a 森 1 14-40, a 森 2〕。

カササギが一羽、絞首台の上に止まっている。カササギは不吉な鳥であり、「お喋り」を象徴すると言われる〔a 森 2 339〕。絞首台上のカササギとは、すなわち、中傷によって誰かが近く処刑されることを暗示していると説く者もいる〔a Stechow 140〕。同時代人の証言によると、画家は「かささぎによって絞首台に行かせたいと思う悪口屋を意味していた」ことにもなるらしい〔a 森 2 339〕。

絞首台の脇には、処刑者を埋葬した土の上に立つ十字架と、死を象徴する牛の頭蓋骨が見える。左下の空き地には村人が三々五々集まり、中

水車

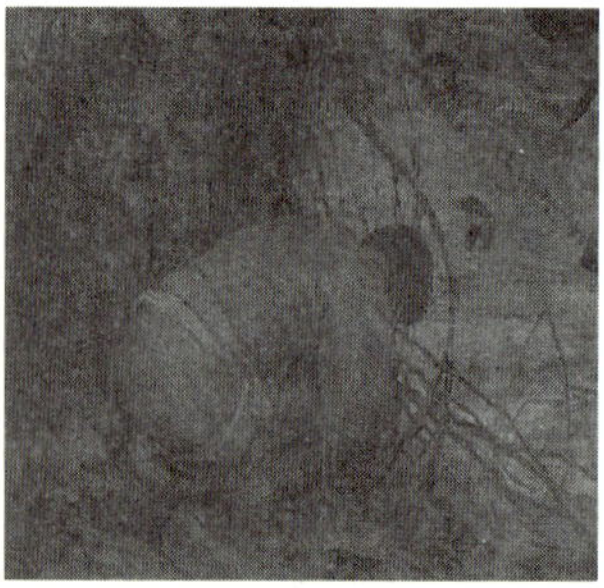

脱糞する男

には風琴の調べに乗って踊っている者もいる。左端手前では農夫がしゃがんで用を足している。村人の祭りを読み解く鍵は「絞首台の下で踊る」というフランドルの諺で、死をも恐れぬ不遜な人間を意味し、脱糞する男には「絞首台に糞をする」という別な諺が対応して、やはり死を無視する輩が批判されているという〔a 森 2 340〕。

前景のこのようにひどく人間くさく、またどこか諺を寓意化したような情景もさることながら、この絵が面白いのは、さらに中景と遠景を広く描き加えているところである。これがマクロコスミックな世界図絵たる所以なのだ。中景左手には村人たちが住む村があり、目抜き通りにはかなりの賑わいが見られる。家並みのさらに奥には大きな鐘楼があり、教会の一部が顔を見せている。村の突き当たりは森を挟んで巨大な岩山が逆光で黒々と聳え、その頂上には大きな城が下界を睥睨している。さらに奥には平原が広がり、画面中央から地平線にかけて幅広い河が蛇行して、船が何艘も浮かんでいる。中景右岸では放牧が行われている。河が海に流れ出るあたりの河口近くの対岸には、もっと大きな町があり、やはり岩山で仕切られている。その岩山の左続きは陽光に煙る山並みで、その向こうはさらに霞んで、より高い山脈が控えている。雲の多い空には大小の鳥が少なくとも一〇羽以上は飛んでいる。森羅万象のすべてを一枚の作品の中に描きこんでいるのだ。果たして前景のカササギや村人が本当の中心主題なのかどうか分からなくなってしまう。確かにこの絵における初発の印象は、自然が大きく広がって、人間の世界をきわめて小さく局限しているところであると言えるかもしれない。「世界風景画」たる所以である。

ところでよく見ると、この絵にはもう一つ見逃せない細部がある。言わずと知れた水車である。画面右手下方の台地に石造りの家が一軒あり、赤茶けた屋根と側壁を見せている。すぐ手前は右から左に向かって流れる小川で、そこに架けられた橋を渡って一人の人物が建物中央部に開いた戸口から、今にも家の中に入ろうとしているところだ。橋のすぐ左のところで、小川はおそらく落差を利用した小さな滝ないしは急流となり、さらに鬱蒼と茂る森を通って、遥か彼方の大きな河に合流しているのだろう。水車は一基だけ、流れが生み出す水力で静かに回転しているように見える。研究者によっては、この水車にもカササギと同じ寓意的役割、すなわち「お喋り」の象徴を読みたがる者がいる〔a Stechow 144〕。おそらくは、この水車の描かれた場所が前景からの寓意論的な解釈が及ぶ圏域のぎりぎりの境界ということなのだろう。水車は森の外れに位置していて、画面前景の絞首台を擁する岩山のすぐ下にわだかまり、小川を境に分かたれる大自然と人間社会との接点を見守る番人と見なすのが一番ではなかろうか。

たかが水車と思われるかもしれない。たしかに、この絵で中心を占める要素は前景の村人たちであり、絞首台の上にたたずむカササギである。あるいは画面の背景や奥行きをなしている広漠たる風景や自然の姿、微妙な光の戯れであるとも言えるだろう。だが、ブリューゲルの代表作「イカロスの墜落」をみても分かるように、この大画家の場合、絵の本当の主題は意外と小さくて目立たない形で表現されていることが多い。「イカロスの墜落」では、海に落下した主人公の脚が、小さな水しぶきと共に描かれているだけだし、その彼が父と二人で脱出したばかりの恐ろしい洞窟は、遥か彼方の岸辺近くに見える島にあるらしいと推測できる、といった具合なのだ。画面に描き込まれた周囲の人物(農夫や釣り師や水夫たち)は、タイトルロールの悲劇にまったく関心を向けていな

「イカロスの墜落」

ピーテル・ブリューゲル

い。

こう見てくると、「絞首台の上のかささぎ」に見られる水車が、予想外に重い役目を負わされた一見目立たない形象、一枚の世界図絵をまとめる要の存在ではないかという思いは、あながち牽強付会であるとも言えなくなってくる。

ブリューゲルの作品のような世界図絵は、ルネサンスの人間に固有な、飽くことなき探究、収集、網羅の意思を図案化したものであると言えるだろう。ギブソンは一六世紀における世界風景画の流行に二つの要素を見ている。地図制作の発達と、世界や社会を高所から俯瞰し観察する、ルネサンス的態度である〔a ギブソン 17-19〕。言い換えれば、世界図絵とはあらゆる「分類」行為、すなわち世界認識という営みの基本をなすものなのである。そして認識し分類する人間と、人間社会を包んで広がる大自然との境界、端境に、人間が大自然を加工して小麦粉を作る水車が倦むことなく回転している。そもそもある個人や共同体が思い描く世界図絵は、その時代の媒介物、「メディア」の祖型をなすものである。この観点よりすれば、水車がヨーロッパ社会にとっていかなるメディアたりえたかを問うことが、次の課題となる。

(2) 水力エネルギーとベックラー

S・レイノルズの大著『水車の歴史――西欧の工業化と水力利用』〔a レイノルズ. 以下の論考はもっぱら本書による〕の記述によると、古代から近代まで、少なくとも一八世紀末から一九世紀初頭にかけての蒸気機関の発明と普及まで、ヨーロッパ社会において水車が果たしてきた役割は、そのままヨーロッパ技術史、経済史をなぞりかえすほど大きく重要なものであったという。

水力は西欧の技術に深く関わる、いわば技術の要石であり、動物以外の動力源として労働節減を実現した。とりわけ水力を利用した水車は、深部採鉱などの困難な作業を助け、産業の進展に大いに貢献した。

ローマ世界で水車の普及が遅れたのは、自然への不干渉という根強い思想、手労働への蔑視、過剰な労働力が水車によってますます節減されてしまうことへの恐れ、技術的未熟さなどの諸要因によるものであったが、中世に起きた動力革命は労働を人間以外の動力に依存させ、中でも水車の果たした役割が大きかった。一三世紀にはヨーロッパ大陸全域に広まり、運河網建設などによって、中世を通じ、産業の水力への依存が増した。

それまで、水車と言えば揚水と小麦製粉が主たる仕事であったが、それ以外にもビール原液用麦芽の調整、搾油機械、精革用機械、刃物用の回転砥石、水力木工旋盤、金属の圧延、切断、貨幣鋳造などさまざまな用途が開発される。

世界的に見て、西欧文明だけに水車が異常とも言えるほど重用され、改良され続けた原因を、レイノルズは修道院制度に求めている。すなわち、六世紀初頭の聖ベネディクトゥスに見られる手労働の尊厳に対する信仰や、自給自足への欲求などである。

一五世紀から一九世紀にかけて、ヨーロッパは水力と機械化の驚くべき進展を実現する。水車の数の増加にはめざましいものがあり、たとえばフランスの場合、ヴォーバンの推計によると一六九四年、風車を含めて八万台の製粉装置、一万五〇〇〇台の産業用水車、五〇〇〇台の製鉄・冶金水車があり、一七〇〇年には風車を除いても約八万台の水車を数えたという。鉄工業のために各地で池が作られ、やがて水力用大ダムが出現するにいたる。貯水池、ダム、用水路からなる広範なネットワークが発達し、その要所要所で水車は産業における多様な要請に応える実績をあげていく。一五〇〇年から一七五〇年にかけて、絹、製粉、製紙、鉱山といった従来の用途に加えて、ガラス、鉛加工、リンネルなどが水車の技術によって脚光を浴びるようになった。

そうした気運を背景にして、一七世紀にほぼ同時に上梓された二冊の書物に注目したい。まず、ニュルンベル

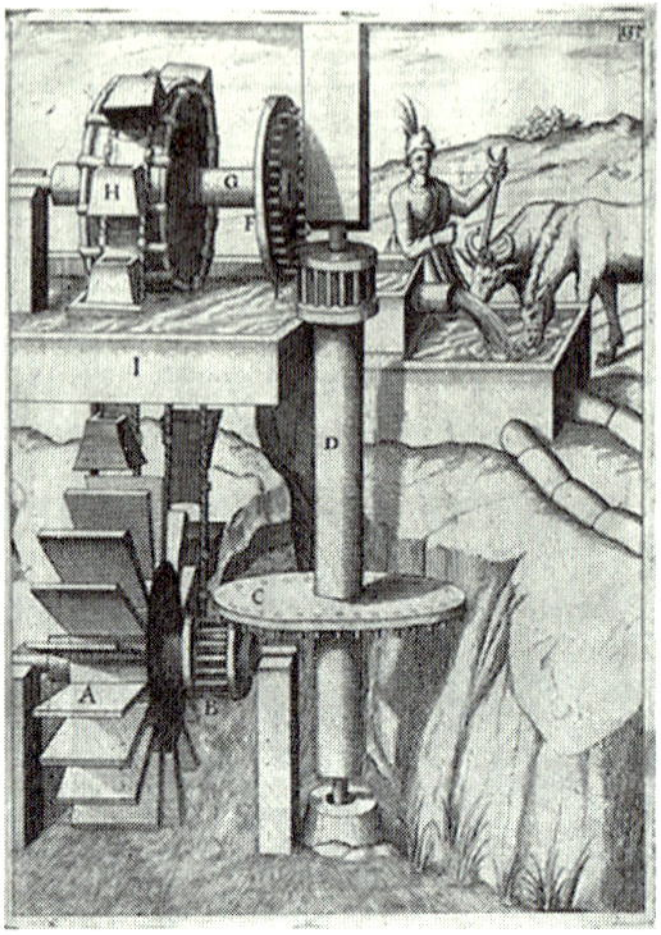

ベックラー『新機械図説』

クでベックラーの『新機械図説』という書物が刊行される〔b Böckler〕。「機械図説」とは、ルネサンス期から一八世紀にかけて、技術者が自分の発明した機械の図面を本の形で公刊したものを指していう。これは今日でいえば商品カタログのようなものであり、お得意に配布して注文を取るのが慣わしであった。一八世紀に入って刊行された科学アカデミーや『百科全書』のいわゆる「技芸・工芸の詳述」とは、「機械図説」のより完成された姿にほかならない。

ベックラーは、一七世紀後半にフランクフルト市で活躍したドイツの建築家・技術者。詳細は不明だが、シュトラスブルク出身で、アンスバハの劇場を設計したと言われている。翻訳の他に、機械や建築に関する書物を多数執筆した。その多くの書名はラテン語だが、本文はドイツ語で書かれている。ベックラーは他にも軍用算術、荘園経営のためのハンドブック、また噴水や宮殿に関する建築書などを執筆している〔ベックラーについては、慶應義塾大学文学部ドイツ文学専攻教授和泉雅人氏の教示による〕。

『新機械図説』は製粉機、水車、水機械を扱い、図版も豊富だが、古い書物からの借用も多い。序文は二種類あり、第一序文末尾に一六六一(?)の年号がある。第二序文と目次に続いて、図版説明(pp. 1-44)、そして図版が一五四点紹介される。図版の各葉には、描かれている機械の部分についてABCの記入があり、巻頭の説明文へと送っている。これは後世の技術関係図版で採用される基本方式にほかならない。それ以外の文字は若干の例外を除いてほとんど見当たらない。設計図の主題はすべてが「歯車機構」である。その動力はさまざまで、人力、動物力、風車、水車などが使用され、社会のあらゆる段階の需要にも応えられるように柔軟な対応が施してあるのが分かる〔本書に掲げた挿絵は図版137〕。

(3) コメニウスの世界図絵

二冊目の書物は、コメニウス(一五九二―一六七〇年)の『世界図絵』(一六五八年)である〔aコメニウス〕。コメニウスはチェコスロバキアの宗教家、教育思想家。チェコ名はコメンスキーという。ここではコメニウスの近代教育学、とくに幼児教授学の成果に注目したい。一六五八年に刊行された世界最初の絵入りの言語入門教科書『世界図絵』は、一般大衆向きの絵と、知識人がよくする文字とを対応させることによって、自然と文化に関する知識を万人のものにしようとした。いわゆる視覚教材の走りである。

コメニウス「製粉業」

一〇〇年後に刊行される『百科全書』巻頭の「人間知識の体系詳述」を思わせるような、学問のあらゆる分野を統合した平等の普遍的知識体系パンソフィア(日本では「汎知学」と呼ばれている)の全体像をここで論じるゆとりはないが〔aコメニウス 192-193 に訳者による「汎知学の全体像」が掲載されている〕、この挿絵入り教科書で「製粉業」の占める位置は、まさしく「世界風景画」で水車が占める場所に対応し、「自然を変形して生活に利用する」中間地点にある。木版による図版第四八番の「製粉業」〔aコメニウス 58〕はそれ自体が小さな世界図絵であって、いわばベックラーの機械図説とブリューゲルの世界風景画とを合体させたような趣がある。モラヴィアの製粉業者の子に生まれたという著者の来歴も、この図版の面白さに無縁ではないだろう。

絵の左半分を占める前景の巨大な製粉所の内部では、人力と馬力とでそれぞれ回転する車輪が描き分けられる。手前の土手から画面右手奥に向かって流れる小川には船水車が浮かび、右端に水車小屋が見える。さらにその背景の丘の上に風車が回っている。たった一枚の版画が製粉業の一切を包含しているのである。絵の部分部分には計一三の番号が付され、説明文へと送っている。イメージとテクストとの相関関係は単純ながら、この教科書はそれ自体が「世界という書物の縮小版」〔c Olivier 277〕を形作っているのである。

3　一八世紀の水車

(1)　ブーシェの風景画とベリドールの水力学

一八世紀に入ると、世界図絵は新しい様式の風景画の中で復活する。風景画ジャンルは世紀初頭の三〇年間棄てて顧みられなかったが、一七四〇年代から流行し始める〔c Brunel 181〕。そして水車というモチーフもまた、風景画の中に独自の場所を占めるようになる。水力の利用がヨーロッパで最大の生産力を発揮していた時代背景を反映するかのように、水車は風景の一隅で静かに自分の存在を主張する。フランスのフラゴナールやブーシェの作品をはじめとして、「水車」や「水車小屋」という画題を付けた絵画が目立つようになる。

フランソワ・ブーシェ(一七〇三―七〇年)はフランス、ロココ時代の画家である。六五年には国王の首席画家となり、国王とポンパドゥール夫人の庇護のもとに、多彩な活動を繰り広げた。

そもそもブーシェの風景画には大きな特徴がある。世界図絵と言っても、もはやルネサンス絵画のような巨大なパノラマや森羅万象の網羅といった気宇壮大な構えはない。岩、滝、苔むした樹木、古びた塔、わずかに点在する人物などが、画家の想像の中で再構成され、さながら芝居の舞台装置のようにこぢんまりと配置される。こ

フランソワ・ブーシェ，舞台装飾の素描．

の過度なまでの演劇性、装飾性が、ブーシェの風景画の本質である。ジョルジュ・ブリュネルは、この画風にマルコ・リッチの影響を指摘し、またオペラ・コミックの舞台装置を手がけていた画家と、風景画との間に必然的な関係を見ている〔c Brunel 185-288〕。確かに、友人の劇作家ファヴァールが率いる縁日芝居のオペラ・コミックへの協力や、一七三七年から一七三八年にかけて衣装や舞台装飾の粗描を提供しているオペラ座との関わりは、ブーシェの風景画に著しい人為性や装飾性を説明する重要な手がかりになるのかもしれない。世界図絵の観点よりすれば、この特徴は自然の情景が人間の内部に取り込まれて必然的に蒙る洗練や変容を表している。一葉の表象面に描き出される事物は変化に富み、一見ありのままの外観を呈するが、それらはすでに画家の想像力という内的な論理や法則に従って組織され、悪く言えば定型化しているのだ。

ここではブーシェの「水車のある風景」（一七

ブーシェ「水車のある風景」

四三年、油彩、カンヴァス、九〇・八×一一八・一)を取り上げよう。英国バーナード・カッスルのボウズ美術館所蔵の傑作である。この作品はどうやら注文制作ではないらしい〔c Levy 173〕。また版画に複製された形跡もない〔c Brunel 186〕。

この作品は、ブリューゲルの絵画とは違った意味で、ある種の世界図絵になっている。よく見ると、さまざまな要素の対照的な組み合わせが目に付く作品だ。情景は明らかに都市(左奥の廃墟からローマのティヴォリが連想される)と自然(緑なす広がりや川)の接点にある。そこからイタリアの記憶とフランスの現実との混合を指摘する声もある〔c Levy 173〕。ずばり、現実の中に幻想が介入する「演劇」効果を見ることもできるし〔c Boucher 215〕、自然と人工との混合様態を考えてもいいだろう。いずれにしても、ブリューゲル絵画に特徴的な二元性、対立の図式が、ブーシェの風景画にあってはいささかの装飾性、人工性を伴って、反復されているとも考えられる。
夏の夕方、若い娘と子供、さらに向かい合って若い男が対岸の木陰で休息をとっている。水車小屋の前では女性が一人、洗濯物を取り込んでいる。人物レヴェルにおける旅人と家庭内存在との対比。遠方の赤い色調は日の終わりを暗示し、廃墟はある種独特のメランコリー感覚を醸し出す。昼と夜、存在と非在のあわいに捉えられた絶妙な時間。

さらに作品全体を通して循環するテーマの円環構造を指摘できるかもしれない。この絵には樹木のあらゆる相が書き込まれている。繁茂の相、倒木、流木、腐食の相、などである。それらが中景の木製水車に収斂して、自然の樹木が文明の道具と化する様が雄弁に語られる。絵を見る私たちの視線が自ずと導かれる正面右奥の水車小屋、その窓枠とバルコニー、水車と橋とがすべて同質の木材で出来ているのが分かる。その木材の質感の延長上に、屋根にいる六羽の白鳩、洗濯物の白さ、女性の白衣といった究極の洗練が色彩のレヴェルで用意される。すべてはブーシェ好みの感覚であり、事物であり、色合いであって、それらを集めて一カ所に堆積させた結果がこの風景画なのである。

この領域横断的な水車の歴史で、一七四〇年代のブーシェ作風景画に対置できる書物があるとすれば、それは一七三七年に刊行されたベリドールの『水力装置、あるいは生活上のさまざまな必要のために水を導き、汲み上げ、配備する技術』をおいてない〔b Belidor〕。当時、水力学の大家として揺るぎない評判を獲得していたベリドールの本書は、この頃スペインやイタリアに澎湃として湧き起こった運河建設ブームを支えた重要参考書であった。

前世紀のベックラーによる機械図絵が、設計図面を売り込むための単なる商品カタログであったとすれば、ベリドールの著作は今少し機械の内部に分け入って、その構造や機能を雄弁に詳説する。ちょうど森や樹木や空が、画家ブーシェの想像力の中で微妙な変貌を遂げたように、河川を流れる水は、水力学者のテクストの中で、数式と歯車の組み合わせから説明される抽象的なエネルギー体と化するのである。ベリドールの著作第二部第一章は四〇ページ以上にわたる水車の技術論であり、人間社会に取り込まれた自然(=水)をもっぱら水力学の視点から分析するという新しい世界図絵の展望が提示される。この書物がさらに論を深めて、いずれブーシェの風景画に近い地点にまで行き着くのは、少し後で書かれた続編の末尾が、庭園芸術の華と言われる噴水のメカニスムに幾多の図版と文章を費やしていることであろう〔b Belidor〕。庭園芸術という自然と人為との美しい結合形態において、風景画と水力学とは奇跡的な一致を成就するのである。

(2) 水車史におけるディドロと『百科全書』

ブーシェやベリドールから少し時代を下った一八世紀中葉に、ディドロの筆になる水車を主人公とする誂え向きの世界図絵がある。美術批評『一七六五年のサロン』の続編をなす『絵画論』(一七六六年執筆、一七九五年刊行)の中で、ディドロはまず、深い森に覆われた高山から流れ落ちる急流について描写し、流れが岩にぶつかり、無数の水滴となって夕陽に煌めき、さらに下ると幅広い運河があり、水車が回って粉を挽くところまでを一連の過程として捉える〔c DPV, t. XIV 409〕。

ここまでは、さながらブリューゲルの世界風景画を前景から遠景に向かって辿るような、段階を踏んでエスカレートしていく表現である。さらに、数本の柳の木の向こうには藁葺き屋根が見える。そこでディドロは「自分自身に還り、夢想する」。そして、こう考える。たしかに森や、急流の煌めくような飛沫や、深山の沈黙を破る轟音などは素晴らしい。だが、「柳の木、藁葺きの家、近くで草をはむ動物たち、こうした有益なものの眺めは私の喜びを増すことはないのだろうか」。

ここで「普通の人間の感覚」と「哲学者の感覚」とが対置され、後者が自然の情景を眺める時の想像力の広がりや展開が強調して述べられる。それはいかにも百科全書派らしい、自然加工主義的とも言えるような想像力である。哲学者は森の樹木を見て、そこから人間が作り出す船のマストを思い浮かべ、地中に眠る金属から人間に幸不幸をもたらす機械を製造する工場を連想する。石を見れば宮殿や教会を考え、川を眺めると、それが人間生活を潤したり洪水を起こしたりすることを思う。

この発想は『百科全書』第一巻の「人間知識の体系詳述」左の部分を占める「自然史」の記述を明らかになぞっている。「自然史」でディドロたちが最重要として評価したのが、まさに人間が自然の原料に働きかけてものを生み出す加工産業の数々であったのだ。ディドロの世界図絵は、人間を中心に、人間社会の側から自然を捉えた功利主義の世界観を表している。

自然が与えてくれる個々の事物は、数において無限であり、はっきりと定まった区別もない。自然においてはすべてが目に見えないニュアンスで継続しあっている。私たちを取り巻くこのオブジェの海で、たまたまいくつかのオブジェが、岩の頂きのように海面に顔を出してあたりを睥睨するかに見えても、そうしたオブジェの特権というのは、存在同士の自然な配列とか哲学の真の体制などとは関係のない、特定の体系やあいまいな約束ごとや外発性の出来事のせいなのである〔b DPV, t. V 91〕。

ディドロにとって、デューラー描くところの風景画のような、だだっぴろくてのっぺりした、捕まえ所のない自然を把握する唯一の方法は「人間」の視点を導入することであった。人間はおのれの感覚と知性を働かせて把捉するもの以外、何一つ理解することなどできない。逆に言えば、『絵画論』で述べられているように、自然の景観をただ眺めてよしとする人間は「普通の人間」であり、自然の背後に人間社会における利用や開発のイメージをおのずと透視し、どこまでも人間くさい世界図絵を思い描くことの出来る者のみが「哲学者」の名に値するのだ[3]。

かくして、『百科全書』の項目《水車》は、河川や運河の水を、歯車仕掛けで当時の人間社会最大のエネルギーに変換してしまうこの文明の利器についての、事細かな分析・説明の論文となっている。この項目は、『百科全書』本文第一〇巻(pp. 792-817)に、また対応する図版は図版第一巻の項目《農業》(Pl. I から IX まで)にある。本文の項目は一七六五年刊行、図版は一七六二年刊行。本文は図版作成の後で書かれ、記事が図版に先行している最初の数巻と違い、図版を逐一参照する形で記述が進むのが特徴である。

項目執筆者は(D)の署名を持つルイ゠ジャック・グーシエであり〔c Dulac 84〕、途中、ベルヌーイの理論についての専門的解説が挿入される箇所があるが、ここのみは(O)の署名からしてダランベールの執筆と推定できる。一方、図版項目については、大項目《農業》の末尾に置かれていることに注目したい。ジャック・プルーストも指摘するように〔a プルースト 3 352〕、往々にして工芸(この場合は製粉業やタバコ製造業)は、それらが依存する自然物の後に一括される慣わしなのだ。

項目《水車》は一見統一を欠いたテクストである。まず、風車と水車とを二つ並べ、両者を交互に論じているので、いかにも雑多な情報の集成という印象がある上に、他の項目への参照が多いのも特徴だ。まず八ページにわたる風車の説明があり。それから水車がくる。

図版 VI に描かれた通常の水車製粉機について、著者はすぐに図版項目《木組み機械》(図版第二巻)を参照せよと言い、おそらくはそこの図版 XXXII と XXXIII に描かれている、パリのノートル・ダム橋に設置された浮き水車(小舟に設備されたもの)へと読者を送っている。ここには単なる類似項目への参照行為を超えた、例示ないし比較を目的とする明白な構成意識が感じられる。

その上で、著者は図版VIの水車の内部構造を図版に即して解説する(pp. 798b-799a)。さらに船水車や水位の落差を利用した水車などについて触れ(pp. 799a-799b)、次に図版VII, VIIIに対応して、「現在までのもっとも優れた考案にして、もっとも単純な」トゥールーズのバザークルの有名な水車を取り上げる(pp. 799b-800a)。ここの説明は図版の巻の銅版画と解説文なしには到底理解できないものである。海水の潮位を利用した機械に関する考察が続き(pp. 800a-801a)、図版の巻に掲げられた部品リストと全く同じ表が添えられている(pp. 801a-b)。

続いて風車における風と羽根の位置関係についてのベルヌーイ理論が論じられる(pp. 801b-803a)。ここの執筆だけは、先に述べたようにダランベールによる。

続いて水車に関する短い記述がある(pp. 803a)。このパラグラフの末尾では、類似項目への参照があり、《車輪》(Roues)、《水力機械》(Machines hydrauliques)、《動力》(Force)の中の《水力》(Force des eaux)、とりわけ《水かき》(Aube)に送っているのだが、それに伴って本項目ではこれ以上水車に関する詳細を語るまいという言い訳まで書き添えられている。すなわち、風車はともかく、水車に関しては、本項目は複数ある関連項目と有機的に連結した形で考えられており、ある種の「間テクスト性」をなして相互に結ばれていると言えるのである。その結果、本文項目《風車・水車》においては、風車への直接言及が圧倒的に多く、水車は常に他の項目との類比や参照関係を通じて断片的に語られるという違いが大きな特徴になっている。

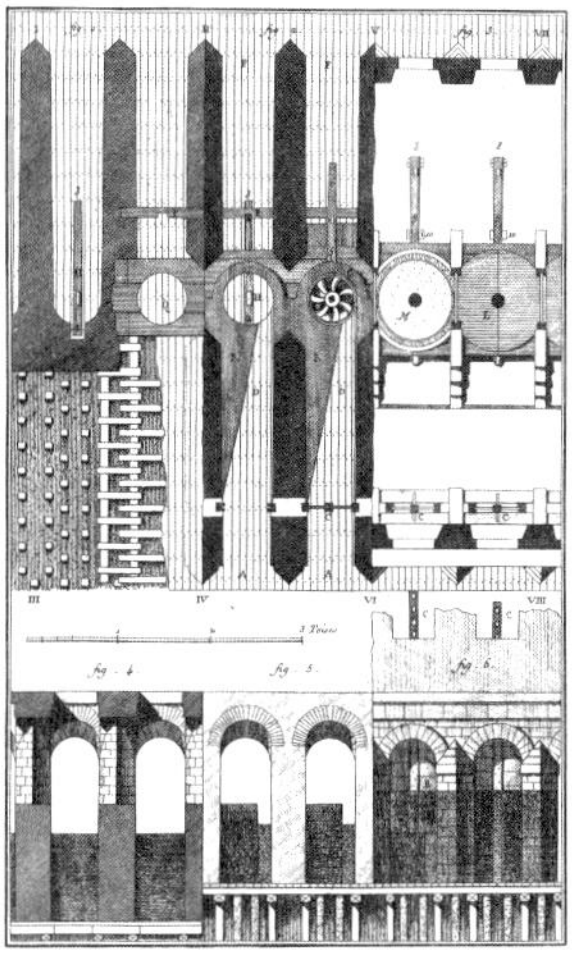

『百科全書』水車の図版

ここで挿入されるのが、「プラントローズ夫人の庭園の水を汲み上げる風車理解のために有益な覚書」と題された小論文である。ここでモデルとされている風車は、ルーアンのフォブール・サン・スヴェールに住むプラントローズ夫人邸に設置されている揚水ポンプの動力源として機能し、図版集第五巻に収録されたⅠからⅤまでの銅版画(いずれもグーシエの署名入りである)がこの風車に当てられている。執筆者グーシエによれば、この風車はきわめて構造が簡単なので、読者におおよその見当をつけさせるだけであればわずかな言葉で事足りるが、「似たような風車を造りたいという人々の役に立つことが問題なのであるから」、風車の構造について詳説したいと述べている。ディドロが自負していた「技芸の詳述」項目群の実践的、社会的有用性がはっきりと主張されているのである。

さて、このルーアンの揚水機に関する記述は本項目の白眉とも言える部分であるが、すべての言葉が図版に描かれ、番号や記号を付された機械の部分に対応しており、両方をあわせて参照しなければほとんど理解不能なくだりである。ちなみに、図版の巻の冒頭に掲載された解説部分は単なる目次の域を出ず、本文中のグーシエの筆になる文章が図版に逐一送られる格好になっている。

ルーアンの揚水風車に関する記述は長大で七ページにも及び(pp. 803a-809b)、いくつかの部分に分かれる。まず、五枚の版画に即した詳細な説明があり、次に各論として「羽根」、「ポンプ」といった各部分について、ポンプの動きやポンプが吸い上げる水の量について、複数の図版を並べて参照しながら解説が進行する。グーシエの手になる本来の風・水車に関する項目はここで終わるが、この後 Moulin という名前で呼ばれる風車でも水車でもない類似の機械について、逐一の記述が続く。《手動製粉機》《種油用圧搾機》など全部で二五にものぼる小項目が用意されている。その中には図版項目への参照を前提にした詳細な記述もあるが、多くはそれぞれの専門項目へとただ送るだけのものである。

以上見てきたように、『百科全書』の項目《水車》に独自の特徴があるとすれば、それは事典全体の内部に張り巡らされた無数の参照体系のネットワークを利用しながら、読者をある種の世界図絵読み解きへと誘っているという教育的姿勢であろう。

4　廃物としての水車

(1)　シューベルトの水車小屋

『百科全書』後のヨーロッパ社会で、諸産業の様子を一変させた動力といえば蒸気機関に止めを刺そう。蒸気の圧力をシリンダー内のピストンに伝え、ピストンの往復運動によって仕事をさせる。この考えが実地に応用されるようになったのは一七世紀だが、まず鉱山で揚水機として利用されたのが始めである。一八世紀に入り、一七六五年頃から英国人ワットによる画期的改良が始まる。ワットは一七六九年に蒸気の圧力を本格的に利用するいわゆる蒸気機関を製作し、おかげで蒸気機関は一七八〇年代には鉱山の揚水だけでなく、工作機械などさまざまな工場用の原動機として広く用いられるようになる。一九世紀は蒸気機関の時代なのである。

フランスにおける蒸気機関の各産業への普及については、ジャック・パイアンの実証研究があるが〔c Payen〕、一八三六年時点での調査によれば、一八二〇年から一八三五年にかけての一五年間にフランス全土でおびただしい数にのぼる蒸気機関が製作され、低圧・高圧のものを含めると、二〇年ではたったの二八台、三四二馬力だったのが、一五年後の一八三五年では二九三台、三一六四・七馬力という数にまで達しているのである。三五年の時点でフランスの蒸気機関総数は一三八三台、総馬力数は一八〇二〇・二である〔c Payen 27〕。

言うまでもなく、すでに一九世紀初頭において、文明の利器としての水車は凋落の兆しを見せていた。当時台頭してきたロマン主義の芸術は、水車および水車を彩るさまざまなコノテーション（製粉業界の中世的徒弟修業、小川のせせらぎ、村外れの叙情、など)をやや懐古的な眼差しで捉え、そこに純粋な「愛」を育み、あるいは「愛」を破滅させるようなドラマの生起する場を求めたのである。

さて、そのような芸術の代表作である、ミュラーの詩に寄せたシューベルトの連作歌曲集「美しき水車小屋の娘」全二〇曲は、一八二三年五月から一一月にかけて一気に作曲された。四年後の「冬の旅」と違い、この歌曲集にははっきりとした筋書きが読みとれる。すなわち、徒弟修行の旅に出た若者の水車小屋の娘との出会いと恋、恋敵の狩人の出現と失恋、若者の小川への入水自殺、そして死んだ若者に小川が歌い聞かせる子守歌が終曲をなしている。蒸気機関が澎湃としてその勢力を拡大しつつあった時期に、製粉業の徒弟修業に励む若い職人を主人公に、そのひたむきな情熱恋愛を歌い上げるというドラマは、水車の文化史の中でも飛び抜けて特異なエピソードに属すると言えるだろう。歌曲集「美しき水車小屋の娘」は、製粉業の徒弟という庶民的な人物を主人公にしているため、つい見過ごされる嫌いはあるが、文字通り「死にむかう情熱の飛躍」〔aルージュモン 330〕を語り尽くした、ドイツ・ロマン派の傑作であると断定できよう。主人公の最期も間近い第一九曲「水車職人と小川」(Der Müller und der Bach)の対話に耳を傾けると、「誠実な心が愛に死ぬと、どの花壇に咲く百合の花もみなしおれる」〔aシューベルト 19〕、さらに「ああ、川底で、その川底で、冷たい安息を与えてくれ!」〔aシューベルト 20〕という若者の祈りの声が聞こえてくる。回り続ける水車はそのような愛と死のドラマの証人として、水車場の橋から身投げした主人公の死を見届けるのだ。

だが、ここではむしろ歌曲集の第一曲「さすらい」を取り上げよう。というのも、この劈頭歌には、ブリューゲルからコメニウスを経て、『百科全書』へと受け継がれた世界図絵の中の水車というテーマが雄弁に鳴り響いているからである。

さすらい

さすらいは粉屋のたのしみ、
さすらい！
さすらいを知らない粉屋、
そんなのは一丁前じゃない、
さすらい。

水におれたちは教わった、
水にさ！
昼も夜も休みなく、
遍歴《よわたり》を心にかける、
水だよ。

水車からも見習おう、
水車から！
じっとしているのが厭で、
働きづめに回ってる、
水車さ。

石ってのは重いもの、
石ってね!
元気な行列踊りだよ、
跳ねあがりたいのさ、
石ってね。

おお、さすらいはうれしい、
おお、さすらい!
親方さんにお内儀さん、
発たせて下さい、お平《たい》らに、
さすらいに。

〔この訳詞のみ、坂口昌明氏のもの(未発表)を借用した〕

すこぶる平易な歌であるが、組み立てはそれほど単純なものではない。全五節のそれぞれにキー・ワードがあり、それが同一節の内部で三回ずつ繰り返されることで、聴き手に新しいテーマの「刷り込み」をする。すなわち、第一節「さすらい」(Wandern)、第二節「水」(Wassser)、第三節「水車」(Rad)、第四節「石」(Steine)、第五節「さすらい」(Wandern)である。キー・ワードを通覧すれば、この第一歌が世界図絵であることは明らかであろう。すなわち、「さすらい」の人間が自分と同じく揺動常ならぬ「水」(=自然)におのれを重ね合わせながら、おのれと自然とを媒介するものとしての「水車」、そして水車の仕事をさらに社会化する「石」を歌うという設定である。

この歌では、水車の回転を模するようなリズミックなピアノの伴奏音型に乗って、人間も自然も水車も石臼も、すべてがさすらい、流動している。この流動の情景を背景に、一人の初々しい若者の姿を浮かび上がらせること、ここにこそ一九世紀芸術の出発点がある。蛇足ながら、あまたある名唱名演のなかで、ゲルハルト・ヒュッシュの歌唱は、主人公のうぶで少し田舎っぽい素朴さをストレートに表出していて、一番心にしみる演奏である。

歴史家アラン・コルバンは「感情教育」という概念の成り立ちについて、一八世紀末から一九世紀初頭に青年が文学の中に登場してきたこと、教養小説の発達、不安や混乱という青年期の危機が近代人を構成する要素になったこと、そして愛を阻む障害、禁欲などのテーマ、などから説明しているが〔a ルフェーヴル 238-239〕、まさしく連作歌曲集「美しき水車小屋の娘」全二〇曲こそは、水車職人の若者の感情教育をあますところなく歌った作品なのである。

(2) ルイ・マル「恋人たち」における庭園と水車

一気に二〇世紀までワープしよう。この時代、もはや水車は何の役にも立たぬ廃物になり果てた。一九世紀市民社会を支えた産業革命と機械文明の席巻は、大革命前に強力な動力源として社会の諸産業を興隆に導いた水車を、無用の長物に変えてしまったのである。

ここで水車が登場するのは、二〇世紀を代表する芸術ジャンルである映画の中でも、飛び抜けて傑作という評判の高い、ルイ・マルの映画「恋人たち」のクライマックスのさなかなのである。フランスのヌーヴェル・ヴァーグ運動の先端を行ったルイ・マル(一九三二―一九九五年)は「死刑台のエレベーター」(一九五七年)でデビューした。シャブロル、トリュフォー、ゴダールに先駆けた早熟ぶりで、モダン・ジャズのトランペット奏者マイルス・デイヴィスを起用した映画音楽が評判になった。黒澤明「七人の侍」の三年後のことである。

「恋人たち」はマルの第二作で、一九五八年に公開され、一八世紀フランスの小説家ヴィヴァン・ドノン(一七四七―一八二五年)の短編『ポワン・ド・ランドマン』(『明日なき恋』とでも訳せるか)を映画化したものである。この短編は完璧と言っていい構成や文体を持つ佳品で、一九世紀を通じて何度も版を重ね、バルザックが絶賛したことでも知られている。

この頃のルイ・マル映画は一作ごとに主題や様式が変わるのが特徴で、ハードボイルドな感触の長編処女作「死刑台のエレベーター」とは対照的に、この「恋人たち」はあらゆる点で恋愛映画の原点とも言える、細やかで濃密な女心の動きを描出することに成功した。

原作を思い切って二〇世紀の物語に移し替えた映画の粗筋はこうである。ディジョンの新聞社主の妻ジャンヌ(ジャンヌ・モロー)は、退屈な夫(アラン・キュニー)や地方都市の息が詰まるような生活に嫌気がさして、親友マギーに誘われるままにパリに通いつめ、そこで知り合ったスペイン人ラウールに熱を上げ始めている。それに気づいた夫はマギーとラウールを館に招く。ジャンヌはパリからの帰路、車が故障し、たまたま通りかかった年若の考古学者ベルナールの車に拾われて館に辿り着き、ベルナールも夜会の仲間入りをする。食卓でのラウールにジャンヌはいたく失望する。自他共に認めるポロの名手が、テーブルでは知性や機転を欠き、早くもジャンヌの心に虚無が芽生え始める。深夜、眠れぬ彼女は寝間着姿のまま、月夜の庭にさまよい出る。その後ろにベルナールが立っていた。

ブリューゲルの絵と同じように、この映画でも二極構造化したテーマの設定が特徴である。大都市と地方という図式はパリとディジョンによって表されるが、さらに一見些細なテーマのあしらいに全編の構図が透けて見える仕掛けが面白い。たとえば、「機械文明」という問題。二〇世紀を特徴づける機械は、この映画の中では、常にその反対物の配置によって否応なくその役割を浮き彫りにされる。たとえば「自動車」である。映画の冒頭は、地方都市ディジョンから「車」を飛ばしてきたジャンヌが、ポロの試合で颯爽と「馬」を乗り回す背の高いスペイン男ラウールの勇姿を、むさぼるように見つめるシーンである。この冒頭場面と見事な対をなしているのは、ラストシーン近くの場面であろう。ここでは、突然の駆け落ちを決めたジャンヌが、夫やラウールや友達のマギーの目の前で、ベルナールの運転する車の助手席に座り、唖然とする一同を屋敷の玄関前に置き去りにして立ち去っていく。そして、その時残された三人は、明け方の「狩猟」を楽しむ出で立ちで、乗馬服に身を固め、「馬」をひかせているのである。そもそも、ヒロインのジャンヌを退屈な日常から救出したのは、ディジョンへ帰る途中、「自家用車」がエンストを起こしたところへ、たまたま通りかかった「考古学者」ベルナールであった、という事情を付け加えてもいいだろう。

レコード・プレーヤーの果たす役割にも無視できないものがある。二〇世紀の技術文明の勝利を徴づけるこの利器が奏でるのは、過ぎ去ったよき昔を象徴するかのような、ブラームスの美しくも退嬰的な調べなのである。

ルイ・マル「恋人たち」

だが、何といっても映画のクライマックスは、広大な庭を流れる小川のほとりにある水車小屋の場面であろう。ブラームスの弦楽六重奏曲第一番の第二楽章ニ短調がBGMとして奏でられる中で、人妻と若い男が行きずりの抱擁を交わす。この場面を含む約一〇分間は、煩わしい夫や愛人が眠る邸内の「小社会」に、月の光がたゆたい、虫たちが鳴き交わす庭園の「自然」が対置されている。庭園というミクロの世界は、換喩構造、すなわち小さな世界が大きな世界の縮図になるというシステムを媒介にして、ヨーロッパの伝統的な自然理念を模しているのだ。さらに、その自然の中に二人が相接する特権的な場が設えられていることも見逃せない。水車小屋を境界とする二つの場、すなわち外部世界と二人だけの愛の世界とは、一本の横竿によって隔てられている。その横竿をくぐる瞬間こそが、ジャンヌが日常生活(その中には彼女とラウールとのまことに紋切り型の「不倫」も含まれる)を出て、未知の「愛」の境域へと歩み出す決定的瞬間なのである。

さて、重要なことは、こうした特権的な場の設定に当たり、ルイ・マルはあえて人工的な手管をこれ見よがしに弄することで、ブーシェの風景画やベリドールの庭園風の場の設定そのもののまがい物性を巧みに強調していることであろう。突如詩を吟ずるベルナール、応じるジャンヌ、二人が手にするウィスキー・グラスの触れあう音、重なり合う手の描写、「愛は眼差しから生まれる」というナレーションの挿入、④そして何よりも背景に流れるブラームスの音楽。ブラームスはその回顧的で甘い調べからして、遥かな過去、すなわち情緒や悔恨や陶酔が自立し充実した言葉を持っていた一九世紀という時代をやや皮肉に指し示す。決定的に意義深いのは、キスを交わした二人が庭園をさまよい、やがて小舟に乗って川を下るエピソードであろう。これは、申すまでもなく、ワトーのシテール島への船出⑤の「引用」である。

かくのごとく、すべてはまがいで、すべてが作り物の舞台装置の中で演じられる、この上なく深刻で、しかも明日のない愛《ポワン・ド・ランドマン》のドラマ、これこそが水車を媒介とする世界図絵の、最後の版本なのであった。ここにおいては、愛も水車も本来の意味を奪われている。この妙に古風で感動的な疑似ロココ風の世界で、愛はかつてシューベルトの時代に自らを支えてくれていた感情的価値を少しずつ失っていく。愛は抽象化され、新しくも不可解な修辞学の法則に従って展開する。ちょうど、水車が人間を養うためにではなく、月の光を浴びて演じられる洒落たメロドラマの立会人に成り果てたのと、それは軌を一にしている。

結び に

「世界図絵」としての水車は二重の存在である。すでに映画「七人の侍」においてそうだったように、水車は自然と文化という、相対立しながら互いに求めあう二つの世界の狭間にあって、両者をつなぎ止めるつがいの役目を果たしてきた。水車をこれまでに記してきたような横断的歴史粗描の対象とする方法には、おのずと水車の設置場所や回転運動や生産活動の背後に広がる、広大な二重の空間を読みとろうとする意志が働かざるをえない。それらの空間設定は、時代や文明圏でかなり異なったものとなるだろうし、ここで取り上げたフランスを中心とするヨーロッパ文明内部においてすら、相互に対立矛盾するさまざまな様相を呈するだろう。つまるところ、水車をめぐるあらゆる考察は、人間と自然との多様な関わり、我々の生活様式を規定する二元的な法則性への批判的検討でなくて何であろうか。

II 『百科全書』の図版と一八世紀

第四章　整合と惑乱①

はじめに

こういう経験はないだろうか。

中学時代、あるいは高校時代に生物の授業でカエルの解剖をやらされる。クロロホルムで眠らされた哀れな小動物の白い腹を鋭利なメスで切り裂くと、毒々しい色をした大小さまざまの五臓六腑がどろりと鈍い光を放つのが見えてくる。たいていの生徒は胸がむかむかするのを我慢しながら、慣れぬ手つきでこの生臭いものをレポート用紙に写生する。解剖図など手がけるのは生まれてはじめてだから、結局は静物画もどきのデッサンを描いてお茶を濁してしまう。もちろん、そういういかにも絵らしい絵ではA評価はもらえない。

ところがクラスにはきまって一人か二人、信じられないような精密きわまりない解剖図を仕上げて周囲の仲間を圧倒する生徒がいるものだ。べつに芸術的才能に恵まれた子ではない。どちらかといえば普段はおとなしい。それがカエルのピクピク痙攣する臓腑を前にした途端に、何とも偏執狂的な観察者に変身する。その子は筋肉や内臓のどんなに細かな皺《しわ》や襞《ひだ》も見逃さない。この生徒が描く図面ときたら、まるで写真なのである。冷徹というか残酷というか、カエルに対する同情などひとかけらもない。この子自身の眼がメスとなって皮膚を裂き、肉を切るがごとしである。のっぺりと無表情なこの細密画に、教師はそれでも三重丸つきのAをあたえるのだ。

ディドロ＝ダランベールの共同編集になる『百科全書』の図版をひもとくと、いつも思い浮かぶのがこの昔懐しいカエルの解剖図である。たとえば項目《解剖学》(b ENC 1, t. XVIII, Recueil de Planches, «Anatomie», Pl. XVI, Figure 1ère)を眺めていくと、だれでも一瞬愕然としてしまうのが図版XVIだろう。そこには、カエルどころではない、何と人間の、それもいたいけな幼児が、喉から胸にかけての広い部分を切り開かれ、筋肉や臓器を生まなましく露出させて横たわっているからだ。下半身は布に覆われて見えないが、右腕は肘の上あたりからすっぽりと切断

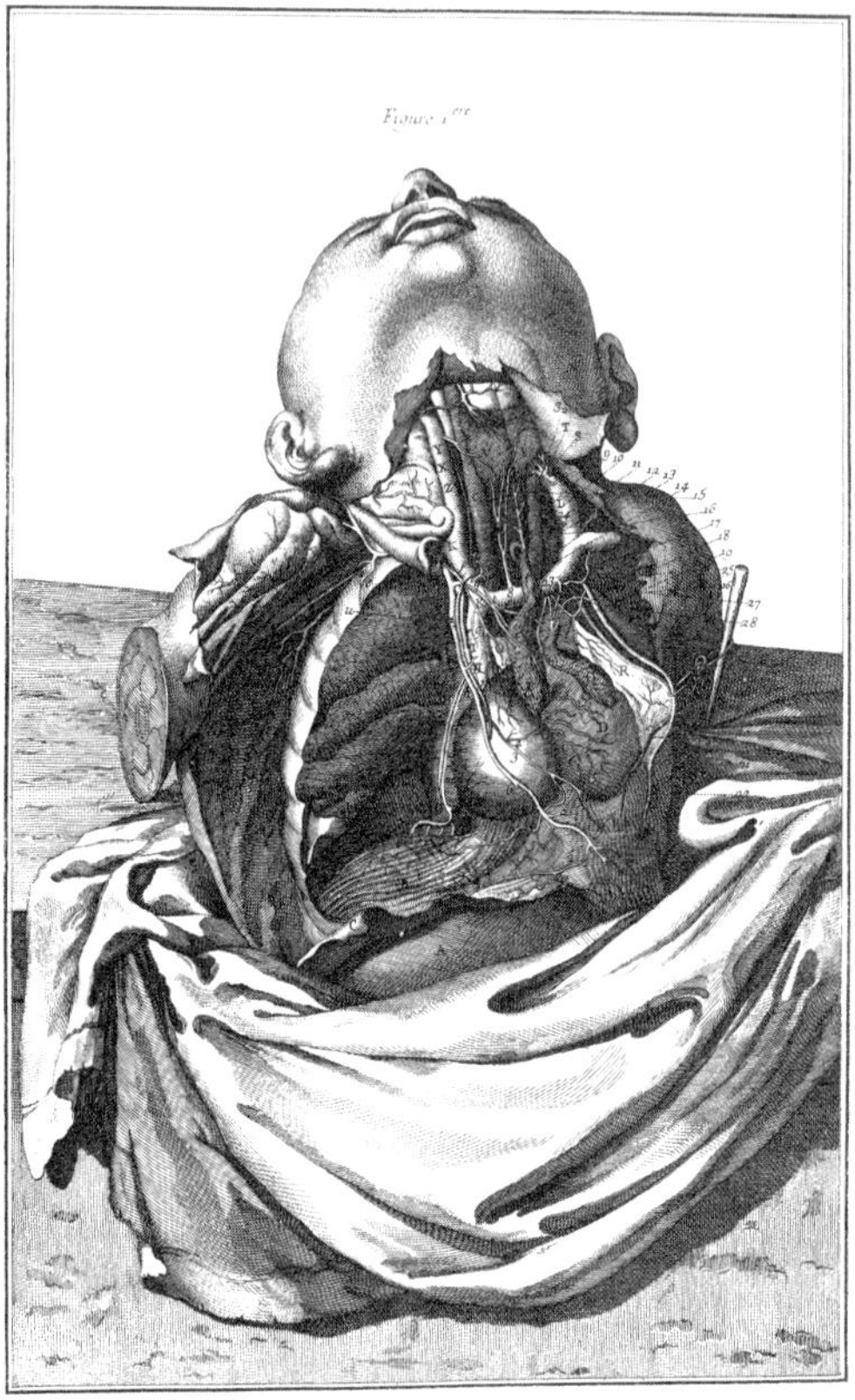

『百科全書』解剖学

されて、さながら樹の年輪のような模様を見せる切口が鮮やかである。当時、幼児の死亡率は想像を超える高さであり、五人いる子供が二〇歳を迎えられる確率はわずかだった。解剖図のモデルに幼児が多いゆえんである。カエルにしろ、人間の子供にしろ、生きとし生けるものをつかまえてきて固定し、その身体の内側にまで真理探究のメスをふるう営みには、たとえそれが一枚の解剖図なるフィクションのなかでの出来事にしても、どこか背筋の寒くなるようなものがある。アメリカ人捕虜の生体解剖に取材した遠藤周作の小説『白い人』があたえてくれる、あのヒヤリとした無気味な手触りと似ているのである。この印象は『百科全書』の場合、たまたま解剖という特殊なテーマからあたえられるものなのだろうか。それとも厖大な量におよぶ図版のすべてに共通する特徴と考えてよいのだろうか。

1　『百科全書』の図版の成り立ち

フランス啓蒙主義思想の集大成といわれる『百科全書』全三五巻は、大別して三つの部分に分かれる。本文(一七巻)、図版(一一巻)、補遺・索引(七巻)である。刊行は本文の第一巻(一七五一年)から第七巻(一七五七年)までつつがなく継続し、その後反対派の攻撃と政府の弾圧にあって中断。一七六五年(地方)と六六年(パリとヴェルサイユ)に、残り一〇巻がまとめて刊行された。一方、図版は一七六二年から七二年にかけて出版されている。現在私たちが手にする多くの百科事典と違って、本文と図版とが別立ての体裁をとっているのである。補遺・索引を一七七六年から八〇年までに刊行したのはパンクックであり、年老いたディドロは協力を拒んでいる。『百科全書』の本文と図版は、いろいろな事情で刊行時期が隔たっているため、必ずしも内容が完全には対応していない。どちらもアルファベット順の配列になっているが、もともと項目の数からして本文の方が圧倒的に多い上に、共通項目についても、本文の執筆と図版の制作との間に微妙なズレの生じていることが多く、図版を本文理解のための例証として利用しにくい場合さえ珍しくない。つまり、図版は図版で本文から独立した独自の世界をつくりあげているのである。

図版は項目ごとに「解題」(エクスプリカション)と「図版」(プランシュ)の二本立てになっている。「図版」の第一ページ目にはたいていの場合、「挿画」(ヴィニェット)と呼ばれる絵が印刷されていて、その項目で扱われる職業に関連した工房(アトリエ)の全景が描かれる。それに続いてページごとに、図版Ⅰ、Ⅱ、Ⅲ……が示され、それぞれの図版ページはさらに小さな部分を表す図(フィギュール)1、2、3……に細分され、図の中にまたアラビア数字がいくつもつく、といった按配である。図版ページに先立つ「解題」とは、要するに部品一覧表であり、図版で番号をつけた部分や対象の名前が網羅され、ときには簡単な説明文が添えられる。たとえば一八世紀フランス社会における絹織りの靴下製造について知りたいと思う読み手は、まず本文第二巻にディドロが執筆した長大な項目《靴下》を読み、あわせて図版第二巻に収録されている対応図面一二葉と解題に眼を通すばかりか、本文、図版、解題の三者をたえず比べあわせなければならない。機械に暗い読み手であれば、おそらくは何日もかかるしんどい作業である。

2　技芸の詳述

そもそもディドロ＝ダランベールの『百科全書』の根幹をなすものは、「世界は一冊の書物」であるという思想であった。森羅万象の一切は解読可能であり、また解読されねばならない。本文第一巻の冒頭に掲げられた図表「人間知識の体系詳述」は、この巨大な書物を読み解くための解読格子のようなものであって、事典の全項目は表面上はアルファベット順の配列に従いこそすれ、すべてこの系統図に関連づけられる。各項目の途中や末尾に参照項目がいくつも挙げられているのがその証拠である。

厖大な項目群のなかでも、ディドロがとりわけ編集に力を入れ、また自慢にしていたのは、文学でも哲学でもない、工芸関係の項目であった。『百科全書』最初期に、編集長ディドロはこの項目群を「技芸の詳述」(la description des arts)と呼び、テクストと図版の両面にわたって全力を傾注して準備を重ねたのである。万物が連鎖して巨大な一体を形づくっているこの世界という書物の中で、製鉄業にしろガラス製造にしろ織物製造にしろ、あらゆる工芸は人間が自然に働きかけ、これを加工して利用する営みにほかならず、つまりは自然と人間とをつなぐ鎖の大きな環なのである。項目《百科全書》のなかで、ディドロはこうのべている。

〔技芸の担当者〕は、じぶんの仕事をまず秩序立て、技芸を自然の物質に関連づけることである。これはいつでも可能である。技芸の歴史とは、使用された自然の歴史にほかならないからだ。

〔b ENS I, t. V, «Encyclopédie» 646 a-b〕

自然も技芸も、すべては「書物」のなかで緊密に結ばれ、どちらが上でどちらが下ということなく、おたがいに対等な位置関係にある。

工房で営まれる工芸は、一七世紀このかたのめざましい工業技術の進展にともなって、にわかに注目を浴びるようになっていた。『百科全書』より半世紀以上も前、すなわち一七世紀末から、パリ科学アカデミー(アカデミー・デ・シアンス)はいわゆる『技芸・工芸の詳述』を企て、工房での実地調査、図面や覚書の作成にとりかかり、ようやく一七六一年から刊行を開始するが、ディドロたち『百科全書』のスタッフが、図版制作にあたって、この科学アカデミーの『詳述』を大いに参考にしたことはいうまでもない。

こと工芸に関する項目となると、たとえ本文執筆のためでも、ディドロは文献資料の渉猟だけでは満足せず、担当者を各地のアトリエに派遣して、現場の職人相手の調査や、ときには機械を操作しての実地研修を行わせた。ましてや図版の場合、記述の対象となる工場や職人や機械は、実物を見て写しとる作業が絶対に欠かせない。二八〇〇枚を超えるという厖大な量になれば、あるていどの剽窃や丸写しもやむをえないが、参考にした資料が古いときは、アトリエに赴いて、作業現場で確認の上、修正を加えなければならないのである。

「技芸の詳述」を執筆しながら、ディドロはなによりもまず、古い封建的秩序の中で、生産力の発展に対立するさまざまな抵抗を打破しようとした（以下の記述は、c Proust 1 220-224 に依拠している）。あらゆる技術を学者、技芸家、愛好家にとって理解しうるものにしたいという願望が、ディドロには根強かったのである。ディドロが進めていた、発明の公開を擁護して秘密保持に反対する戦いは、彼がより一般的には同業システムに対して展開していた戦いの一つに過ぎなかった。さまざまな組合の間に越えられない垣根を設けて情報の流通を阻害し、同時に製品が乗り越えることのできないレヴェルの完成度を定めている、硬直したシステムに対して、ディドロは生産と交易の自由を唱えた。項目《卒業制作》の中で、ディドロは公然と同業組合に対する攻撃を開始する。親方の息子や金のある徒弟が優遇される腐敗を論難しているのである。

同業システムを攻撃する中で、ディドロはあらゆる排他的特権を槍玉にあげようとしたのであった。これこそが、ディドロの「技芸の詳述」を、先行する技術関係著作、とりわけ科学アカデミーのそれと区別するのである。アカデミーは政府の政策を支持するが、『百科全書』はこれを変えようとしているのだ。

だが、「技芸の詳述」の準備と刊行は、時代的には、政府人事の部分的刷新と一致していたという幸運もあった。この新人事はかなり期待できるものであった。とりわけ一七三〇年以後の生産力の加速的な発展で、政府はいくつもの行政上の改革を余儀なくされ、それを断行するにふさわしい人材を登用した。たとえば、一七三〇年には、マニュファクチャー監察官のポストが二つも新設され、一七四四年、商業支局の局長職と、商業行政監督局が分離する。一七四六年、さらに二人、監察官が任命される。一七四九年、トリュデーヌが商業行政の監督官に就任したときには、行政の欠陥はなくなると信じられさえしたぐらいである。一七五一年、グルネー、一七五九年、トリュデーヌの息子が父親の補佐官となる。反対勢力もあったが、以上の三名は、経済政策に自由主義的な方向をあたえ、その傾向は一七五九年から一七六三年まで、ベルタンが財務総監になるにおよんで、ますます強化された。

「技芸の詳述」とこの政府人事の刷新のあいだには、たんなる年代の一致があったばかりではない。百科全書派とこの新しい政治家たちには、おたがいに思想の共通性、目的の共通性があったのだ。トリュデーヌ・ジュニアやベルタンはディドロと親しかったし、『百科全書』があれほどの迫害にもかかわらずどうにか生き延びたこと、一七五九年以後、ディドロがさしたる危険もなく、『百科全書』本文の残りの巻と図版とを準備できたこと、一七六〇年初頭に行われた科学アカデミーによる調査が免訴になったこと、これらすべては、すでに出版監督局長官マルゼルブの鷹揚な介入で説明されるのだが、同じように「技芸の詳述」もまた、トリュデーヌ父子、ベルタン、グルネーが、その頃、現実に適用しようとしていた新しい見解に、見事に呼応していたのだった。それに、これもあまり知られていないことだが、『百科全書』の技術部門におけるディドロの執筆協力者たちは、国家の中枢機構で要職にあり、経済問題の管理を担当していたという事情も大きかったのである。

だが、こうした有能な役人たちの限られた行動や、『百科全書』のプロパガンダでは、封建システムの欠陥の改善はできなかった。せいぜい生産力の発展を加速し、それによって後の完全な構造改革を可能にしただけである。この意味でも、一七五〇年から一七六〇年にかけての、「技芸の詳述」が果たした役割はきわめて重要だったと言わなければならない。

数年で、技芸に関する研究や覚書が増えた。新しい定期刊行物も刊行された。いずれも『百科全書』と同じ目標を掲げたものばかりである。生産に関わる秘密や新しい発明を公開すること、新しいマニュファクチャーの設立を奨励すること、発明や意見を自由に比較考量すること。科学アカデミーも、ついに、一七六一年から、『技芸の詳述』(*Description des arts et des métiers*)を刊行し始めた。執筆協力者の大物には、ディドロの知人も沢山いた。

政府でも、トリュデーヌ父子、ベルタン、グルネーたちによる改革路線が実を結びつづけていた。一七六二年、商業局は改組され、一七六一年、商業代議員の数が増え、諸規則はほとんど無視され、技術学校が増設された。一七六二年一一月七日の政令で、農村における工業活動が自由化され、独立小規模生産者の数が増えた。

『百科全書』の影響は、一七七〇年のずっと後まで、少なくとも技術水準が上の、新しい百科事典類が現れるまでは続いた。アカデミーの『詳述』がそれであるし、『体系的百科全書』(*la Méthodique*)を刊行する前に、一七七六年からパンクックが『百科全書』に加えた補遺がそうである。

3 図版のユートピア性

二八〇〇枚を超える図版を実際に眺めてみれば一目瞭然であるが、約半数を担当したルイ゠ジャック・グーシエ(一七二二―九九年)をはじめとする、製図家や彫版師たちの腕の確かさは、見事というしかない。その見事さは、しかしながら、例の生物教室で、カエルの解剖図を精緻に仕上げる生徒の見事さであって、私たちが優れた絵画から受ける印象とはどこか違っている。何もかもが清潔で、きちんと整っていて、あまりにもきれいという感じなのだ。

どれでもいい。図版項目の第一ページ目を飾る「挿画」を見てみよう。たとえば項目《靴下》(b ENS 1. t. XIX. Recueil de Planches, «Métiers à faire des Bas», Pl. I)の挿画には、当然のことながら絹靴下製造工場の内景が描かれている。ところが、おどろくべきことに、そこにはたった二人の人間しか見当たらないのである。画面左手に丸帽を被った男の織工が、ちょうど巨大なミシンに向かうような形で靴下編み機のペダルを踏んでいる。薄暗い室内で編み機はこれ一台きり。右手の女工は、糸巻に絹糸を巻きつける作業に余念がない。

現実の靴下製造工場がこんなに閑散としているはずはない。明らかにここでは、ごちゃごちゃと猥雑な現実を単純化し、アトリエをその必要にして十分な基本要素にまで還元することで、靴下製造の作業現場の情景を、どこまでもわかりやすく読者に示そうとする教育的配慮がうかがわれる。しかし、イメージの力は実に不思議な働きをするものだ。私たち読者はこのように美しく整った画面を見せられても、そこから遡って靴下製造工場の実際の現場を思い浮かべることなどできない。むしろ、たった二人の職人しかいないこの閑静で平和なユートピアに魅せられ、《靴下》から《パン職人》、さらに

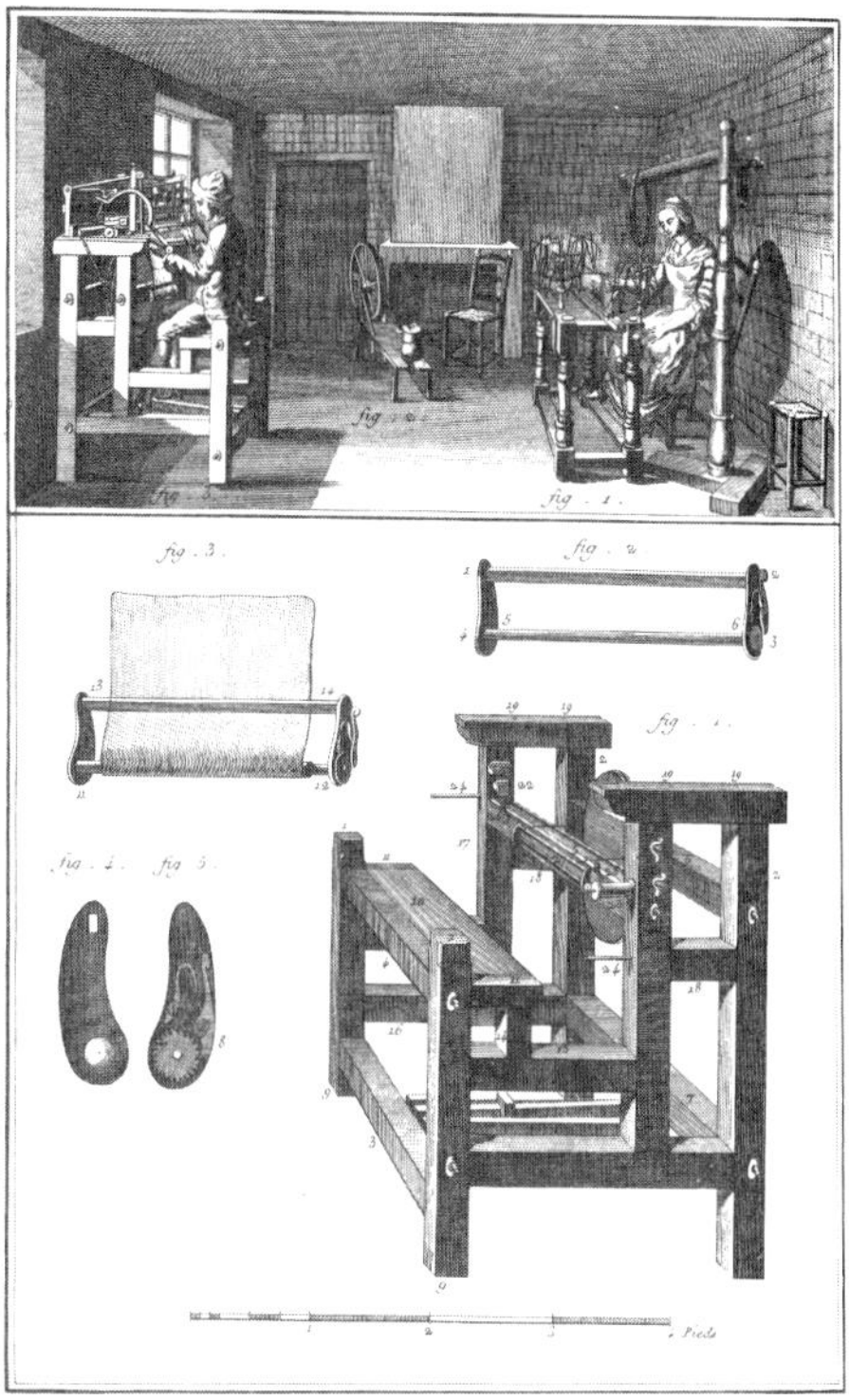

『百科全書』靴下編み機

《馬具製造職人》と、まるでお伽話のようなアトリエ探訪に図版のページを繰るのである。

ユートピア文学再考

一八世紀フランスのユートピア小説をいくつか読んでみたことがある。評判の高いメルシエの『二四四〇年』をはじめとして、いわゆる理想社会なるものを克明に描いた作品ほど文学としてはあまり面白くないことに気がついた。

そもそも近代文学で私たちが何を「面白い」とするか、それ自体が大問題であろうが、とにかくそこに一人の個人の生活や心理がかなりの現実感をもって活写されていない限り、小説や戯曲が多くの読者や観客を惹きつけるのは至難の業と言ってよいだろう。『二四四〇年』は哲学王ルイ三四世治下のパリ社会そのものが本当の主人公であり、六七二年間も眠って、二五世紀に目覚めた主人公の男は、理想社会のありようを私たち読者に詳しく描き出すための狂言回しにすぎないのである。

何も『二四四〇年』に限ったことではない。一般にユートピア小説というものは、それが現実社会の彼方に屹立する理想社会をモデルにしている限り、浮世の塵にまみれた風俗や人情を売り物にする普通の小説とは真っ向から対立してしまうのが当たり前なのである。ユートピア社会は自給自足社会である。金銭というものを嫌い、商業にかわって農業が重んじられている。共同の幸福が目標であるから、集産主義による平等を建前とし、その建前をどこまでも貫こうとする指導と教育が徹底している。技術は進歩の極限をきわめ、いわばこれ以上前に進むことのできない地点にまで到達してしまったので、ユートピア社会に生きた時間というものは流れない。市民たちの生活は、永遠の現在とも呼ぶべき単調なリズムの反復によって律せられている。要するに「人間」が不在なのである。

ユートピア文学をめぐるこの漠然とした印象が別の側面から裏付けられたのは、フランス大革命直前の一七八〇年代に、建築家のブーレやルクーの描いた、まさにユートピア世界の建築物としか形容しようのない設計図を見た時だった。ユートピア小説を時間の停止した永遠の現在という印象で定義できるなら、ブーレやルクーの図面は、そうした不感無覚の境地を空間化したとでも言おうか、すべてが球体と立方体の組み合わせででき上がっているまことに幾何学的な整合と秩序の風景をみごとに示していた。とりわけブーレの考案になる壮大な「ニュートン霊廟」は、おそらく東京新宿の高層ビル並みの巨大な建造物で、偉大な物理学者の天体理論を称えようとでもいうのか、半球体のドームの内側がプラネタリウムのように満天の星をまたたかせている、という奇抜な着想で、これはもう一種の神秘崇拝のための殿堂と言ってもよい。

私はブーレのペンによる「ニュートン霊廟」の設計図を見つめながら、一文学者のささやかな夢や願望などをはるかに超えたこういう共同体的な夢想にこそ、いわゆるユートピアの本質があるように思った。「人間」が不在であるとか、面白くないといった批評は、浮世の塵にまみれた通俗小説に淫した読み手の、まことに手前勝手な物言いなのであって、たとえば革命後のフランスに出現した二人のユトピスト、サン＝シモンとフーリエの途方もない思想体系も、プラネタリウムを凝視して飽きることを知らない幻視家によって読み解かれた時、はじめてその全貌を明かしてくれるような気がしてならない。

事実、サン＝シモンの構想による「産業主義」においては、芸術家や学者は社会の全産業に従事する民衆の中に究極的には含みこまれてしまう。役割こそ違え、文学者も諸産業の指導者と伍して共同体の運営に参与するというヴィジョンには、単に一九世紀のロマン主義者を動かした以上のメシア的な芸術観、文学観がうかがわれ、ユートピアの非文学性を云々する偏狭な芸術至上思想を震撼させるに足るだけの起爆力を秘めている。

また、サン＝シモンと並んで、おそらくはサン＝シモン以上に壮大な宇宙論の高みから人間の歴史を俯瞰してみせたフーリエが、その『四運動の理論』で主張したことの中でも、フランス文学を学ぶ者にとって見逃すことのできないものと言えば、ニュートンに想をえた「情念の引力」思想にもとづく性の解放の理念であろう。フーリエは結婚制度を口をきわめて罵倒し、自由恋愛をファランステール共同体内部の重要な人間関係と考えている。一九世紀フランスで、傑作と言われる小説作品のほとんどが夫婦生活の破綻および「背徳」の恋愛をテーマにしている事実を思い合わせる時、フーリエの洞察の深さに改めて驚嘆の思いを禁じえないのである。

サン＝シモンにしろ、フーリエにしろ、初期空想主義者というレッテルに余りこだわらず、広い意味での文学論者、芸術論者としてじっくり読まれてよい思想家ではないだろうか。

この整合的な世界は、ずばり啓蒙哲学の合理主義を図案化したものと読める。世界が一冊の書物であるなら、『百科全書』はこの巨大な書物を解読するための教科書であり、図版は教科書につけた挿絵なのである。挿絵においては、すべてが明晰・判明にして解読可能でなければならない。この無菌状態の奇妙にうすら寒い気配は、フランス一八世紀に量産された、あのおびただしいユートピア小説に相通じるものである。

ユートピア文学に登場する人間たちの動きはどこか緩慢で、ちょうど図版に示されるアトリエの職人たちの、何となく人形じみた単純なしぐさに一脈通じるものがある。すべてが明るく、透明で、すべすべとし、私たちの喜怒哀楽の感情などひとかけらも入りこむ余地がない。並の人間の尺度を超えたところに、のっぺりと退屈にたたずむもの、これがユートピア小説と『百科全書』図版との名状しがたい魅力であり、また限界であるといえよう。

4 奢侈志向・室内調度品

《金銀細工師》の図版に事々しく描写された贅沢な食器類、《馬車》が示す現在の高級スポーツカーのようなステ

『百科全書』金銀細工師

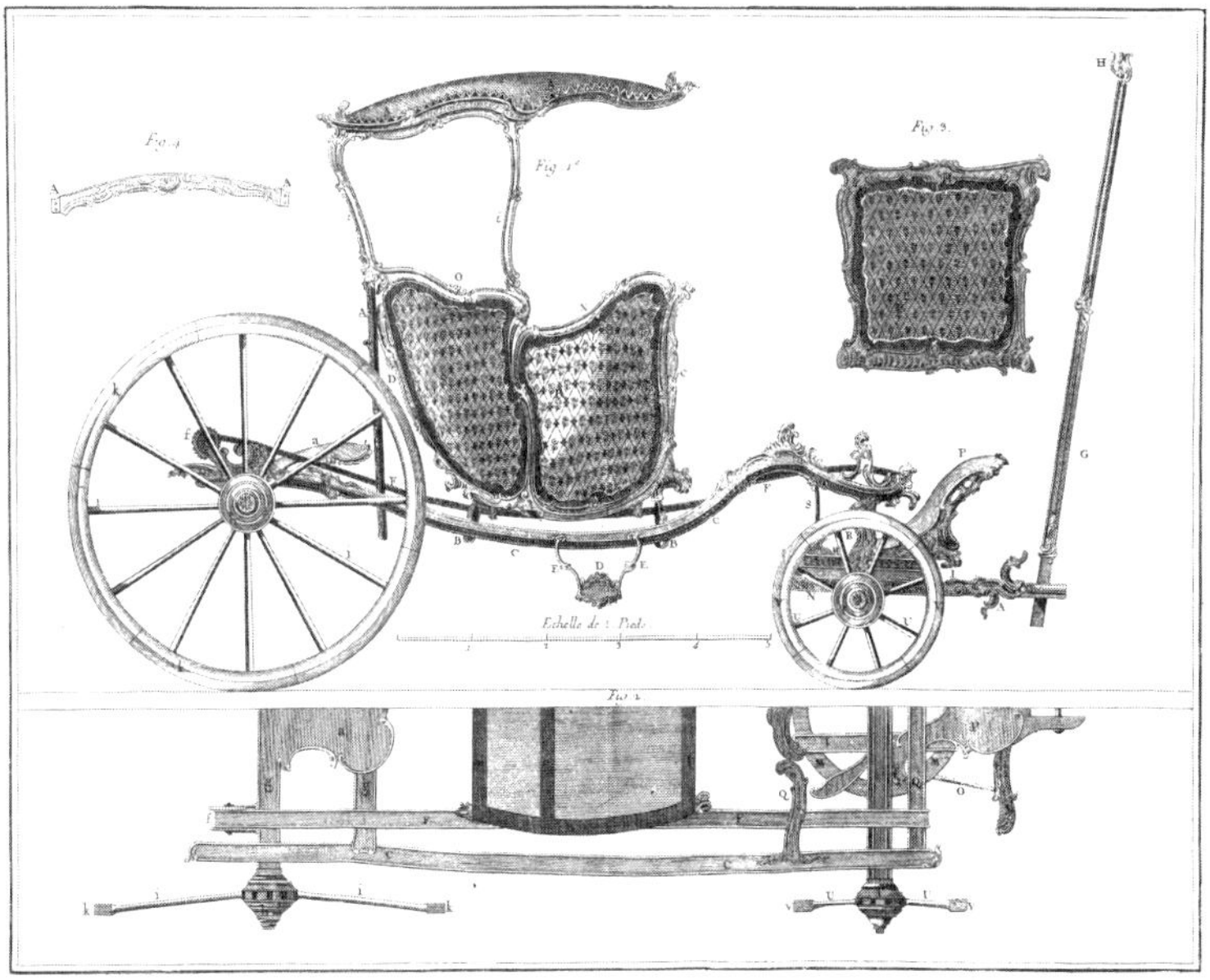

馬車

馬術

建築

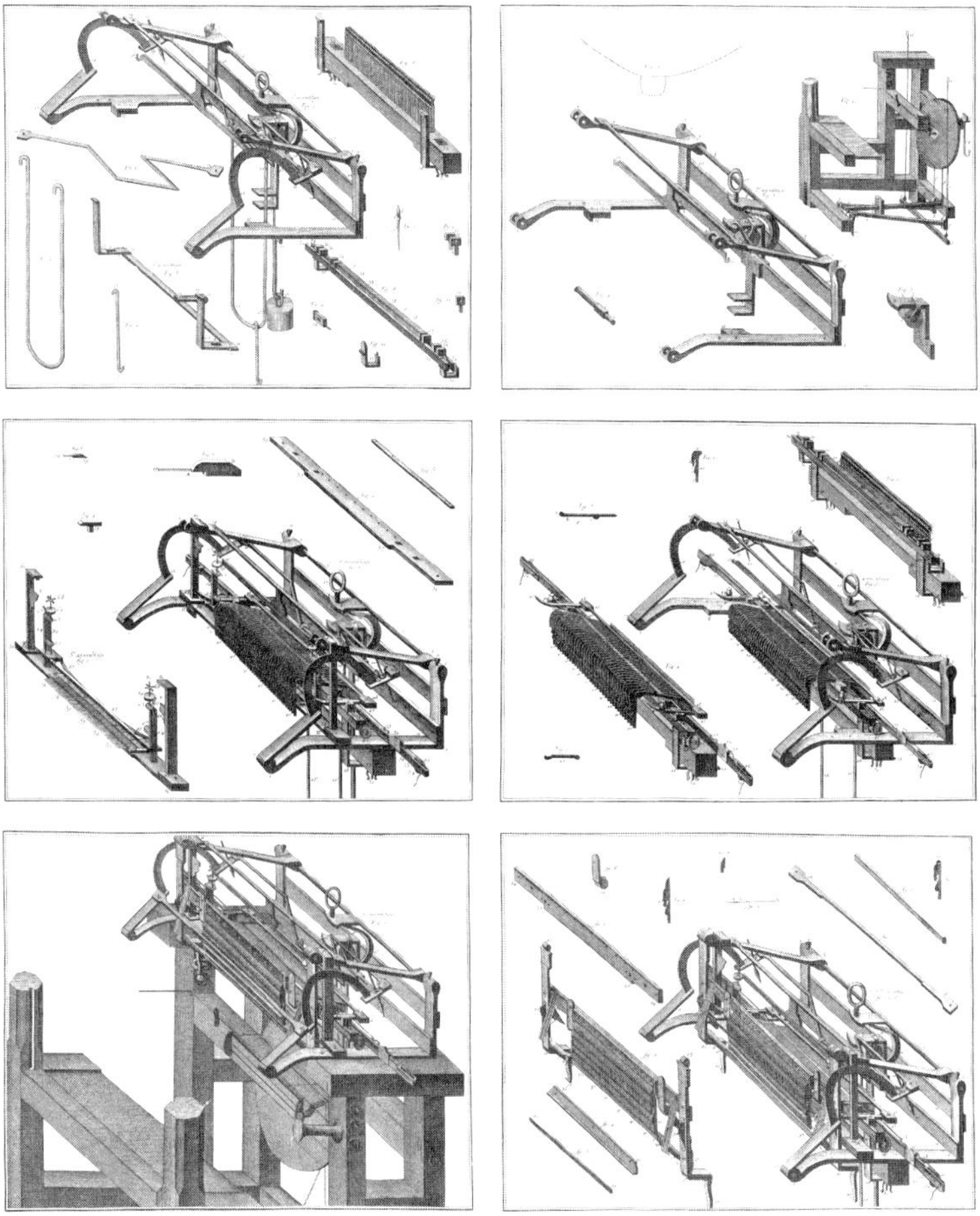

靴下編み機

イタス・シンボル、《馬術》に披露された超難度の調馬術、《建築》に紹介される一般人の手が届かない瀟洒な室内装飾などがはっきりと示しているのは、一般に流布した通説と逆さまに、『百科全書』制作者に垣間見える、抜きがたい「奢侈」や「上流」への憧れである。ジャック・プルーストは、『百科全書』の図版と現代広告のイメージとの間に類似を見出し、広告イメージの特徴として「個々の製品を売るのと同じくらい、いやしばしばそれ以上に、一つの生活様式を売る」と述べている〔c Proust 2, ‹p. 5› (livre non paginé)〕。

5 分析・断面・記号化

理性万能のユートピアは、ただ漫然と退屈なだけではない。万物を杓子定規に幾何学的な図版へと翻訳せずにはおかぬ秩序への執念が高じると、蝶珍しさに蝶の羽をむしってしまう幼児さながらの、残酷なことをやるようになる。『百科全書』の図版の場合、そうした執念はたとえば機械をどこまでも解体し、ばらばらにしておいて、最小単位の部品からはじめて、再構成の手順を逐次記述するという、デカルト式の分析・総合の方法に如実に現れている。前述の《靴下》における編み機の記述などその典型的なもので、丹念に見ていると、フリッツ・ラングの往年の名画「メトロポリス」に出てくるロボット製造の工程などがごく自然に思い浮かぶ。あのサイレント映画でロボットを発明したのは、いかにも表現主義芸術らしい、髪ふり乱して眼鏡のずり落ちたマッド・サイエンティストだが、この乱れ髪や眼鏡は博士の狂った魂ではなく、まさに狂った理性を象徴していたのだと思う。

分析に次いで、いかにも啓蒙時代らしい合理主義を感じさせてくれるのが「記号」の多用であろう。《舞踏譜》〔b ENS 1, t. XX, Recueil de Planches, «Chorégraphie», Pl. II〕は、二〇世紀のバランシンを待つまでもなく、『百科全書』の中に見事な図案を見せてくれる。踊り手のステップがすべて記号化されている表記である。《狩り》〔b ENS 1, t. XX,

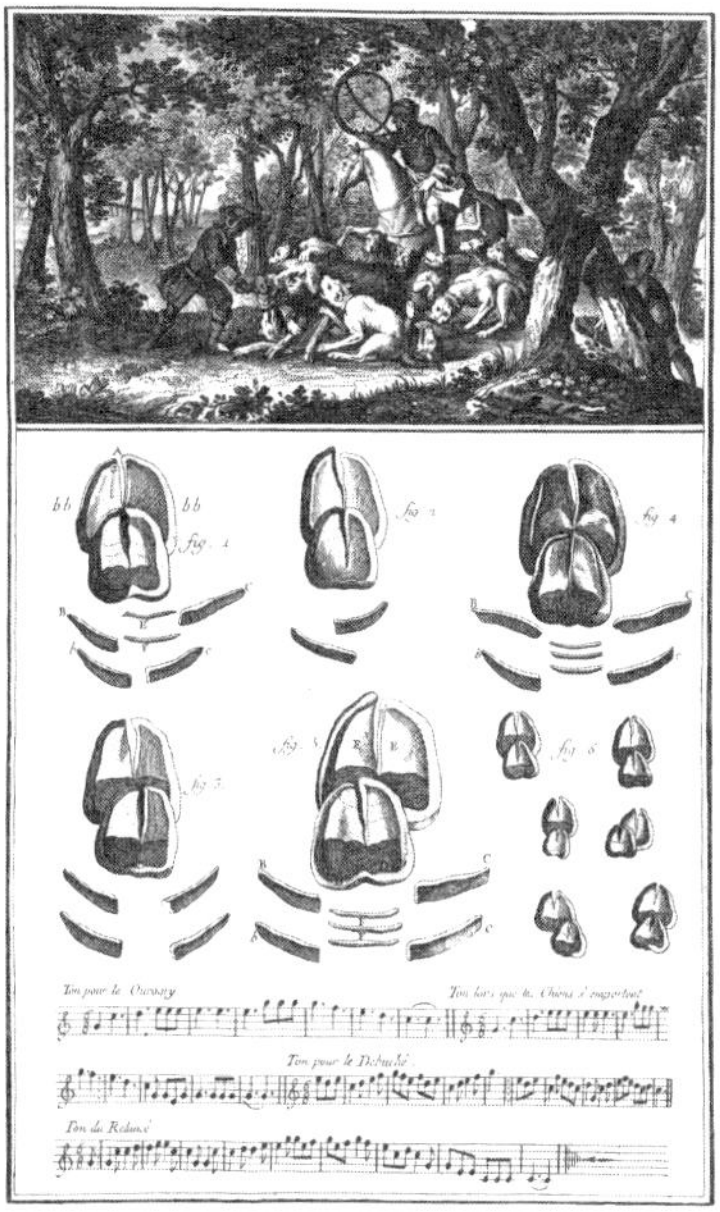

狩り

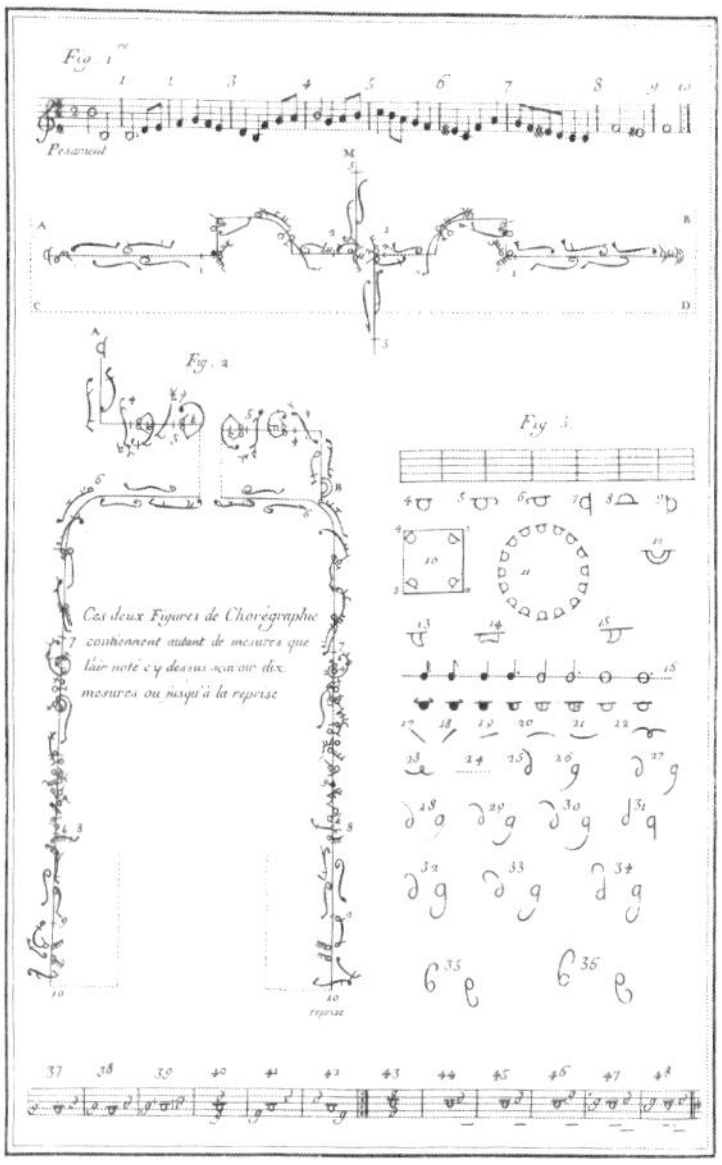

舞踏譜

Recueil de Planches, «Chasse», Pl. IV〕はイノシシを題材に、全体図と各論に分かれ、全体図では雄一頭を仕留めるさまが版画で活写される一方、その下に各論として、雄、雌、仔の牙や足跡が分類され、さらにその下にはイノシシ狩りに伴うラッパの節が、五線譜で書き留められている。

隠れて見えない真実をとことん追求するためには、ものごとの外皮を剝ぎ、あるいは、ものごとをたち割って、内部に光をあて、奥の闇を照らすことも必要になってくる。外観をつきぬけて存在へ——これは図版の理性主義が掲げる狂気と紙一重の理想である。項目《解剖学》に数枚ある幼児腑分け図についてはすでに触れた。いや、そのように生臭いものをことさらもちだすまでもなく、沢山の挿画に描かれたアトリエの内景は、すでにそれ自体が建築物についての見事な解剖図にほかならない。

建物の断面を見せた図でもっとも素晴らしい成果は、数十枚にのぼる《劇場機械》の図版〔b ENS 1, t. XXVII, Recueil de Planches, «Machines de Théâtres», Pl. XXIII〕である。劇場の舞台で、ユピテルが馬車に乗って空から降りてきたり、船が難破したり、大瀑布が轟音とともに落下したりといったスペクタクルの「幻」を生みだす舞台裏の装置が、ここでは手品の種明かしのように何の造作もなく解明されてしまう。

同じ断面図でも、項目《博物誌》のなかに収められた「鉱物学」関係の図版に鉱山を縦割りにした図〔b ENS 1, t. XXIII, Recueil de Planches, «Minéralogie», Pl. II〕があるが、こちらは坑道で採掘に従事する人夫の姿が描かれている点で、劇場機械の図版とはまったく趣が違ってくる。当時の鉱山での採掘作業がどれほど危険なものかは想像に難くないが、『百科全書』の図版は、そうした現場の劣悪な労働条件のことなどどこ吹く風で、アリの巣でも観察するように淡々と坑道を描き、人夫を描き、ローソクを描くのだ。鶴嘴をふるう人夫たちは数も少なく、坑道ひとつについてせいぜい一人か二人しかいない。無表情に黙々と働く彼らの姿には、日曜大工にいそしむ一家の父親のような幸福感さえ感じられてしまう。

6　意外な発見

現在では失われてしまった面白い生活の側面に、思わぬ光を当ててくれる図版もある。何の変哲もない船の図面があるが、実は一七六〇年代初めにセーヌ河に浮かんでいた銭湯船なのである〔b ENS 1, t. XXV, Recueil de Planches, «Perruquier Baigneur Étuvier», Pl. X〕。公衆浴場だが、日本と違って個室制であり、柿のタネのような形の浴槽がある浴室と、長方形のベッドが置いてある休息所とでワン・ユニットをなす。男女の別はあるが、どことなくいかがわしい感じがしないでもない。それから、この図版で面白いのは分類の基準である。風呂屋というカテゴリーは『百科全書』図版にはなく、この《銭湯船》は何と《鬘製造職人》の項目に属しているのだ。どちらも身だしなみにかかわることであると納得させられるものの、変わった物差しであるには違いない。

貴族の結婚生活の実態について教えてくれるのが《建築》の一葉である〔b ENS 1, t. XVIII, Recueil de Planches, «Architecture», Pl. XXIII〕。ブロンデルという王室御用の建築家が、編集部の依頼で作成した貴族の典型的な館の図面である。夫婦は左右に別居して暮らし、中央上部の共通スペースで会う形の生活を営んでいる。これは当時ブルジョワジーを中心に育まれつつあった、近代的な夫婦や家庭の概念、すなわち現在の私たちにも通じる「家庭」概念とは、まったく異質なものであると言わざるをえない。『百科全書』の図版はそのような社会史的情報を、恐らくは図版制作者の意図とは無関係に私たちに与えてくれるからこそ面白いのだ〔a エリアス 66-69 に、この図版の詳細な分析がある〕。

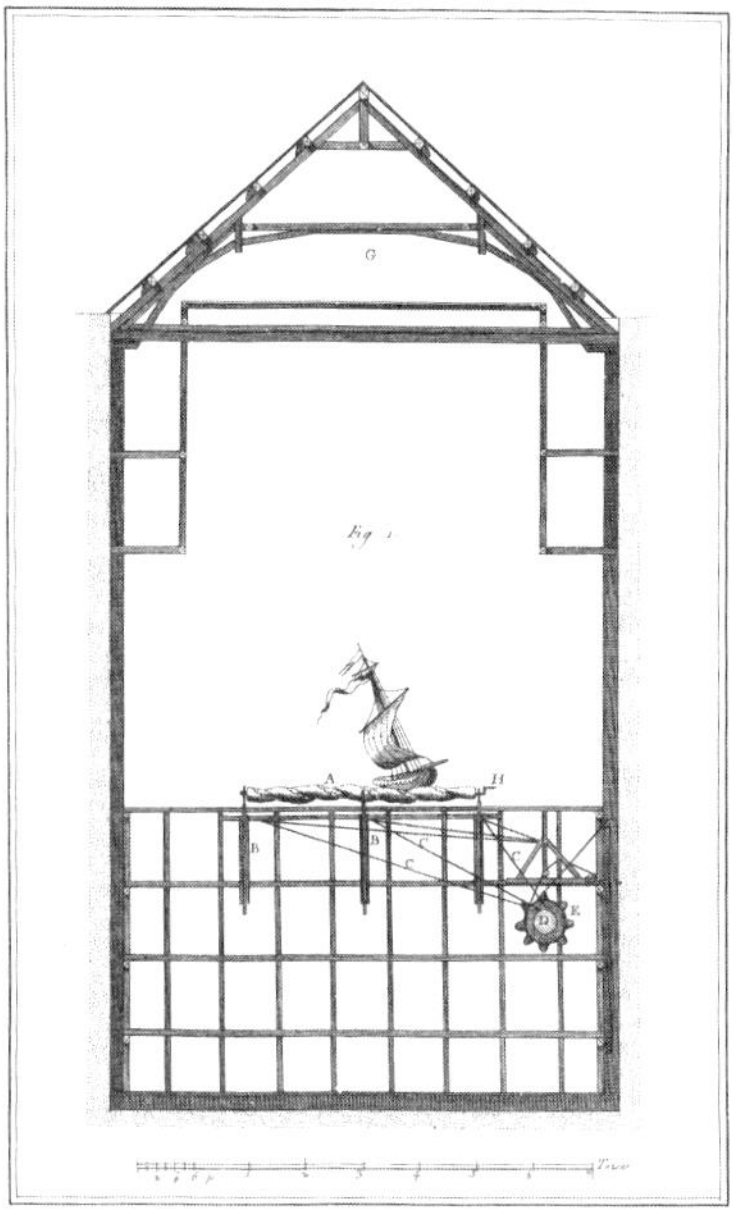

劇場機械

鉱山

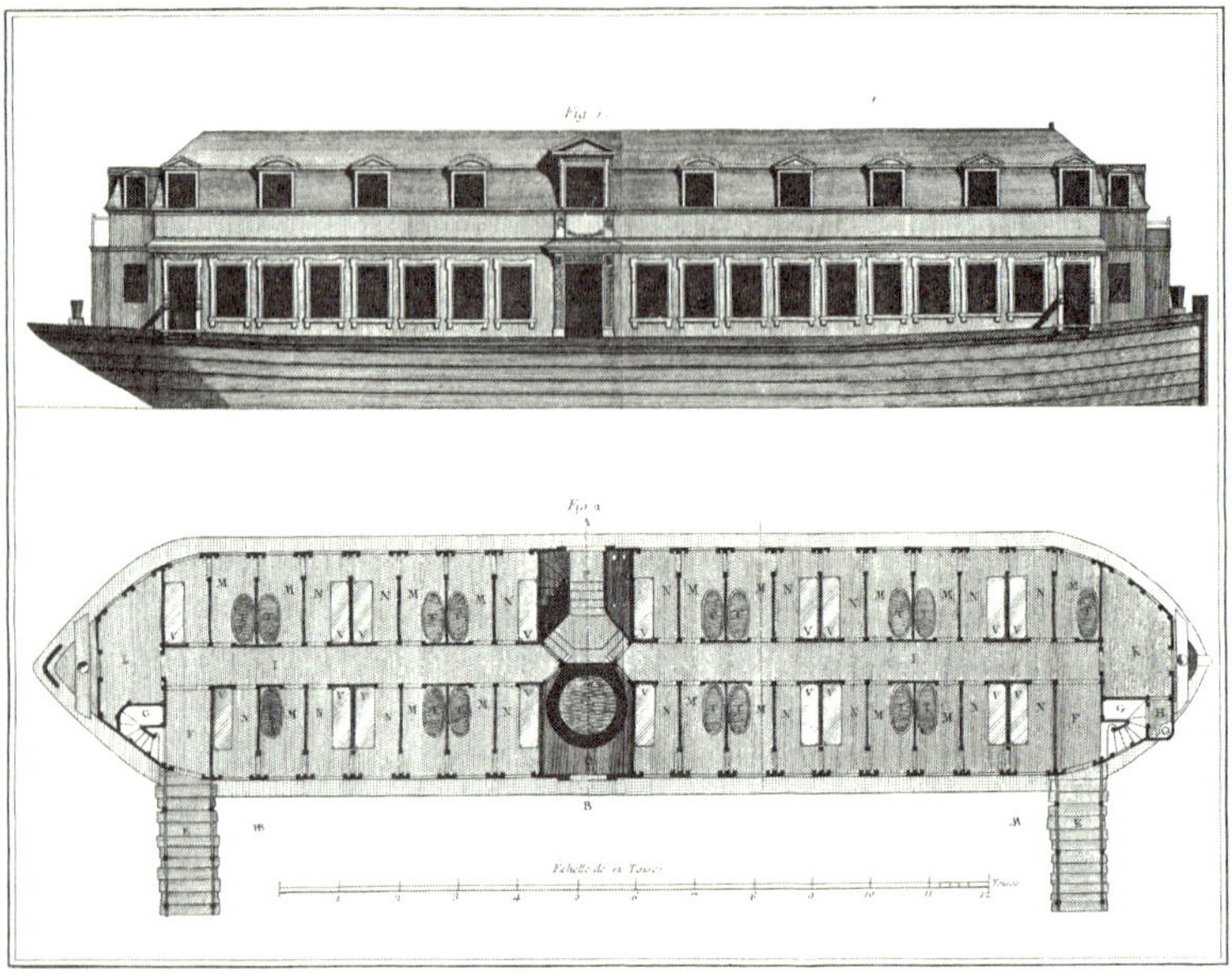

銭湯船

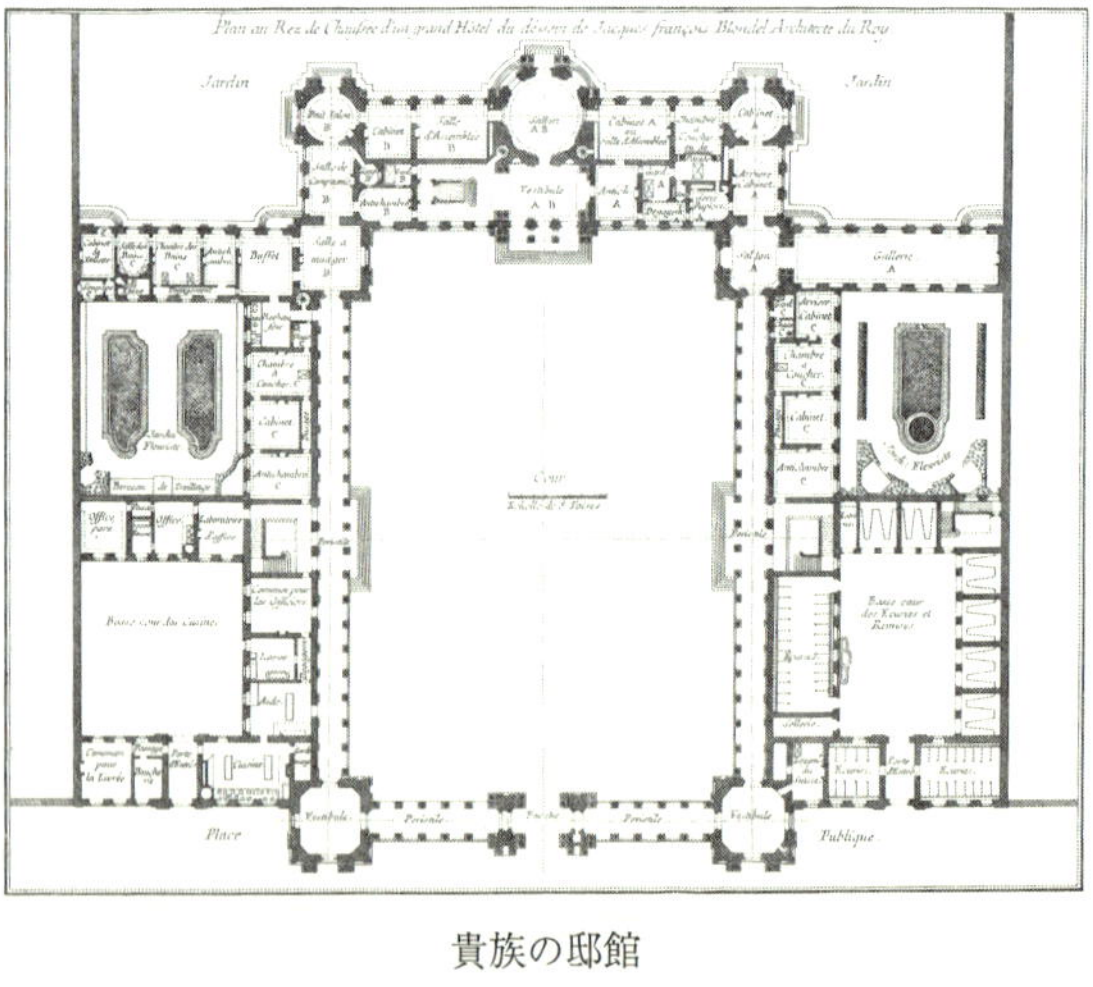
Plan au Rez de Chaussée d'un grand Hôtel du dessin de Jacques françois Blondel Architecte du Roy
Jardin
Jardin
Cour
Place
Publique

貴族の邸館

7　見てはならないもの

ここまできて、私たちは啓蒙主義の理性が、一方でものの本質を暴きだすという開明的な役割を演じながらも、やはりそれなりの暗黒面をもち、いやでも隠蔽しなければならない秘密を抱えているのだと知る。整合的なものは、必ず惑乱や不安をどこかに隠している。ゴヤの銅版画連作「ロス・カプリチョス」の有名な一枚に「理性の眠りが怪物たちを呼びさます」と説明のついたものがあるが、逆に理性が目覚めたままその光を強めれば強めるほど、影の部分も色濃くなる場合があるのだ。危険のともなう労働を記述するに際して、『百科全書』の図版制作者は、危険の実態の方は暗闇に押しこめてしまい、労働の手順にだけ分析の光を加えるのである。

今日の百科事典ではまずありえないような図版がある。『百科全書』パリ版本編ではなく、パンクック刊行の補遺に収録された《両性具有者》の図版だ〔b ENS 1, Suite du Recueil de Planches, «Histoire Naturelle, Hermafrodites», Pl. 2, 3〕。当時、「奇形」に対して人々が抱いていた尋常ならざる好奇心は、一九世紀になっていわゆる「フリーク」趣味として、たとえばサーカスや見せ物の世界へと変容するのだが、啓蒙期にはまだ医学の範疇に収まる学問的体裁を保っていた。ここで紹介される両性具有者の解剖図は二体あり、死亡直後に科学アカデミーに運ばれて、公開の解剖が行われた折り、スケッチされたものらしい。

『百科全書』に暗黒面とよべるような裏面があるとすれば、私たち近代人の知性や良識が圧殺せざるをえない、こうした特異な領域の表象にかかわる問題であろう。ここで、もう一度、『百科全書』第一巻劈頭の「人間知識の体系詳述」に戻ってみよう。奇形は左欄の「歴史」のなかの「自然史」の分枝である「自然の変異」に求められる。これについて、ディドロは『趣意書』でこう説明する。

恒常的自然史の利点については長々とのべるまでもあるまい。だが、怪物的自然史が何の役に立つのだと訊かれたら、こう答えよう。自然の逸脱の奇跡から技芸の驚異に移行するためだ、と。すなわち、自然をさらに迷わせるか、あるいは正道に戻してやるためであり、とりわけ一般的命題の無謀さを是正するためなのだ、と〔c DPV, t. V 106〕。

ディドロの見解の前提になっているのは、「奇形」が全宇宙を構成する存在連鎖の欠損を埋める存在であること。ついで、人間社会が生み出す「技芸」も怪物の一種であるということなのだ。『百科全書』の項目《不完全 Imparfait》は、「自然に不完全なものなど一つもない、奇形ですら意味があるのだ」と言っている。伝統的な「存在の連鎖」説を、唯物論の方向に解釈し直し、天使から下等動物までの全存在をつなぐ垂直な鎖ではなく、いわ

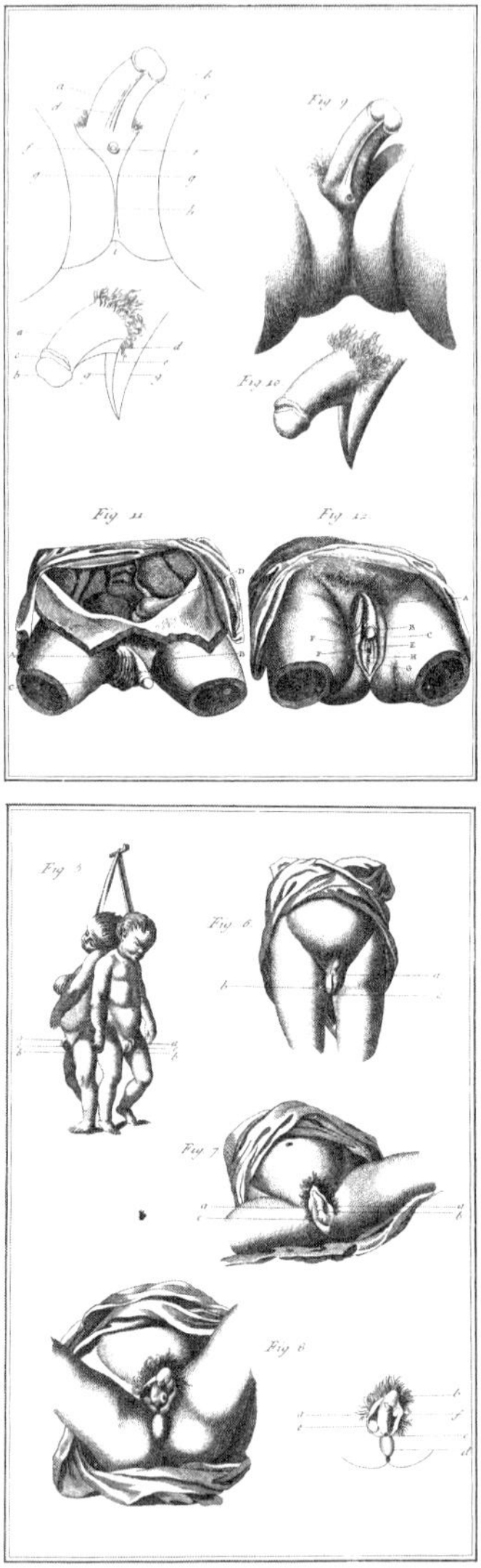

両性具有者

ば水平方向に全存在を並べ直して、平等に整理した場合、ミッシング・リンクとして現れる部分を補塡する存在が「奇形」であるというのである。

補遺を含めた『百科全書』テクストのなかに、この系列の項目を追っていくと、《半陰陽 Androgyne》、《自然の戯れ Jeu de la nature》、《奇形 Monstre》などが見つかる。さらに連想検索を進め、項目《生殖に関する病気 Génération (maladies concernant)》から参照項目として挙げられているとされる項目は、男性系では、《睾丸 Testicule》、《精液 Semence》、《陰茎 Verge》、《陰茎硬直症 Priapisme》、《男子色情症 Satyriasis》、《不能 Impuissnace》、《不感症 Frigidité》などであり、女性系では、《月経 Menstrues》、《子宮 Matrice》、《膣 Vagin》、《多情 Tempérament》、《好色 Salacité》、《不妊 Stérilité》、《下りもの Fleurs-blanches》、《女子色情症 Fureur utérine》、《鬼胎 Faux-germe》、《奇胎 Mole》などが見つかる。

ようするに、ここには一八世紀独自の「身体知」がうかがわれるのだ。「異様なもの」への畏れがまずあり、対象をなんとしても既知のものに還元しようとする努力がある。ジョクールが書いた項目《半陰陽 Androgyne》では、名詞の文法上の性選択にすでに迷いが認められるし、そもそも項目の分類にも乱れがある。項目《解剖》は「物理学」に属し、「自然の哲学」の傘下におさまるので、上記の「自然史」分野とは合わないという点などがそうである。

一八世紀人は、なんとしても両性具有者の性を決めたかったようで、両性具有者のペニスを肥大したクリトリスとみたがった。性における女性の役割を過小評価しているのだ。そして、両性具有者を、クリトリスを使いすぎた自堕落な女性に仕立て、問題を道徳化してすませようとする。これが一九世紀以後になると、「エレファントマン」のような、フリーク流行に転落していく運命を辿ることになる〔a フィードラー〕。

労働現場に注目させてくれるような版画もある。《ピン製造職人》〔b ENS I, t. XXI, Recueil de Planches, «Epinglier», Pl.

ピン製造職人

三〕の図版をよく眺めると、描かれている職人が、実はすべて子供であることがわかる。とりわけ中央に坐って作業にいそしんでいる男の子にいたっては、間違いなく今で言えば小学校就学以前の幼児だろう。この図版に対応する解題では、ピンを切り出す作業に従事しているのが子供であることには一切触れずに、こう書かれている。

職工は毎分七〇回のみをふるうことができるから、毎時で四二〇〇回になる。のみ一回で一二の鋳造片を切るから、毎時にして細針の先を五〇四〇〇個切ることになるが(太針はもっとむつかしい)、これはやはり無理な労働である。というのもこの計算では、その都度のやり直しに必要な時間が差し引かれていないからである。その時間を考慮に入れた場合、職工は毎時三万本を切ることができる。だがこの作業はいちじるしく眼が疲労するので、このペースで一日中は無理だが、太針、細針を含めて日に一八万本は切る。

〔b ENS 1, t. XXI, Recueil de Planches, «Epinglier» 3-b〕

『百科全書』の図版は、必ずしも当時の現実をそのまま忠実に写し取ったものではない。《ピン製造職人》にしても、工場の中がこれほど明るく広々として、しかも職工の数も数人に限られ、いわば閑散としていた筈はない。その意味では図版は美化され、加工された現実の姿を私たちに伝えるのみであり、この画像を写真である

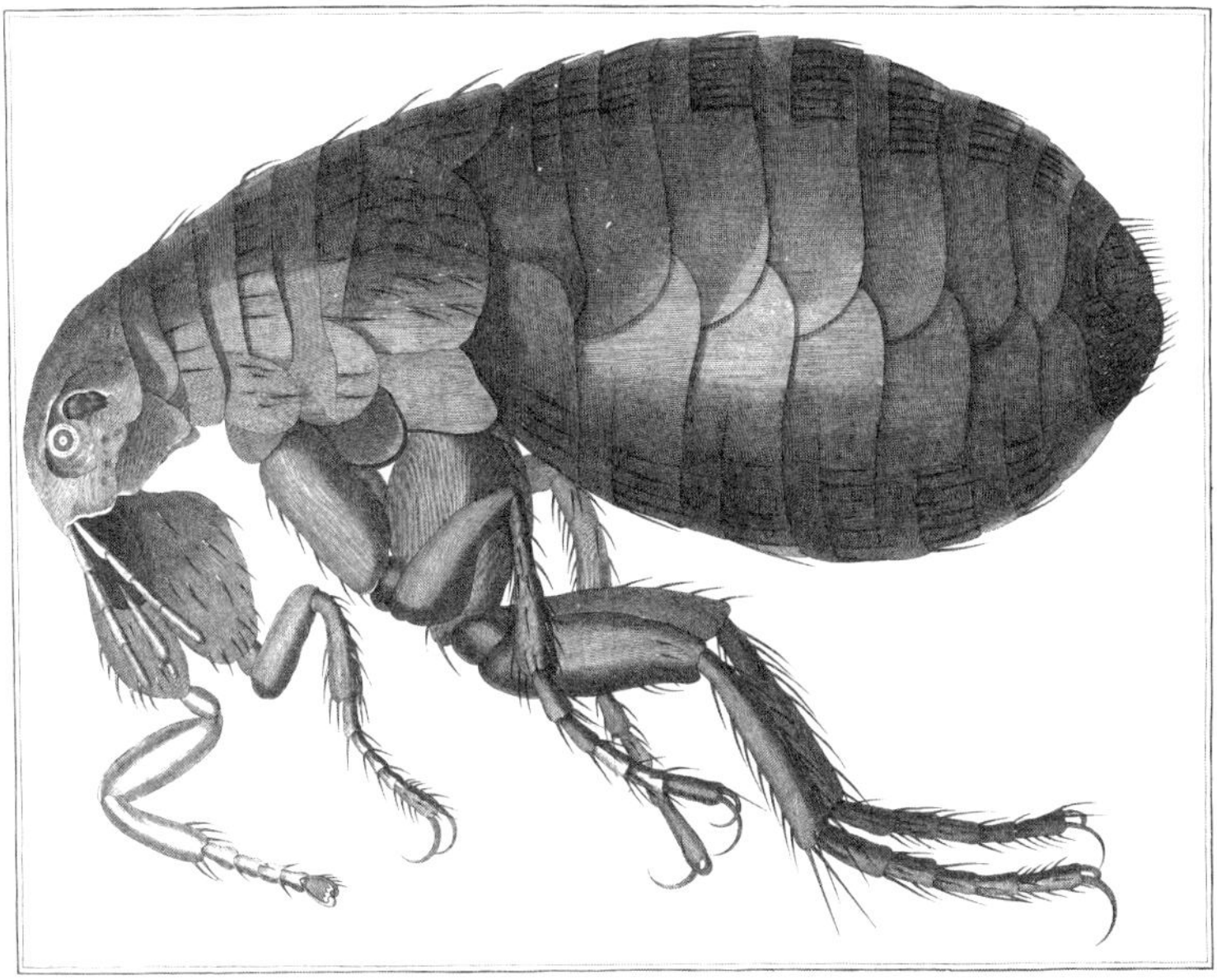

ノミ

かのように鵜呑みにして、一八世紀のフランスに関する具体的な理解の手がかりとする訳にはいかないのである。ただこの図版に関して言えば、そうした単純化、美化のフィルターを通しても、児童の労働という悲惨な実態が、しかも編集者の思惑を超えたところで残ってしまったという事実はある。

同じ《博物誌》の動物記述のページにはノミが描かれている〔b ENS I, t. XXIII, Recueil de Planches, «Histoire Naturelle, La Puce vue au microscope», Pl. LXXXV〕。「顕微鏡で見たノミ」とただし書きはあるが、その前ページの「顕微鏡で見たシラミ」とならんで、フォリオ版の原書の折りこみで全長は優に四〇センチもある怪物に仕立てられ、私たちの既成概念を揺るがすに足る衝撃力を秘めている。レンズの魔術といってしまえばそれまでだが、極小のものを極大にまで膨脹させる、常軌を逸したエネルギーにこそ私たちは動かされるので、おそらくここでは、人間の感

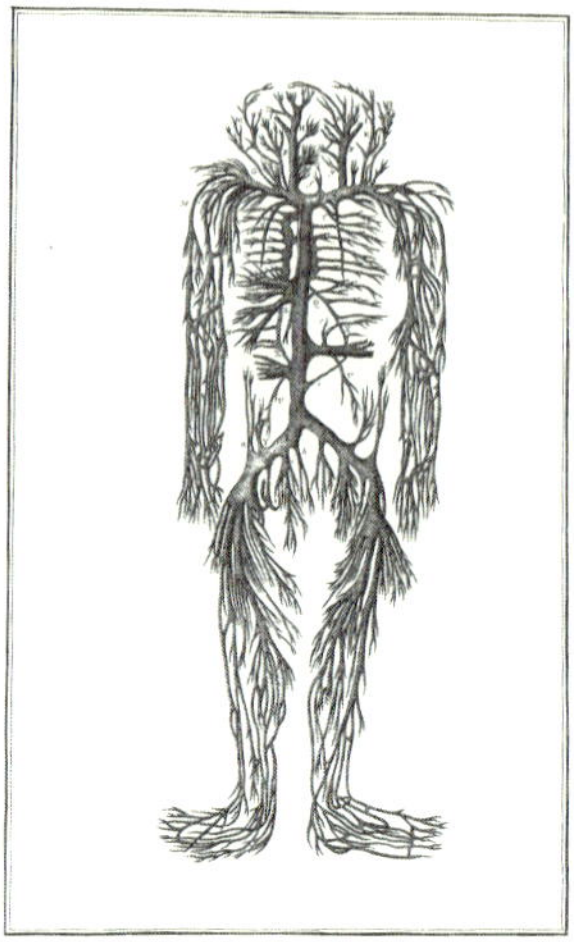

動脈図

覚表象がまったく相対的なものでしかないという思想を、ヴォルテールの短篇『ミクロメガス』におけるような諷刺の力を借りることなく、ただ図像の表現力だけで主張しているのである。

「半陰陽」も「ノミ」も、実際にそのままの形で存在するものである。図版制作者がそれらの存在にどんな思い入れをしても、やっていることはカエルの臓腑の写生にいそしむあの少年と変わらない。要するに現実の模写である。

だが、項目《解剖学》にある人体の動脈図〔b ENS 1, t. XVIII, Recueil de Planches, «Anatomie», Pl. VIII〕になると、現実主義よりは超現実主義を口にしたくなってくる。私たちが眼にするのは、人間の形をした樹木のお化けなのだ。人体の隅々をめぐる大小の血管を無数の分枝として描きこみ、全体を巨大な頭と手足をもった人間の姿にまとめたこの図版は、一八世紀のどんな絵画や文学にもない夢の世界に私たちを誘いこむ。この血管だけの怪物は、製図家の妄想から生まれたものではないが、といってそのままの形でこの世に実在しているわけでもない。科学と詩との微妙な接点に位置する、現実と非現実とのそれこそ「半陰陽」の存在なのである。

8 いたずら

《海軍》というシリーズ図版の一葉に、ブレストの浜辺に繰り広げられる造船工場の建造作業現場を描いた、折り込みの巨大図版がある〔b ENS 1, t. XXVII, Recueil de Planches, «Marine, Chantier de Construction», Pl. VIII〕。ジャック・プ

部分

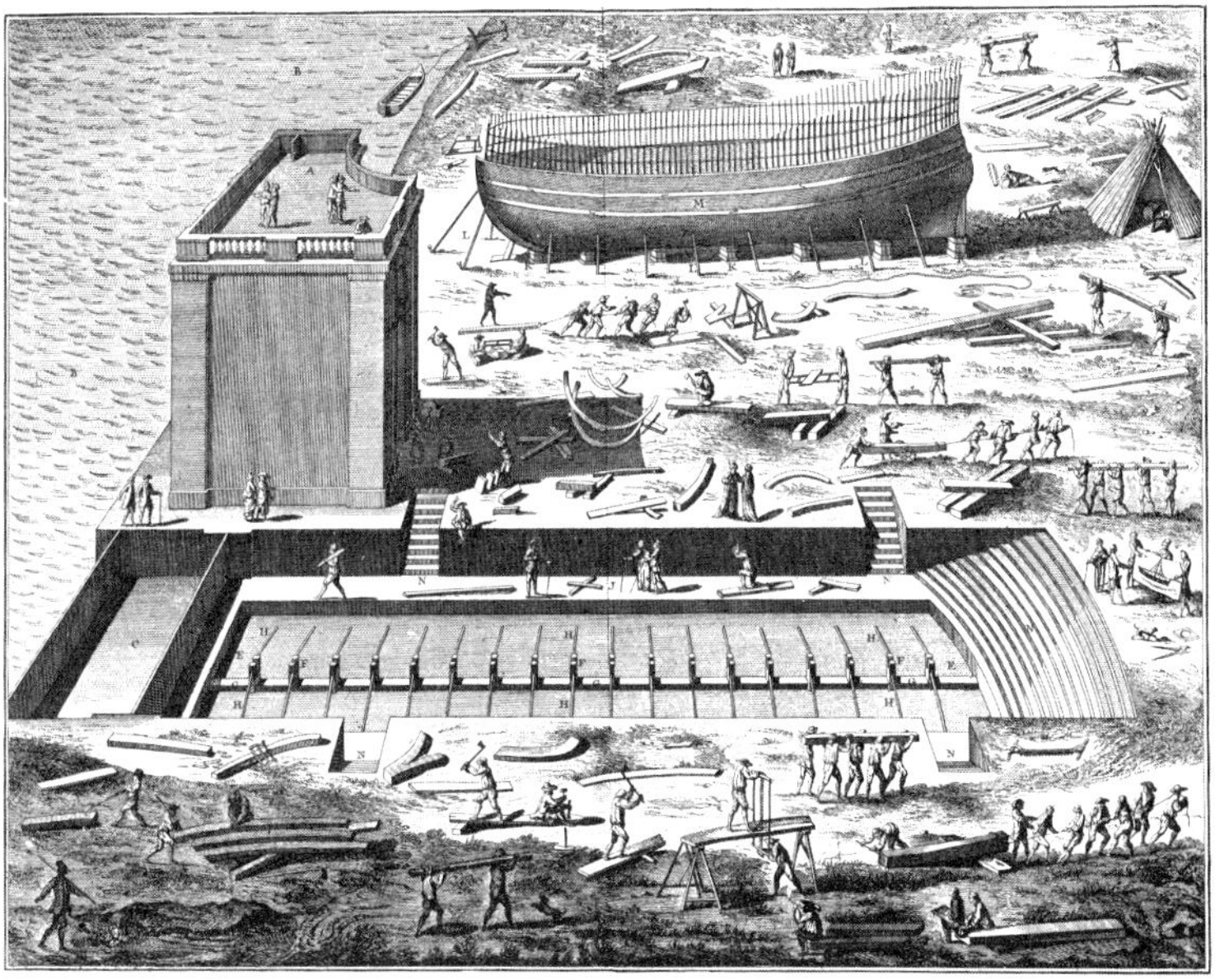

海軍

部分

ルーストはこの図版の中に、三名の気になる人物を発見した。うち二人は画面右下にいて、巨大な角材の左端に並んで腰をかけている。拡大してみると、一人はスケッチ帳を膝に置いて、作業現場全体を素描し、今一人は相棒の肩越しに、眼前の情景全体ではなく、相棒のスケッチを眺めているのだ。プルーストの解釈では、この二人は現に我々が眺めている銅版画の制作者と鑑賞者を表し、ディドロの小説『運命論者ジャックとその主人』冒頭にいきなり登場して我々を面食らわせる「作者」と「読者」を彷彿させるのである。

三人目の人物は、画面中央左のドックの端に腰掛け、こちらに向かって合図を送っている。どう見ても、画面内部の作業現場で意味のある仕草とは思えない。ジャック・プルーストは、この合図が図版を眺めている我々「外部」の存在に向けられたものであると解釈している〔c Proust 2 44〕。「『百科全書』を理解したいのなら、そこにいないで、中に入ってきなさい」と誘っている、というのだ。

このように、『百科全書』の図版の世界は、本文の記述を例証する資料として貴重なばかりか、固有な分節と論理、矛盾と美学をもつ独立体としてもとらえることができる。ひるがえって現代の世界は広大無辺、複雑怪奇をきわめていて、とてもこれを一冊の書物として解読することなどかなわぬが、むしろそれゆえにこそ私たち自身にも、世界を解読する道案内としての百科事典と、そして何よりもすぐれた図版集が望まれるのである。

第五章　図版のなかのフランス一八世紀

はじめに

長いこと、フランス一八世紀という時代は、わが国で極端に対照的な二つの通念によって、もっぱら捉えられてきた。一方に、「理性」と「啓蒙」を旗印にした「進歩的」な思想家の系譜がある。この系譜は伝統的思想史が好んで取り上げるところとなり、大学を中心とする制度の中で研究と紹介が行われ、多大の成果をあげたことは周知の通りである。ただそれに際して、この明暗の錯綜する複雑怪奇な時代は、研究者ないし紹介者の(時にイデオロギーや倫理や信念という形で偽装された)嗜好や偏見によって、徹底した選別と排除の対象となったこともまた事実なのである。ルソーやディドロはおおいに分析され論じられたが、『百科全書』の新しい研究動向や、それに続く未踏の高峰ともいえる『体系的百科全書』は等閑に付された。前者のグループは、論者に誂え向きの情報をいくらでも提供してくれるが、後者のタイプのテクストから、お目当ての「思想」や「哲学」を抽出するのは容易なことではないからである。ましてや、扱いに細心の注意を要するサドの作品や、図版を満載した博物図鑑などに至っては、ごく少数の優れた例外を除いて、わが国では完全に黙殺されていると断言してもよいだろう。

ところで、「難解」で「硬直」した啓蒙思想史を敬遠する大方の人々が、フランス一八世紀と聞けばすぐに思い浮かべるのが「ロココ」である。ロココとは、芸術史にほんのささやかな場所を占める様式概念であり、これをもって、一八世紀という時代をすべて説明することなど到底できない。ところが現在、美術全集の企画でこの時期を扱う巻は、バロックであれ、写実主義であれ、新古典主義であれ、すべて「ロココ」の名称のもとに一括して編集しないと売れないという話がある。むろんこれは、かつてヴェルサイユ宮での社交生活に飽きた宮廷人が、庭園の片隅に羊を飼ってリボンを付け、束の間純朴な羊飼いを気取ったのと同じで、私たち唯物主義に淫した日本人の、いっとき物欲と虚栄を忘れて夢を見たいという、無邪気で無責任な集合心性の産物にほかならない。

以上に述べたような「硬直」や「軟弱」から少しでも自由な場所に、この可哀相なフランス一八世紀を思う存分羽ばたかせてやりたいという気持ちから、以下の小論は構想された。ここで取り扱う書物のすべては、慶應義塾大学図書館に収蔵されている貴重書であるが、これらがこの魅力的な時代と社会を縦横に歩き回る知の散歩道となってくれれば幸いである。読者諸氏は図版や文字を道案内にして、意外な風景や木陰や分岐を発見し、現代のそれとはどこか異なった地形を身をもって理解する。そして、その違和の経験を通じて、現代社会を照射する新しい光源を探り当てていただきたい。テーマ系は従来の思想史や文学史の枠組みに捉われず、諸領域を横断するような構成になっている。

誕生する日本一八世紀学会

のっけから私ごとで恐縮だが、先日〔一九七九年七月〕さる出版社より刊行された『フランス文学史』の一八世紀の章を二人の仲間と共同執筆した。刷りあがった本で比較してみたらなんと一七世紀より二ページ多い。わが国では初めての珍事なのだそうである。

われわれ三人は、昨年がルソーとヴォルテールの没後二〇〇年というお祭り気分に思わず知らず調子を出してしまったものとみえる。それにこの一年間の出版界の収穫はなかなかのものであった。『思想』のルソー・ヴォルテール特集号、ヴォルテール『カラス事件』(冨山房)、樋口謹一『ルソーの政治思想』(世界思想社)、グレトゥイゼン『ジャン゠ジャック・ルソー』(法政大学出版局)、中川久定『自伝の文学』(岩波新書)、吉沢昇他『ルソー』(有斐閣新書)、『ベール著作集』(法政大学出版局)、さらに『ルソー全集』(白水社)の刊行開始、新堀通也『ルソー再興』(福村出版)、ドゥラテ『ルソーの合理主義』(木鐸社)、それにヴォルテール研究の世界的権威ルネ・ポモー教授の来日と、海老澤敏氏の企画になるコンサート「ルソーの夕べ」も加えようか。

相も変わらずルソー、ルソーという気がしないでもないが、ちょっとした狂い咲きにはちがいない。一九六〇年後の全世界的な啓蒙時代研究の隆盛の中で、わが日本の一八世紀観は依然として「理性と感情」だの「前ロマン主義」だの「近代小説の揺籃期」だのという紋切り型を一歩も出ていない。つまらないのも道理である。フーコーやデリダにはあれほど敏感な知性も、一八世紀をめぐるそれらの紋切り型が一九世紀フランス社会の捏造した色眼鏡にほかならぬということにはいっこうに気がつかないのである。

大学教師にも責任はあろう。ルソー、モーツァルト、ゴヤを生み出した時代がいかに素晴らしいかを、ちっとも学生に教えてこなかったのだから。信じられないような話だが、仏文科の一八世紀文学史の授業では、専門の研究者が担当するとやれ『百科全書』だの「旧体制」だのと堅苦しくて人気がないが、モーリス・ブランショのサド論あたりを下敷きにした門外漢の先生の講義は必ずバカ受けするのだそうな。くやしがっても仕方がない。小林秀雄がランボーに身も心も奪われたように、『ラモーの甥』や『人間不平等起源論』や「魔笛」に身も心も奪われている現場を見せてくれる教師でなければ学生はついて来やしないのだ。

このたび「日本一八世紀学会」なるものが設立の運びになった。文字通り一八世紀に身も心も奪われている研究者たちが、関連分野の横のつながりをもち、諸外国と提携し、ひいては若い世代に悪魔の誘惑をしかけようという魂胆だ。来る七月一四日午後二時より、東京・三田の慶應義塾大学で創立大会が開かれる。

学会設立の最大のメリットは、一八世紀研究の各専門分野にまたがる巨大な集合体を実現していることである。ちなみに呼びかけに応じた関連学会のリストをながめてみてほしい。フランス語フランス文学会、独文学会、英文学会(そしてジョンソン学会)、アメリカ学会、経済学史学会、社会思想史学会、イギリス哲学会、フランス哲学会、歴史学研究会、イタリア近代・現代史研究会。これに加えて音楽と美術の関係者の数もばかにならず、さらに科学史学会、イタリア文学会、演劇方面の一八世紀研究家などの参加が予想される。

形の上では既存の諸学会の寄り合い所帯だが、一八世紀とはそもそもが「学際」の世紀なのである。ヴォルテールにせよディドロにせよ、現今の知的分業の小部屋に閉じこめるにはあまりにも巨大な存在なのだ。本来あれこれの分野として分かれていては困るものを再統合しうる希望が、ようやく生まれたと考えてよさそうである。

いま一つ、国際一八世紀学会との連動という課題がある。この学会がジュネーヴのヴォルテール研究所を母胎として創立されたのは一九六三年のことである。以後、欧米各地で四年ごとの大会を重ね、本年八月末にピサで五回目の大会開催が予定されている。この国際学会を各国一八世紀学会の連合体とするべく、規約改正の話も進んでおり、今回の日本一八世紀学会の設立も、そうした研究の国際化にたいする展望をふまえていることは申すまでもない。

最後に、これは学会というよりは個々人の覚悟だろうが、教育の場における一八世紀という問題があろう。教師とは悪魔である。ディドロの『ラモーの甥』を講じる教師はみずから甥となって学生を誘惑しなければならない。フーコーの『狂気の歴史』が訳出され、その一章が『ラモーの甥』にさかれているとわかってから、学生が急に『甥』の翻訳を求めるというのではやはり情けないのである。

一九八四年、そのディドロの没後二〇〇年が来る。お祭りといい学会といい、いささか鳴り物入りで後ろめたい気がしないでもないが、身も心も奪われた人間はなりふり構わぬのが真骨頂というものではないか。

近代を問い直す
――一〇周年の日本一八世紀学会――

今年〔一九八九年〕の六月一七日と一八日、日本一八世紀学会の総会が東京の学習院大学で開催された。創立一〇年目を迎える本年は、またフランス大革命二〇〇周年にも当たり、二日目の日曜日は「フランス革命とその周辺」を共通論題として、いくつかの充実した発表と活発な討論が行われた。

とりわけ明治大学の水林章氏がフランス文学の立場から、一七八九年一〇月のいわゆる「ヴェルサイユ行進」と呼ばれる事件を当時の新聞報道記事の分析という形でとりあげた報告は、テクストの深い読みと、事件の主役たる民衆や女性をめぐる鋭い考察とが見事に一体となった好発表で、いろいろな分野や立場の会員から質問が集中し、話題を呼んだ。

なかでも、行進に参加した民衆の階層別内訳を教えてほしいと迫る社会思想史畑の研究者と、自分にはそもそも「事件」を素朴実在論の次元でとらえる発想がないのだと答える水林氏との間のやりとりは、単一分野の学会ではまずお目にかかれない、前提も方法も異なる者同士の対話として、何ともスリリングであり、見ているだけでも楽しかった。

日本一八世紀学会誕生のいきさつは次の通りである。まず、一九六三年に創設され、四年に一度の大会を重ねてきた国際一八世紀学会から、経済史学会に対して日本支部設立の要請があり、それを受けて経済史学会および関連諸学会の有志が各方面にアピールする形で準備が進められた。創立大会は一九七九年七月一四日、慶應義塾大学で行われ、一八世紀の包括的研究を目指す学際性を謳った会則が決定された。現在、会員は約四〇〇名。名城大学の水田洋教授を代表幹事とする一五名の幹事会によって運営がなされている。

当学会の特色は、何といっても異分野の専門家が雑居する「長屋」スタイルにある。会務報告や消息を伝える「学会ニューズ」や、発表要旨、書評、会員業績をのせた「年報」を一覧しても、その特色は一目瞭然であるが、とりわけ会員が自分の所属する専門学会以上に楽しみにしているのが、毎年六月の第二土曜と日曜の二日間開催される大会である。音楽会、展示会、試食会、スライド映写つき発表、コーヒー・ブレイクでの談話など、賑やかで屈託のない演出がいかにも一八世紀風である上に、日曜日の「共通論題」では、一つのテーマに異なった分野の研究者四、五名が光を当て、さらに参加者全員による討論が行われる趣向で、本学会の名物になっている。これまで「理神論」「旅」「島」「植民地」「コミュニケーション」「女性」「都市生活」などのテーマが熱心な論議を呼んだ。

それにしても、なぜ今、一八世紀なのか。この問いに明快な答をあたえることはむつかしい。ただ、創立以来、日本一八世紀学会の活動にかなり深く関わり、それがためにこの学会からかなり深い影響を受けている私個人の体験に引き寄せていえば、ここ一〇年間に日本の内外で目につく政治や社会や文化のさまざまな事象は、それまで一八世紀を美しくも遥かな幻として遠ざけていた「近代」という厚いヴェールを取りはらい、啓蒙やロココや革命をおどろくほど切実で身近なものにしたことは事実である。

わかりやすい例として、モーツァルトをあげよう。長いこと私たち日本人にとって、小林秀雄の『モオツァルト』を意識せずにト短調交響曲を聴くことは至難の業であった。だが時が流れるというのは恐しいものである。只今現在の私(たち)にとってもっとも大切なモーツァルトの姿は、小林秀雄が黙殺したオペラや、山口昌男氏の道化論や映画「アマデウス」、そして海老澤敏氏による厳密な考証の仕事などの中にあることは確かだ。

そうした自由な姿で立ち現れるモーツァルトを、一つの倫理や祈りにも似た音楽として聴く耳が、今ほど要求されている時代はないだろう。日本一八世紀学会風の連想と飛躍を試みるなら、「フィガロの結婚」の終幕で伯爵に恕しをあたえる伯爵夫人の度量と、カントの『永久平和論』の思想とは、まったく同一レヴェルで論じられるべきだし、さらにそのレヴェルに「ペレストロイカ」を重ね合わせて二一世紀における「愛」や「他者」に思いを馳せるという愚行と短絡を、私たちはあえておかしてみる必要があるのではないだろうか。

同様に、ディドロ＝ダランベールによる『百科全書』にしても、「啓蒙思想の集大成」などという無責任なレッテルを貼らずに、たとえば荒俣宏氏の『博物誌』とあわせて読み、さらにその「図版」の中に、エレクトロニクス革命によるメディア拡大の予兆を見てとることもできるはずである。

進歩思想が破産してしまった現在、私たちは一八世紀を思い浮かべるのに、より「進んだ」二〇世紀や一九世紀というトンネルをいちいち通り抜ける必要がなくなった。CDレコードのトラックナンバーサーチ機能にも似た働きで、今や啓蒙主義やゴヤの絵やヴェルサイユ宮殿は、ボタン一つで私たちの前に「頭出し」されるのである。それらを過去の遺産としてではなく、現在の生活必需品として利用できるかどうかは、私たち二〇世紀末の人間の生きかたに関わる問題であろう。

1　整備される世界

(1)　ブルジョワジーの台頭

ルネサンス以来、三世紀にわたる学問と技術の進歩・発展のおかげで、一八世紀の人々は今や自分が十分に成熟したという自覚を持つようになった。これまでのように、「神」を絶対視するキリスト教社会の宗教的・政治的な権威や庇護や束縛がなくても、人間や自然について考え、またおのれの生きる道を探り当てることができるという自信を抱き始めたのである。歴史社会学の観点よりすれば、この「人々」とは、その存在を神によってあらかじめ定められている富者(貴族その他)と貧者(農民その他)との中間に出現したブルジョワにほかならない。ブルジョワは新しい有産者として、これまた新しい市場経済という不安定な場に身をさらし、伝統的な固定秩序を横断するような動きによって絶えず富の獲得と増大を心がけるので、従来の社会階層とは一味も二味も違う、思想と行動の様式を身に付けるようになった。

ブルジョワとは、語源的・法的にはおのれの身分に固有な権利を享受している、ある地域の住民ということになる。一八世紀では、この「地域」とは依然都市のことであり、都市のブルジョワとして受け入れられるには、もともとブルジョワの息子でない限りは、所定の税を収めなければならなかった。これをブルジョワ税と呼んでいる。だが、同時に、ブルジョワは身分上の特権が認められ、そのことによって、農民や都市下層民とは区別される存在だった。一八世紀には、このもともとの定義と平行して、特定の階層に限定されない「ブルジョワ的なるもの」、すなわち富や栄誉、特定の生活様式、ある種の同族意識、固有の道徳といったものが定着し始めたのである。

ブルジョワの特徴の一つは、たゆまぬ富の蓄積とその手堅い活用であるが、もう一つ、増殖する「もの」への飽くことなき関心、とりわけ「もの」たちを整理・整頓し、かつまた命名しようとする強い願望が、国家の文教政策にまで影響をおよぼしている事実に注目したい。一七世紀末から、雨後の筍のごとく続々と刊行され始めたフランス語辞典が、その証拠である。ここでは、まず、フランスの国語辞典の幾点かを年代順に並べ、それぞれの項目《ブルジョワ》がブルジョワジーに与えている説明や定義を大雑把に検討する試みから始めたい。

『リシュレ』初版〔b Richelet 1〕と『アカデミー』初版〔b Dic Ac 1〕においては、「都市の住人」というもともとの意味の他に、「第三身分の人間」、「宮廷に属さない人」といった具合に、特権階層からの区別・差別のニュアンスが書き留められる。だが、同時に「働き手にとっての雇用主」という、場合によっては本来のブルジョワ以外の階層にも適用されうる用法も紹介されている。モリエールの喜劇『町人貴族』〔b Molière〕は、貴族から区別・差別される富裕で無教養なブルジョワという紋切り型に、永遠の生命を与えた。

一八世紀に入って、『フュルチエール』一七〇一年版〔b Furetière〕と『アカデミー』一七四〇年版〔b Dic Ac 2〕では、四〇年も古い前者の方が記述は倍以上多く、新しい情報を記載しているのが面白い。まず「船の所有者、建造者」としてのブルジョワ。さらにいくつかの都市慣習法で「王のブルジョワ」というと、「領主裁判権に拘束されず、国王裁判権にのみ拘束される住民」を意味する。

こうした特権的第三身分を代表する職業が、商人であった。ブルジョワジーの隆盛と商人の繁栄とは完全に軌を一にする。商人といっても、下は農村地帯を移動して回る行商人から、上は大貿易商人まで、そのカテゴリーはさまざまであるが、フランスのブルジョワが目指したのは、一六世紀このかたフランス国内で権勢をきわめた、イタリアやドイツの外国人銀行家のような、国際的な実業家の道であった。フランスの場合、一七世紀の代表的な商人マニュアルは、サヴァリーの『完全なる商人』(一六七五年)〔b Savary〕だったが、一八世紀に入ると先進国イギリスに、デフォー『完全なる英国商人』〔b Defoe〕が出て商業の実践と道徳の両面から一つの規範を提示した。

商人を文学の世界に取り込んでそれなりの成果をあげたのが、ディドロの創始した「ブルジョワ劇」である。貿易商人の父親が、家庭内のもめごとを誠実に処理して、新しい家庭道徳を身をもって示すという筋立ては、以後スデーヌ、メルシエ、ボーマルシェに受け継がれる定型で、このジャンルは、サヴァリーやデフォーらの商人マニュアルの、文学的変奏と見なされる。一八世紀後半に刊行された辞書の定義も、『フュルチエール』一七〇一年版の方向を大きく逸脱するものではない。『リシュレ』五九年版〔b Richelet 2〕でも、『トレヴー』七一年版〔b Dic Trévoux〕でも、第三身分中の特権者というステイタスは、ますます揺るぎないものになっていく。そして、新しい辞書の版本ごとに引例の増す、「ブルジョワ」という形容詞の肯定的用法(たとえば、「ブルジョワの家」という、近隣の町のブルジョワがある土地に所有している別邸のことを、その土地の住民の家と区別して言う表現)が、伝統的な侮蔑表現(「奴はブルジョワだ」は礼儀知らずを指す)を徐々に圧倒する様がはっきりと見て取れるのである。

(2) 網羅と分類

ブルジョワジーは几帳面な人々である。きれい好きであり、身の回りのくさぐさのみならず、思惟や知覚のあらゆる対象物の整理・配置・列挙を心がけていた。語学辞典の数々もさることながら、この整頓熱は言語の交通整理に留まらず、人間生活の全領域にまで広まっていく。そうした営みの中でも、「網羅」や「収集」に重点が置かれたものに、各種のテーマ別事典類がある。これらの源流には、むろん古代のプリニウスによる事物の分類や、一六世紀のゲスナーによる大規模な書誌、さらに一七世紀のモレリやベールによる総合的・普遍的事典の存在を考えなければならないが、一八世紀に入ってからはまずイギリスが、近代科学のめざましい発展を直接に反映した、技芸・工芸に関する総まとめであるハリス『技術用語事典』〔b Harris〕とチェインバーズの『サイクロピーディア』〔b Chambers〕、さらにはかの有名な『ブリタニカ』(一七七一年)〔b Britannica〕といった具合に、次々と充実した成果を世に問うた。

・フランスでは事典の各ジャンルへの分化が目立ち、たとえば経済の分野では、ノエル・ショメル『家政事典』(一七三二年)〔c Chomel〕、蔵書目録としては、索引付きで手書きのニヴェルノワ公爵文庫〔b Nivernois〕のものが重要な業績になるだろう。文学の上でこれに対応するのが、『小説総合文庫』(一七七五―八九年)〔b Biblio〕である。また、サン・モール会による浩瀚な『フランス文学史』〔c Saint-Maur〕は、この種の試みとしては史上初めてのものであり、反宗教改革運動に棹差す、カトリックによる資料の収集と整理の優れた成果といえる。

一方、自然界の膨大な対象物を、ある秩序や法則の支配下に置いて系統づけようとする、より理性的な試みがある。博物学のリンネ〔b Linné〕や、和声学のラモー〔b Rameau〕の仕事がその代表的なものだろう。フランスにおける総合的百科事典の企画として注目されるのは、プリューシュ神父の『自然の景観』〔b Pluche〕である。小型本ながら、図版は豊富であり、学問の進歩と技術の進歩とが表裏一体であるという信念に支えられて、職人たちの現場のノーハウを重視した貴重な記録としての価値は大きい。また、パリ科学アカデミーが一七世紀末に企てた、職人の技術に関する大規模な調査も〔b Description des arts et métiers〕、この方向をより本格的に目指すものであった。

この、図像に助けられた知識と技術の総目録という側面に、ベール〔b Bayle 1〕、そしてドイツのブルッカー『哲学の批判的歴史』(一七〇四―一〇年)〔b Brucker〕以来の、理性による検討・批判というもう一面を加え、およそ考えられる限りの知の全領域をくまなく探査しようとしたのが、ディドロ＝ダランベールの『百科全書』であった。

2　日常への侵犯

徹底的網羅と理性的系統化とを特徴とする分類は、往々にして、事物に与えられた価値の序列を転倒させ、従来光の当てられなかった対象や領域に、意外な関心や発見を誘発する。たとえば『百科全書』に固有な方法の一つは、既知の世界の表面に飽き足らず、その内部にどこまでも分け入ろうとして容赦なく振るわれる、「分解」「切断」「侵入」などのメス捌きである。図版の多くは断面図であり、普通は見ることのできない、建物や装置や風景の隠れた裏側や内部を描きだしている。科学や合理の名の下に強行される、これは一種の合法的侵犯なのである。

(1)　理性のメス

合法的侵犯のテーマとして、第一に挙げられるのが「解剖」である。五万年前に出現したホモ・サピエンスは、その後解剖学的にはほとんど変化していないと言われている。だが、解剖図譜の歴史となると、レオナルド、そしてとりわけアンドレアス・ウェサリウス〔b Vesalius〕らが活躍した一六世紀から始まって、写真が発明される一九世紀までの、わずか三世紀余りということになる。チェインバーズ『サイクロピーディア』〔b Chambers〕の第一

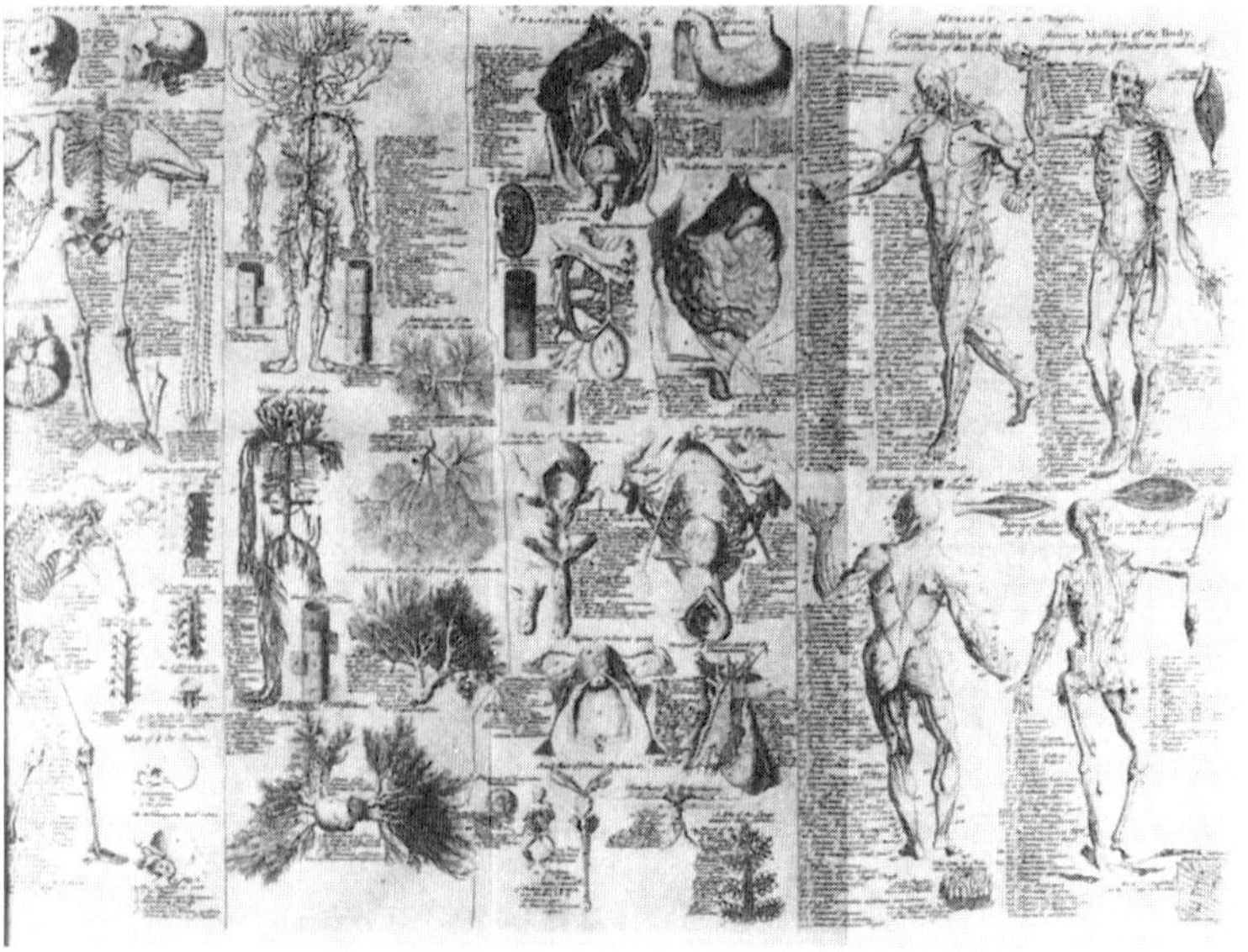

チェインバーズ『サイクロピーディア』解剖図

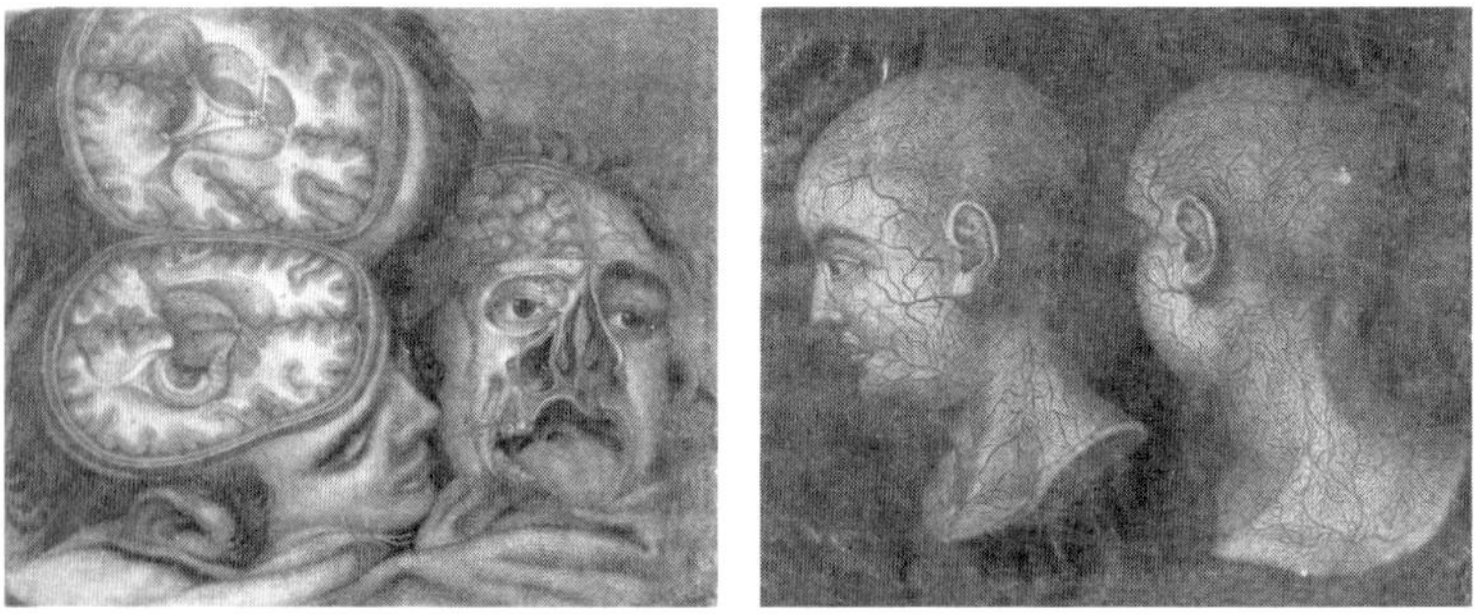

ゴーチエ・ダゴティ『頭部解剖図』

巻に、一八世紀における解剖学の隆盛を雄弁に物語る克明な巨大図版がある。当時、医者は、正規に医学を学んでから医術実施の免許を交付されている「純医師」(内科医)が最高位を占め、もっぱら診断と薬の処方を行っていた。手術のような外科作業は外科医の仕事だったが、純医師と外科医との間には厳然たる差別が存在していた。ジェイムズ『医学事典』の翻訳者でもあったディドロは外科医に友人が多く、『百科全書』は純医師に対して同等の権利を主張するアントワーヌ・ルイのような外科医が健筆をふるう場となった。だが、ゴーチエ・ダゴティ『頭部解剖図』(b Duverney)の精密をきわめた彩色図譜を一覧すれば、人体解剖図が単なる医学資料以上の意味を持っていたことが納得される。それは、パンクック『体系的百科全書』の「女性生殖器」を描いた図版についても同じで、現代の百科事典ではまず考えられない、好奇心と猟奇趣味とが科学の大義名分の下に平然と許容されている。そしてこの時代の文学的構想力は、サドにいたって、ついにわが娘を生体解剖する父親の形象を生み出

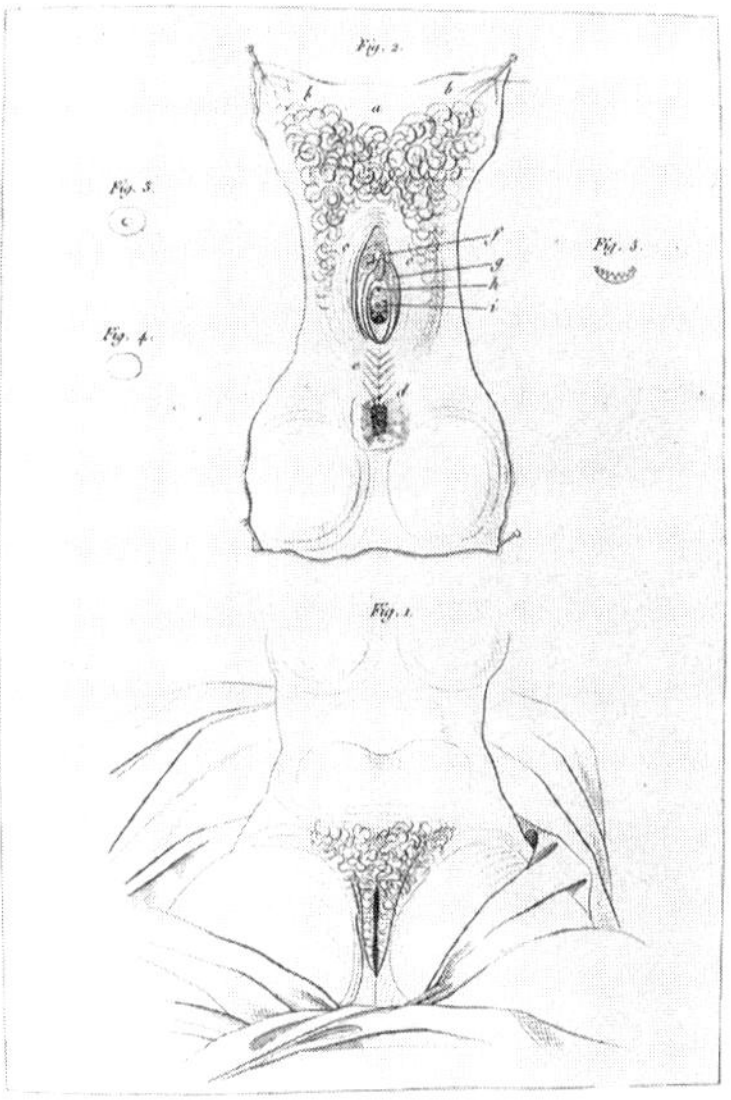

バンクック『体系的百科全書』女性生殖器

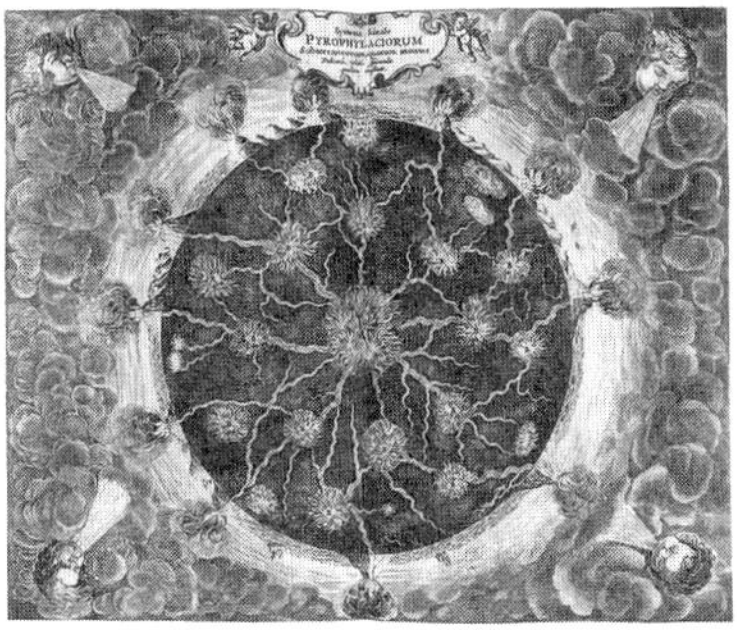

アタナシウス・キルヒャー『地下世界』

すのである。

理性的探究が大地を対象とした時、「鉱山」と「墓場」のテーマがえられる。もともと近代ヨーロッパ人の地中探訪への志向は、ダンテの『神曲』〔b Dante〕地獄篇最終歌が描出したサタン像以来のものであるが、一八世紀では、一方でホルベアの『ニルス・クリムの地底旅行』〔b Holberg〕によって代表されるような、地下小説とでも呼べるジャンルが流行する傍ら、溶鉱炉にコークスを大量に使用するようになった関係で、石炭の需要が増し、世紀初頭から鉱山への関心は強かった。一七八九年、フランス最大の炭鉱企業は四〇〇〇名の坑夫を雇用していたという。この頃の石炭産出量は四五万トンで、これでも消費の三分の二がやっとであり、英国とベルギーからさらに輸入しなければならなかった。『百科全書』の図版《鉱物学》〔b ENC 1, t. XXIII, Recueil de Planches, «Histoire Naturelle, Filons et travaux des Mines», Pl. II〕における炭鉱断面図の一葉に描かれた「発破」作業の現場が生まなましい。

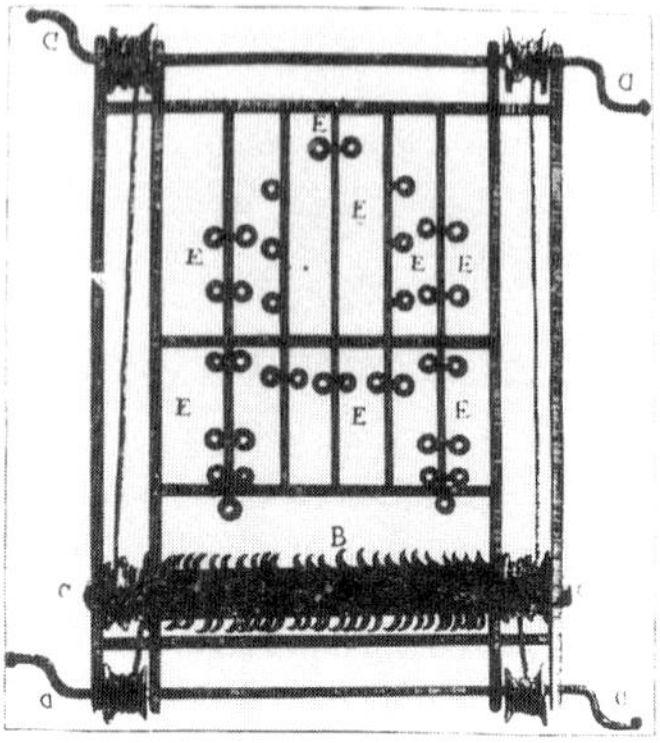

ダミアンの拷問用寝台

地下の採掘現場は落盤の危険に脅かされ続ける、いわば死と隣り合わせの空間であった。キルヒャーの『地下世界』〔b Kircher〕に麗々しく掲げられた地球断面図には、著者の科学研究の意図とは裏腹に、地中深く塗り込められた火や水の遠鳴りに怯える、近代ヨーロッパ人の心性を読み取ることができるだろう。そこで当然のことながら、「地下」の隣接テーマに「墓場」を考えなければならない。プレヴォの長編『クレヴラン』〔c Prévost〕に洞窟の奥深く母親を埋葬する場面があった。メルシエ『パリ生活誌』〔b Mercier 2〕の場合は、パリの真下に空洞があり、街は恐るべき深淵の上に建っているという恐怖が述べられている。また、地下は歴史上の過去が埋葬されている資料庫でもあり、古生物学にとっては宝の山であった。地中への探索は傍系テーマとして、「監禁」(サド)、「内面凝視」(ルソー)などを生み出すだろう。

デカルトの自然学に端を発する機械論は、理性のメス捌きがもっとも鮮やかな分野であり、ラ・メトリ『人間機械論』〔b La Mettrie 2〕の発想に行き着く傍らで、ヴォーカンソンの自動人形に寄り道し、さらにさまざまな形の「仕掛け」に対する強い関心を呼び覚ました。もともとヨーロッパには、ルネサンス以来「機械図説」の伝統があり、職人が図面を公開できる唯一の場として機能してきたが、『百科全書』の図版はその集大成とも言えるもので、従来工房内部の企業秘密であった機械技術に関する知識を、国全体に普及させることになった。ディドロが苦労して準備した項目《靴下編み職人》の図版や、《劇場機械》に見られる詳細をきわめた舞台装置は、『百科全書』図版中の白眉であると言える。この複雑怪奇なメカニズムへの偏執が想像力の暗黒部分を刺激すると、「墓場」や「監禁」と隣接した酷薄なテーマが浮かび上がってくる。国王ルイ一五世を襲ったダミアンの拷問用に考案された寝台と〔c Damiens〕、のちにサドが『ジュリエット物語』で精密描写する拷問機械との間には、驚くべき類似が認められる。

(2) 都市生活の理想化

テュルゴの有名なパリ地図〔b Turgot〕は、その巨大な版型と精密さとによって、自らを書物の中の「首都」たらしめようとする意思を表明するのみならず、現実の大都市をその表層においてくまなく記述しつくそうとする執念の産物であった。さらに、ル・サージュ『パリの地理学者』〔b Le Sage〕は、いわば言語によるパリの地図化の試みで、地区別の記述や街路索引などが、『百科全書』を世界地図に譬えたダランベールの思想に共鳴している。ここにおいて、都市は一つの意識を持ち、自己自身についての目録と分類の作業に取りかかり始めたのである。

テュルゴ「パリ地図」

当時のパリは、衛生が悪くて臭気ふんぷんだった点を別にすれば、今と同じような花の都であることに変わりはなく、モンテスキュー『ペルシャ人の手紙』のユスベクや、神童の息子を連れて乗り込んだレオポルト・モーツァルトにとっては、賛嘆と驚愕の対象であり続けた。この町の人口は常に不明であるが、おおよそのところ、一六世紀半ばに二二万、一六三七年に四〇万、一六九〇年に四八万、一七八九年に六〇万と言われている。パリ市民は図像の中で美化され、またこの美しくも猥雑な都会の日常を記録する、バショーモン『秘録』〔b Bachaumont〕などの年代記や定期刊行物の類にも事欠かなかった。

ヴォルテールが『この世の人』（一七三六年）で謳った現世の肯定と奢侈への礼讃は、『百科全書』の図版が描き出す、やや美化されたパリのブルジョワジーの生活にも当てはまるものであった。ブルジョワの自己イメージとは、街ではハイカラな新型馬車〔b ENS 1, t. XXVI, Recueil de Planches, «Sellier-Carossier», Pl. XII〕を乗り回し、食卓では豪奢な銀食器〔b ENC 1, t. XXV, Recueil de Planches, «Orfèvre Grossier», Pl. V〕で食事するような、物質的で享楽的なものだったのである。

(3) 私的空間の設営

日常生活への侵犯行為はさまざまである。『百科全書』の図版の多くが、建物や物体の断面を示し（工場や船）、場合によっては屋根を剝いで内景を暴いてみせるのは、ル・サージュの小説『足の不自由な悪魔』で悪魔アスモデが使った魔法と同じである。この方向への侵犯のめざましい成果は「私」空間の描出であろう。そもそも一八世紀まで、フランス社会にプライヴァシーなどというものは存在しなかったと言ってよい。一七世紀のヴェルサイユ宮における国王の儀礼に縛られた日常にしても、一七、一八世紀に書かれた芝居で、居間や寝室に、身内はともかく、時には見知らぬ客ですらもが平然と出入りしている状況にしても、これは私たち現代人の理解を絶する、ほとんど民族学的な調査・研究の対象と考えるべき社会現象なのである。家族とは奉公人を含む巨大な雑居集団であり、夜は全員が同じ部屋、時には同じベッドで眠ることも珍しくなかった。そうした「公性」の支配の目をかすめるようにして、少しずつ「私性」の浸透が認められ始める。一八世紀に入り、廊下というものが間取りに仕切りをもたらし、各部屋が独立して親密な空間を作りだす〔b ENC 1, t. XVIII, Recueil de Planches, «Architecture», Pl. XXIII〕。スデーヌ『天成の哲学者』〔b Sedaine〕のようなブルジョワ劇の脚本には、富裕な商人の家の間取りや、戸締りの様子が活写される。美術における肖像画の流行、とりわけ「読書する女」をテーマにした絵画、そして読書それ自体における「黙読」の定着、黙読による世紀最大のイヴェントともいうべき、ルソー『新エロイーズ』の爆発的流行、いずれの現象も、少なくとも「表象」のレヴェルにおける、公共性に対する「私性」の台頭を雄弁に物語って余りある。ここから「家族」「父」「女性」「出産」「子供」「教育」といったテーマ系が導き出される。

「理性」のカメラが、「家」の内奥に分け入って捉える被写体はいろいろである。何はともあれ、まず女性にとって、出産という難事業がいかほどのものであったかを、恐ろし気な器具を紹介した『百科全書』の図版《外科》でご覧いただきたい〔b ENC 1, t. XX, Recueil de Planches, «Chirurgie», Pl. XX〕。この営みは多くの場合産婆の手に委ねられたが、産婆は司祭公認の下に新生児に急いで洗礼まで施すこともあり、その人格や品性が問われた。産婆たち

フラゴナール「読書する女」

の技術はもっぱら経験で身につけたものであり、事故も多く、嬰児や母親、場合によっては両者を同時に死に至らしめることも少なくなかった。

「家」をめぐる近年のフランス社会史の研究成果にはめざましいものがあり、ジャン＝ルイ・フランドランをはじめとする歴史家たちが、アンシアン・レジーム下の親族・家族・性愛の実態をさまざまな資料（教理問答集や日記など）から把握し、きわめて興味深い調査報告書を提出している〔c フランドラン 1, 2, 3〕。それによると、アンシアン・レジームから一九世紀にかけてのフランス社会における家族の形態は、地方によってまちまちであり、旧態依然たる封建的家父長制と近代的家族の絆とが同居したり、混在したりする場合がほとんどなので、単純な図式化は困難であるということになる。ただ一つ、「家族」に関するキリスト教教義の原典である第四の十戒「父と母を敬え」と、パウロが説く父と他の成員（妻、子供、召使い）との相互義務とに対する解釈が、時代と共に微妙に変化してきている事情は注目されるべきである。ディドロが創始したブルジョワ劇の代表作『一家の父』〔b Diderot 1〕では、二種類の「父権」が対立し、子に理解ある親切で寛大な父親が、権威主義的な騎士長を抑えて一家の新しい秩序を回復する結末が用意されている。ここに見られる安定と平和への偏執は「ブルジョワの経済的使命は道徳的使命を伴う」（R・モージ）〔c Mauzi 269-289〕という命題を支えるエネルギーにほかならない。そうしたブルジョワ劇の父親を多くの試練が待ち構えている。たとえばメルシエが短いエッセーで鋭くえぐりだしているのは、『一家の父』でその徳性と人格をあれほど讃えられた

「父」が、三〇年後には、シェイクスピアのリア王よろしく、子供たちから蔑まれ、虐待されている惨状である〔b Mercier 1〕。

この時代には、またおびただしい教育論が書かれた。ただし、それはただちに、子供への関心が強まったことを意味しはしない。一六世紀、子供という存在はまったく認知されていなかった。子供は小さな大人と見なされ、大人と一緒に技術や生活を学び、大人のように遊んでいた。小さな変化は一七世紀に入って兆し始める。子供という時期幅が自覚され、子供と大人とがやっと区別されるようになる。子供専用の衣服、遊び、そして文学が現れる。一八世紀になると、子供への愛情と呼べるようなものがようやく姿を見せ、家庭に子供を中心にした親密さが芽生え始める。避妊技術が発達し、子供の数が抑えられ、それだけ子供への関心が強くなる。だが、これはどこまでも貴族とブルジョワ階層のことで、農村や都市下層民にあっては、中世以来、意識が変わるということはなかった。また法的には、当時のフランスの父親は、古代ローマ法が定める絶対的な家父長権を保持しており、

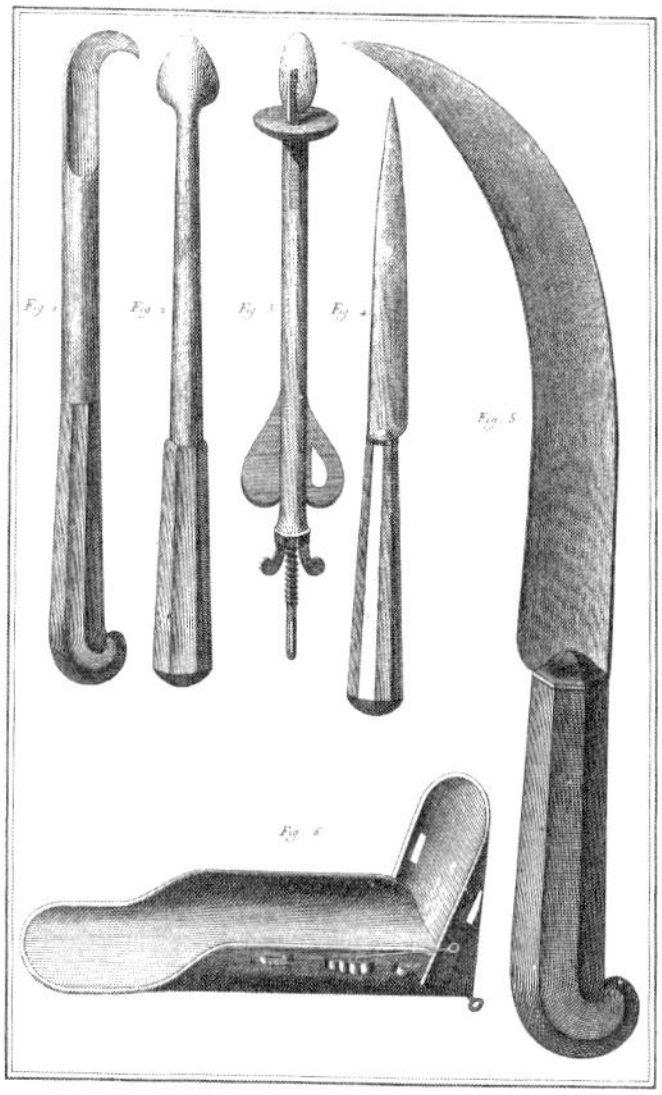

『百科全書』出産器具

地方によっては、息子は六〇歳まで父の権威の下に置かれた。子供は財産として父親に所属するものと見なされていたのである。それというのも、父は子の創造主だからである。嬰児殺し、里子、捨て子は日常茶飯事であり、親は子の生殺与奪権を握っていた。そうした中で、真に革命的といわれるのは、やはりルソーの家庭教師論『エミール』であった。ロックの教育論〔b Locke〕は、『エミール』をはるか未来に予言する先駆的著作にすぎなかったし、フェヌ

ロンの『テレマックの冒険』〔b Fénelon〕とコンディヤックの『パルマ皇太子教育のための教程』〔b Condillac〕とは、いずれも一般フランス人には無縁な王族教育論である。ただし、これら四点の書物が、いずれも私教育の書であることは強調されねばならない。ルソーの光輝に隠れて見落とされがちだが、フランスのユマニスムが生み出した総合的教養の習得を目指す公教育は、小学校、コレージュ、大学と続き、フランス独自のエリート色濃厚な、革命後の学校教育制度へと受け継がれたのであった。

(4) 人間・家庭・社会の裏面

一七世紀にデカルトが『情念論』で統御・抑制しようとした「情念」は、一八世紀に入ってさまざまな形で復権された。ブルジョワジーの中では、「情念」は「美徳」に合体して独特の感傷道徳や涙っぽい文学を生み出した。だが、情念が本来持っている起爆力は、そのような見せ掛けの小細工で押さえ込めるものではない。ディドロによる復権要求〔b Diderot 2〕、ラ・メトリの賛美〔b La Mettrie 2〕、『閨房哲学』のサドによる絶対化という手順で、情念は着実に市民権を獲得していく。サドが『アリーヌとヴァルクール』で描きだした非道の限りを尽くすリベルタンの父親は、ディドロの父親像の見事な反措定であると同時に、ある意味でその必然的展開として、逆説的に捉え直すこともできよう。この過程は、時代の「侵犯志向」が、人間という存在の暗部にまで及んだことの証左であると同時に、根深い禁制への怯えから、官能の衝動を隠蔽しつつ装飾化したり(ロココ文化)、純然たる心理の駆け引きに転化したり(クレビヨン・フィスをはじめとするリベルタン小説)、倫理機制との葛藤のドラマに仕立てたり(ルソー『新エロイーズ』)するような、さまざまなヴァリエーションを生み出した。こうした、時に偽善的ですらあるこの時代の官能性が、もっとも鮮やかな形で図面化されているのが、『百科全書』の「銭湯船」に関する図版〔b ENC 1, t. XXV, Recueil de Planches, «Perruquier», Pl. X〕であろう。文学史が「啓蒙主義」と「前ロマン主義」の美名の下に隠し続けてきたのが、官能の社会的形象化といえる「娼婦」、その属性である「悲惨・貧困」の現実、そして制度上の帰結である「犯罪・刑罰」のテーマ系だった。数々の性的放縦で知られるフランス（モーツァルトのオペラ「ドン・ジョヴァンニ」の「カタログの歌」で、この誇り高い色事師がフランス女に余り関心を示さず、したがって成果が乏しいのが象徴的である）ではあるが、娼婦に対する弾圧はヨーロッパ諸国でも一番厳しく、一七世紀以来、売春婦はアメリカの植民地送りになるか（『マノン・レスコー』）、あるいは多くの場合は監獄に等しい更生施設である、サルペトリエール病院などに収容された。にもかかわらず、一八世紀パリは歓楽の都であり、売春はおおっぴらに広く行われた。ディドロ『ラモーの甥』は娼婦を文学上の比喩として使ったもっとも素晴らしい一ページで始まるが、レチフ『売春論』〔b Rétif〕、メルシエ『パリ生活誌』〔b Mercier 2, t. IV, chapitre ccxxviii〕といった同時代テクストでは、当時の首都における売春制度の実態が、生まなましくえぐり出されている。プレヴォからレチフにいたる「娼婦文学」の系譜は、いわゆるポルノグラフィーやリベルタン小説とは一線を画されるべきである。

ルソーが『人間不平等起源論』で、やや抽象的・倫理的に批判した悲惨な社会の裏面について、きわめて明快にして鮮明な図像を与えているのが『百科全書』の図版である。ジャック・プルーストが明らかにしたように、図版の作者に社会批判の意図はまったくなく、ただ労働現場の作業風景や作業手順について、なるべく忠実な記録を残そうとしたにすぎない。『百科全書』の危険かつ痛ましい労働現場を一見淡々と描いた図版（ピン製造工場における幼児労働者〔b ENC 1, t. XXI, Recueil de Planches, «Epinglier», Pl. II〕や、ガラス工場の灼熱の坩堝運び〔b ENC 1, t. XXVII, Recueil de Planches, «Verrerie en bois», Pl. XVII〕、さらには農民出身の独学者ジャムレー・デュヴァル『回想録』〔c Duval〕に想起された農村の貧困ぶりなどは、従来の観念的な社会思想史が、日常世界の実態に立脚した社会史の成果を知らずに、いわば蒸留水のような進歩的言説の中で、倦むことなく反復してきた大思想家列伝に、なにがしかの生気を与えてくれるだろう。

一八世紀フランスは、一方で厳格にして時に不寛容な刑法装置があり、それは国王ルイ一五世を襲ったダミアンに対する裁判、拷問、とりわけグレーヴ広場を埋めつくした大群衆の前で執行された、残酷無比な処刑によって象徴される。デュプレシスの『パリ慣習法』〔b Duplessis〕はそうした刑法の実態を知るのに格好の手引きである。当時、犯罪は、神への大逆罪(異端、呪詛、墓地荒らしなど)、君主への大逆罪(暗殺行為、反乱など)、個人への犯罪(殺人、自殺、決闘、暴行、近親相姦など)という三つのカテゴリーに分類されていた。ダミアンの犯行は、当然第二のカテゴリーに入るものである。また、犯罪の社会史は、この時代、犯罪の内容が暴力から盗みに転化しつつあり、明らかに人々の心性に変化が兆してきている事実を指摘している。また、もう一方で、イタリアのベッカリーアの名著の仏訳〔b Beccaria〕が物語るような、寛容、すなわち拷問と死刑廃止への広範なキャンペーンがあった。ベッカリーアに多くを学んだヴォルテール〔b Voltaire〕の、カラス事件やラ・バール事件への介入と犠牲者の名誉回復のための戦いは、一九世紀にドレフュス事件に介入したゾラと並んで、後世に語り伝えられるべき光彩を放っている。いずれにしても、この時代の最良の知性は、人間の情念の最深部にまで測鉛を届かせると同時に、情念の活動を陰日向で規制し抑圧する法組織の中枢に、批判のメスを加えたのである。

3　秘境の発見と異界の踏査

新しい、広大な空間の発見、これが一八世紀という時代を印づける本質的特徴であった。知性が探査の対象にした領域は、身近な現実(身体、心、日常生活、社会の仕組み)ばかりではない。人々は現実社会の外側に、自分たちの与り知らぬ世界が広がっていることに気づいた時、理性と幻想、推理と空想とが奇跡のように調和した、不思議な宇宙を作り出した。その宇宙の形は、どこまでも空間的なものであった。想像や探検や夢想が見つけ出すさまざまな存在や現象は、一枚の表象図面に散在する多様な要素として捉えられ、同質と差異との織りなす、複雑にして単純な網の目に位置づけられたのである。そうした地平の開けを現実に可能にしたのは、旅行と航海であり、その最大の学問的形象化が、博物学であった。

(1) 空へ、山へ

第一のテーマは「空を翔ぶ夢」であろう。この夢は一八世紀独自のものなどではなく、古来、宇宙旅行の空想は、さまざまな形で人間の心を捉えてきた。ルネサンスでは、レオナルドが鳥の翼と飛翔について研究した後、飛行機の原理を探り当てている〔c Leonardo〕。一七世紀のシラノ・ド・ベルジュラック『別世界』(一六五六年)は、偶然の爆竹事故で月世界へ行ってしまった男の話であり、この伝統は一八世紀に入ってヴォルテール『ミクロメガス』を経て、レチフ『南方大陸の発見』〔b Rétif 2〕では、飛行人間の形象化に行き着き、一方でモンゴルフィエ兄弟による有人気球の打ち上げ(一七八三年一一月二一日)という現実化されたユートピアを生み出すに至った。気球の落下による死亡事故(一七八五年)も忘れてはならない〔気球については第七章を参照のこと〕。

アルプスの魅惑をテーマにした山岳文学にも、高所への憧憬は認められる。医療の社会史の観点からすると、「山」は転地、散歩などの「治療」が行き着く果てに考えられる究極の逃避場所であり、隠遁と孤独の住まいなのだ。「自我」はこのような風景に佇む形で発見され、ついで開放されたのである。英国の詩人ジェイムズ・トムソンの『四季』〔b Thomson〕の場合、山の描写は、詩情と地質学的関心との不思議な融合で成り立っており、それは角柱状玄武岩の絶景を描いた『百科全書』の図版〔b ENC 1, XXIII, Recueil de Planches, «Minéralogie», Pl. VI〕についても言えることである。だが、ルソー『新エロイーズ』になると、有名なアルプスの場面は、その色濃い現実嫌

『百科全書』玄武岩

悪と無限願望とできわめて倫理性の強いものとなり、さらにセナンクール『オーベルマン』〔c Senancour〕では、山それ自体への感覚的惑溺が独自の美文で謳いあげられる。

この特権的感覚は、しばしば「崇高」(sublime)と呼ばれた。『新エロイーズ』が世紀最大のベストセラーになりえた理由は、最高の感動を形容する最高の表現にほかならなかった「崇高」を、ヒロインのジュリーや、ジュリーが夫と暮らすクラランの共同体に当てはめ、そこに俗人の及びがたい徳性の高さを表象しえたことであろうが、世紀後半の感受性は、崇高を本物の高所に結び付けさえしたのである。いわゆる「天才」概念と並んで、崇高は啓蒙時代がロマン主義に向けて差し出すもっとも聖化された贈り物になった。嵐、噴火、洪水、雪崩、といった自然の猛威が、崇高美を持つものとして珍重された。バーク〔b Burke〕とカント〔b Kant〕の崇高論が貴重な証言たりうる所以である。

(2) 異国への憧憬

高所志向に続いて、地表上の移動が「旅」のテーマになる。気候の温暖化、経済活動の活発化、道路・水路と交通機関の発達、治安と保護の確保、ホテルの整備、ガイド・ブックの刊行、道路行程図の充実、手形や信用状の便宜といった好条件が、「グランド・ツアー」の爆発的流行を生んだ。とりわけ強調されてよいのは、フランスにおける中央集権化と平行して押し進められた、内陸航行水路の確保である。地方領主の抵抗を押し切って、多くの河川を結ぶ運河が敷設され、一七世紀末には大西洋と地中海とを繋ぐミディ運河まで完成している。一八世紀のパリを流れるセーヌ河が、水上交通の重要な要衝であったことは、つい忘れられがちである。

アーサー・ヤングの『フランス紀行』(1)は仏訳され、英国経済学者の革命期フランスに関する貴重な証言として読まれ続ける。また七年戦争の痛手は、フランスに海軍の弱体を思い知らせるきっかけとなり、造船技術の進歩と改良が試みられた。『百科全書』図版《造船工場》や《航海術》などにその状況はよく現れている。そもそも一五、一六世紀の諸発見で新しい商業路が開かれた訳であるが、大洋貿易の重要性はますます増大し、遠隔の植民地との交通の確保のためにも監視や保護の手段、すなわち海軍の強化は急務だったのである。この分野におけるいまひとつの重要な課題は、経度決定法、すなわち海上で船の経度を測定する方法の発見であった。イギリスが一七世紀に建てたグリニジ天文台で活躍したフラムスティドの研究、一八世紀に入ってイギリスとフランス両政府がかけた賞金など、経度測定用クロノメーターの発明と改良への情熱を示す逸話は多い。結局、イギリスのハリスン(一六九三—一七七六年)とフランスのル＝ロワ(一七一七—八五年)の作品に、最高の評価が与えられたようである。フランスの最大のライヴァルは依然として大国イギリスであり、イギリスの海上制覇を危惧する者は内外に後を絶たなかった。アルヌーの書物〔b Arnould〕は、そうした危機感を踏まえて書かれている。

航海術の進歩と造船業の興隆とに促されるようにして、新たな「大航海」の気運が醸成された。フランスのブーガンヴィル〔b Bougainville〕、英国のクック〔b Cook〕、フランスのラ・ペルーズ〔c La Pérouse〕、そしてナポレオンのエジプト遠征〔b Description de l'Egypte〕など枚挙に暇がないが、大航海は植民地政策と裏腹の関係にあり、ディドロが『ブーガンヴィル航海記補遺』においてフィクションの形で提起した問題を、レナルは『両インド史』〔b Raynal〕で政治と歴史の恥部として捉え直したのである。

異国の発見が旅行文学の流行を促すという図式は、何も一八世紀に始まった訳ではない。だが、スウィフト『ガリヴァー旅行記』の仏訳〔b Swift〕が争って読まれた事例を持ち出すまでもなく、異国趣味や旅行譚への熱中は、当初の韜晦や仮面の役割、すなわちモンテスキューの『ペルシャ人の手紙』におけるような、外国の衣裳をまとってアリバイを作るというだけの戦略的なものに終わらず、珍奇な風物や習俗との出会いそのものへの関心が高まってきたことを示している。世紀末に刊行されて評判を呼んだ『空想旅行譚集成』に収録された、珍しい作品や翻訳がその証拠である（たとえば、b Grivel）。シルヴァン・マレシャルの筆になる世界中の民族の衣裳総覧〔b Maréchal〕なども、学問的価値はさておいて、そのような好奇の視線が捉えた「他者」のイメージとして検討されるべきである。

そして一八世紀フランス人にとって、時代を通じての最大の「他者」とは、タヒチ人でも北米インディアンでもなく、独自の文明を持ち、端倪すべからざる挙動と思考とを備えた東洋人であった。日本との交渉に限って言えば、大航海時代にスペインとポルトガルという二大イベリア勢力が、征服と植民にはじめから失敗し、布教については最初の宣教師到着からわずか三八年後に禁止、さらに通商関係でも成果をあげることができなかったという過去がある。一八世紀ヨーロッパと鎖国下にある日本との交渉は、一七世紀末のケンペル来日をもって始まり、江戸小石川の切支丹屋敷における新井白石とイエズス会士シドッチとの対面（一七〇九年）を経て、博物学者ツュンベリーの到着（一七七五年）あたりまで、途切れることなく続く。実体験に基づいたケンペルの『日本誌』〔b Kämpfer〕とツュンベリーの『日本紀行』〔b Thunberg〕、書誌的情報からの編集作品であるシャルルヴォワの『日本誌』〔b Charlevoix〕、いずれの著作に描かれた日本人および日本の習俗も、この類まれなる他者への、文章と図像の両面にわたる歪曲と誠意の証しとして読むことができるだろう。

(3) 博物学の時代

「分類」「旅」「異国」といった諸テーマの交差地点に浮かび上がってくるのが、「博物学」である。この学問の成果(ビュフォンから一九世紀初頭にかけて、フランスを中心に刊行されたおびただしい博物図譜)は、時代の思考様態を象徴する図案として造形的に検討される一方、『百科全書』の知識系統図などを解読格子に、その認識論的基盤を問われる必要がある。博物図譜こそは、啓蒙期の「表象」哲学をもっともよく体現する資料体だからである。これらは、おそらく一八世紀最高の図像表現と断言できるだろう。異国の「他者」、すなわち「人間」を対象にした記述が、さまざまな偏見や思惑のフィルターを通して、歪曲や変形の跡を留めるのに対し、遠隔の地に見つけた花や鳥は、驚くべき正確さで写生されるというパラドックスに思い至るべきであろう。

まず、一六世紀このかたの先駆的博物図鑑に登場する、「犀」の図像に注目したい。近代博物学、言い換えれば「自然誌」の世界は、本質的に空間が支配していた。したがって、多くの場合、博物学者はテクストの記述に重きを置き、図版の方は先人の模写ですませてしまうことも珍しくなかった。時間、すなわち「歴史」のない静態的風景では、あらゆる存在は不変であり、古人が描くところの犀と、現在の犀とに、さしたる違いがある筈もなかったのである。まず、デューラーの犀図が出発点になる。驚くべきことに、デューラーのこの絵は実際の動物を見ないで描かれた、ただのコピーなのである。リュコステネス〔b Lycosthenes〕、ゲスナー〔b Gesner 2〕、ヨンストン〔b Jonstons〕の図譜に収録されている犀の絵は、コピーのまたコピーということになる。

一八世紀最大の博物学書であるビュフォンの『博物誌』〔b Buffon 1〕は、多少とも権威ある書誌になら必ず掲載されていたが、そのビュフォンにしても、非歴史的体系の中に自然史を封じ込め、現実の象を知らずして象の記

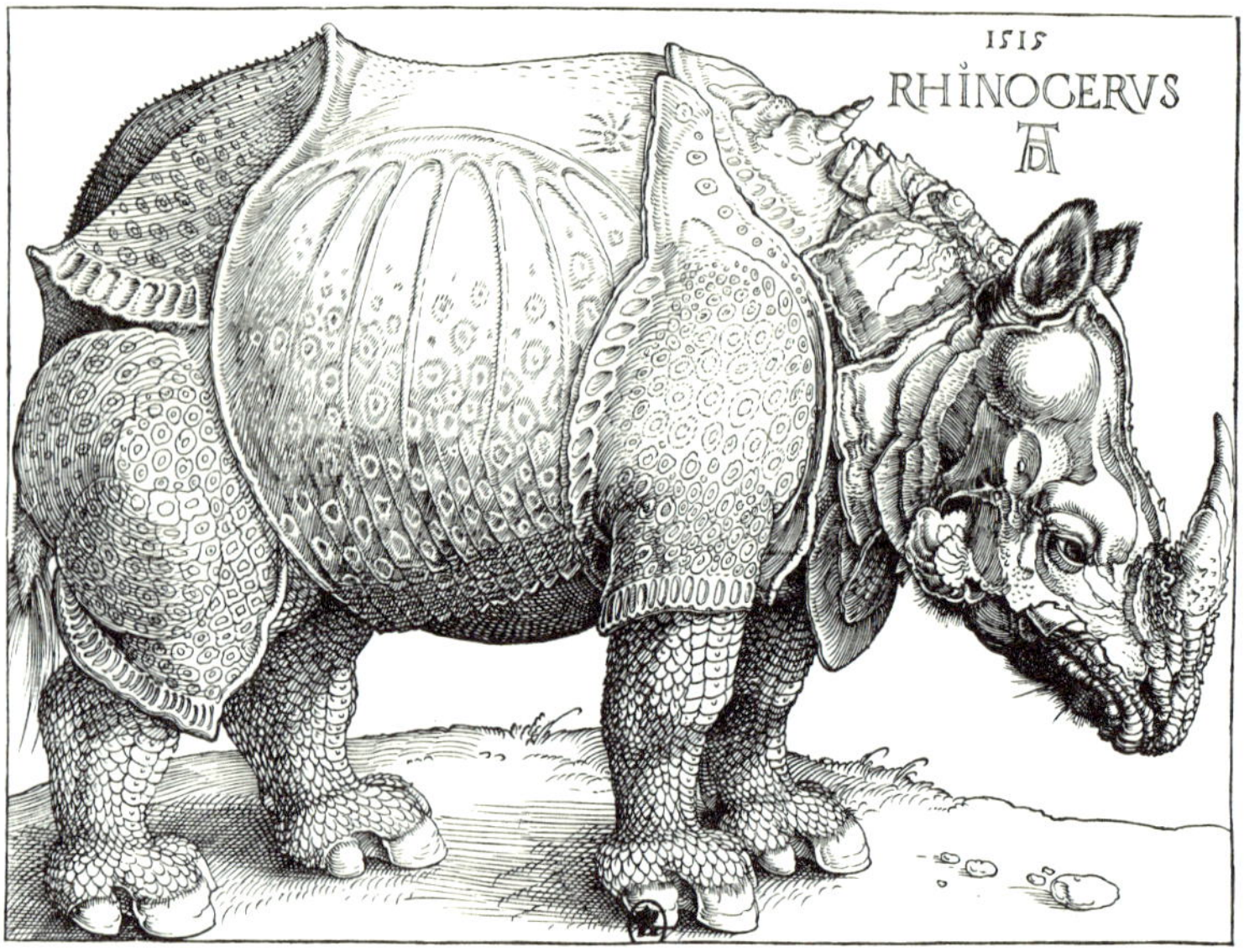

デューラーの犀図

述に腐心したという話は有名である。さらに、そのビュフォンに続くフランス博物学の代表的存在で、しかも空間の時代である一八世紀と、時間化に拍車をかけた一九世紀前半期との狭間に活躍した、キュヴィエ〔b Cuvier〕も思い起こしておこう。

(4) 奇形学への関心

「自然誌」(histoire naturelle)とは、「自然史」とも訳すが、実をいうと、この「誌」と「史」との間には大きな違いがある。前者には、およそ生成発展する時間の観念というものがない。自然誌とは自然界に存在する物体の記述、そしてせいぜいが分類のことであって、自然誌学者は膨大な研究対象をそらで暗記し、一定の論理に従って秩序づけることが仕事になる。そこに「歴史」の観念が忍び入り、「進化」の思想が兆した時、自然誌は終焉の時期を迎えたのである。したがって、自然誌とは本質的に空間的な学であった。その基礎となるのは「存在の連鎖」という考えかたである。

神が創造した物はすべて連続して結び合っており、宇宙は無限の充満をなしているというのである。ポープが詩に歌った「茸から神までの」階梯状をなす存在の連鎖は、たとえばロックの『人間知性論』(J. Locke. これは英国経験論哲学の古典と言われる大著だが、伝統的な存在の連鎖思想は第3巻第6章第12節に述べられている)にも見出されるが、ヴォルテールをはじめとする啓蒙主義者によって揶揄・批判されることになる。代わって登場したのが、古代唯物論の流れを汲む万物連鎖説であった。『百科全書』第一巻冒頭の「人間知識の体系詳述」の系統図に付された説明によると、「歴史」の中でももっとも重要な分野である「自然史」は、「一定不変性」「変異」「利用」の三領域に分かれる。現在、私たちが「博物学」の名で呼んでいるのは「自然の一定不変性」の領域だが、存在の次元でも(万物流動の漸次的隣接関係によって)、事典記述の次元でも(いわゆる「参照項目」の方法によって)、「連鎖」で結ばれた自然物の系統的把握に「変異」という奇形を扱う項目がわざわざ別に用意されているのが面白い。

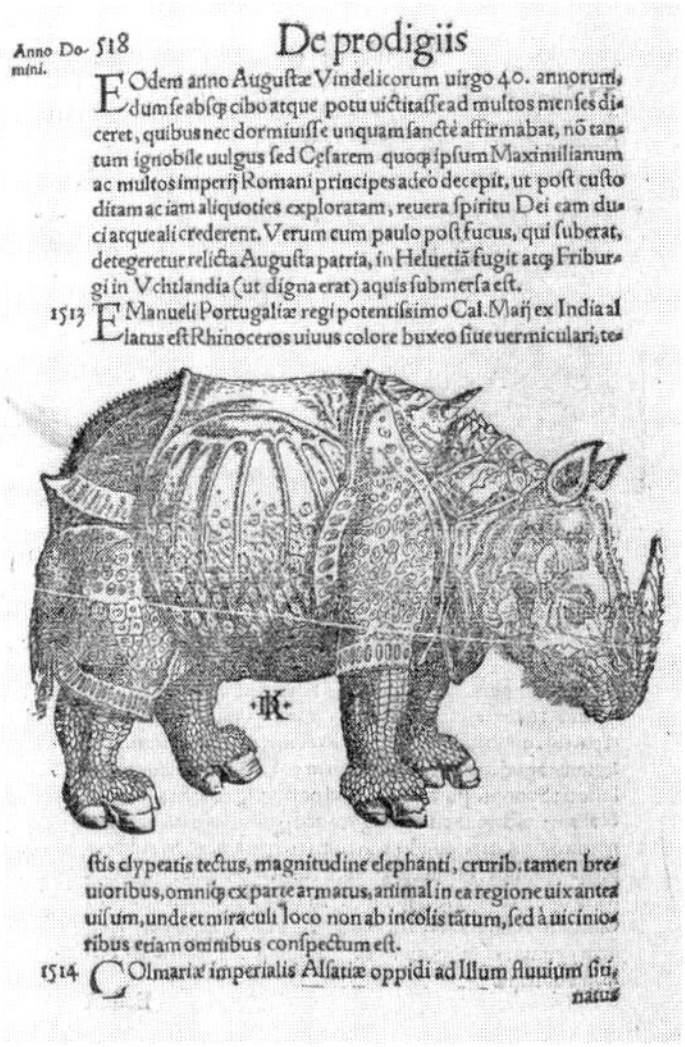

リュコステネス

ゲスナー

ヨンストン

神を知らぬ、言い換えれば万物の階梯状をなした秩序を知らぬ自然界では、正常と異常のすべてのニュアンスが、水平にして平等な隣接関係に位置づけられる。すべての存在の間に鎖がある以上、人間の知性が捉えきれない分類の網の目に「異常」な中間的存在が現れても、何ら驚くにはあたらない訳なのである。ラディカルな唯物論から導き出された連鎖論として、たとえばドルバックの『自然の体系』〔b d'Holbach〕がある。

天体の「異常」である「彗星」への過剰反応は、すでにベールが『彗星雑考』〔b Bayle 2〕で批判したところであるが、こうした集合心性は、世紀の半ばを過ぎても定期刊行物の記事で確認できる。ちなみに、グリムが「驚異現象」と形容した神童モーツァルトのパリ登場と、時ならぬ彗星騒ぎとは軌を一にしている。[2] 時代の文脈の中では、天才と天体異常とを、同じエピステーメーに組み込んで論じることができるのである。『百科全書』の図版「動脈図」にしても、医学資料として見れば何の変哲もない図像であろうが、これは詩的にはすでに幻想の領域に属するものであり、画家の決して無垢とはいえぬ猟奇と関心の目が感じられる。

奇形、怪物への強い関心はこの時代独自のものである。これに関わる図像資料がいささか常軌を逸しているかに見えるとすれば、それは現代の私たちと一八世紀の人間との間に横たわる、嗜好や感性の大きなズレをこそ雄弁に物語るものなのである。たとえばラーファターの観相学における動物と人間の表情比較、定期刊行物の奇形誕生に対する異常なこだわり、『百科全書』補遺の巻の《半陰陽》の図版〔b ENC 1, Suite du Recueil de Planches, «Histoire Naturelle, Hermaphrodites», Pl. 1, 2, 3〕、ビュフォンの奇形の図版〔b Buffon 2, t. 20〕などが、有力な手がかりになろう。そしてこの線上に、カゾット『悪魔の恋』の化け物、レチフ『南方大陸の発見』における動物人間の夢想などが花開くことになる。

(5) ユートピア

「異常」系のテーマの先に、「ユートピア」を考えることができる。普通、ユートピアは社会思想や政治思想の範疇で論じられることが多いが、「存在の連鎖」「逸脱・異常」、さらに「怪物・奇形」と続くテーマ系に類縁関係が深いと考えた方が、現在のところ面白い議論が期待できそうだ。以上に加えて、このテーマは「分類」に特徴的な整合性、「旅」がもたらす異境と他者の発見といった諸要素を総合し、一つの「語り」に組み立てたもので、どの要素に強調が置かれるか次第で、そのありようは微妙に変化する。強い現実否定の意思に促されて社会改革の夢を理性の言葉で語ったのが、モレリー『自然の法典』〔b Morelly〕であり、ルソー『社会契約論』であった。フランス大革命期は事情が少し異なる。マレシャルの戯曲『王たちの最後の審判』〔b Maréchal 2〕では、すでに成就した革命が君主たちをいかに始末するかがテーマであり、ユートピアは現前する事実であって、「どこにもない場所」ではなくなっている。一方、啓蒙哲学の流れを汲むコンドルセ〔b Condorcet〕の場合は、革命政府に断罪される思想家の心に宿った、進歩と理想が花開く未来像が問題となる訳で、ユトピストと革命権力との珍しい相剋の一例として、注目に値する。

ビュフォンの奇形図

だが、これらの思想家や作品は、一八世紀社会思想史がくどいほど繰り返してきた常套句の垢にまみれている。それに対して、音楽、なかんずくラモーの和声学〔b Rameau〕、建築図面、なかんずくルドゥー、ルクー、ブレの作品、さらに一九世紀に入って、ナポレオン政府が公募した都市記念建築物設計図面〔b Projets〕、さらにさまざまな図案、なかんずく『百科全書』の図版《大理石加工業》〔b ENC 1, t. XXII, Recueil de Planches, «Marbrerie», Pl. XI〕に見られる、調和と整合への異常ともいえる強い嗜好をも、また「ユートピア」と呼ぶことができるのではないだろうか。

いわゆる「ユートピア文学」が、「島」を好んで舞台にしたことは知られている。この種の草分け作品と言える、ヴェラスの『セヴァランプ族の物語』〔b Veiras〕も漂流譚で始まるが、マリヴォー『奴隷の島』〔c Marivaux〕では単なる身分転倒の口実的空間だった島が、先ほどのマレシャル『王たちの最後の審判』になると、王殺しの祝祭空間に変容する。ヴォルテールの『カンディード』は、そのいずれとも違う独自のしたたかなユートピア処理

ブレ設計のニュートン霊廟

ラモーの和声学

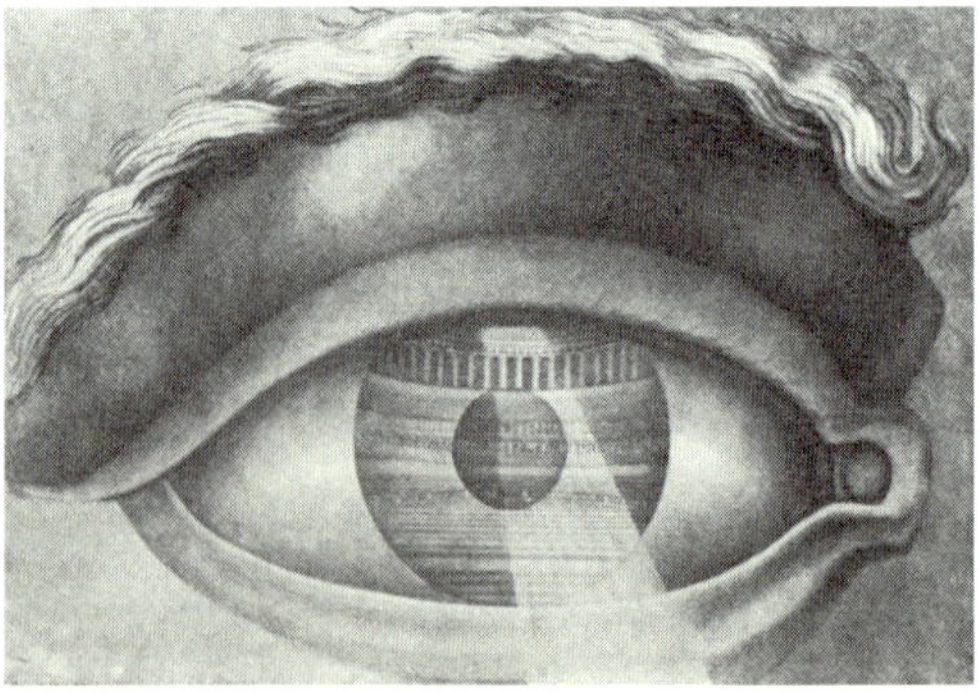

ルドゥーの瞳に映ったブザンソン劇場

ナポレオン時代の都市記念建築物設計図

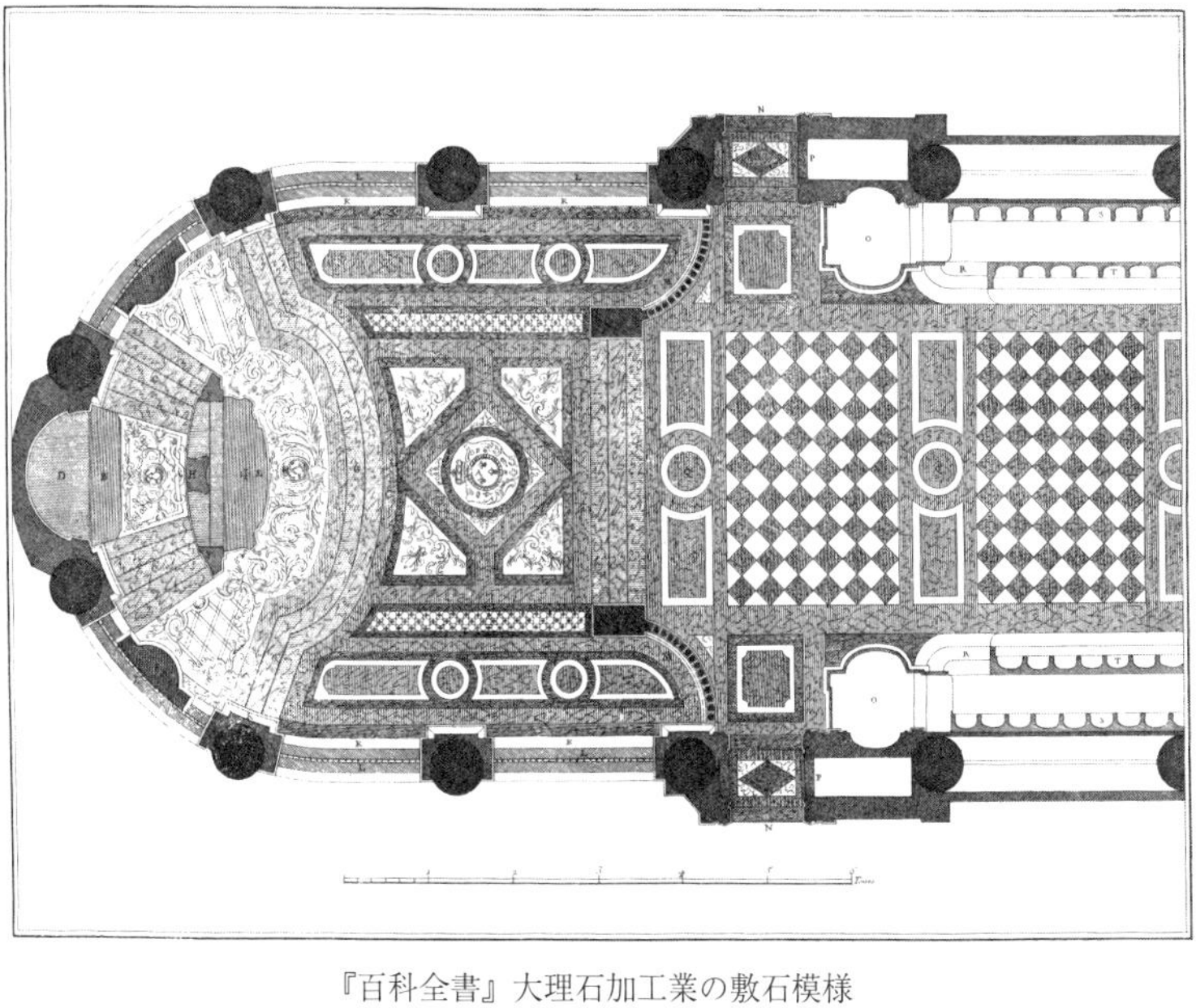

『百科全書』大理石加工業の敷石模様

が特徴で、要するに登場人物たちのたんなる通過地点にすぎない黄金郷というものを描き出し、しかもそれに「退屈」という得難い特性を付与したのである。まったく憎いことをするものである。

時間の変容が主題となる「ユークロニー」(「どこにもない場所」を意味するユートピアに対して、「どこにもない時間」)も見逃せない。この空間の世紀は、革命前に早くもユートピアの地理的幻想を消耗しつくしてしまった。否応なく、文学は時間化に向かい始める。メルシエ『西暦二四四〇年』(b Mercier 2)は、かくして初めての時間ユートピアとして現れる。

結びに代えて

本章で私が試みたのは一種の思考実験であったと言ってもよい。勤務していた大学の図書館に収蔵されている一八世紀フランスの古版本、およびその周辺のみにコーパスを限定し、どこまでも原典に問いかける形でテーマの選択と連関を考える方法である。テーマ系の設定は、当然のことながら限定されたコーパスの側からの逆規定をこうむることになる。要するに、手元にない本はいくら欲しくても使えないという訳なのである。日本という文化的・地理的にフランスから隔たった環境で研究活動に従事する場合、この方法は一つの可能性と、そして当然のことながら一つの限界とを指し示すモデルケースとなりうるかもしれない。

Ⅲ　理性の夢

第六章　繁殖する自然
——博物図鑑の世界——

はじめに

美しい図版に描かれた珍しい鳥や蝶や花を愛でる目の快楽にとどまらず、博物誌、博物図鑑はそれ自体一個の「知」のシステムとして、さまざまな角度から考察され、論じられるべき分野でもある。以下の小論ではもっぱら断章形式による記述によって、そうした博物誌資料の持つ歴史的、または今日的意味を考えるための糸口となるような考察を試みたい〔本書の執筆に際しては主として以下の文献を参考にした。a 西村 1, 西村 2, c Blay, c Daudin, c Harthan, c Jardine, c Petit, c Pinault 2, c Pinon〕。

1　分類すること

生きることとは分類することである。私たちは身の回りのすべてのものを整理し、しかるべき枠やカテゴリーに位置づけないと気がすまないし、落ち着かない。狭い生活圏域で暮らしている場合はともかく、かなり長い時間をかけて移動したり、旅行したりする時でも、ふだん目にできない珍しい風景や人や存在に目を見張り、やがてそれらの対象を自分の意識の中に取り込んで、なんとか「正常化」しようとする。そのとき、私たちがやっている営みは、まさしく分類なのである。

博物学とは何よりもまず分類の学であった。たとえば、古代のアリストテレスは、動物学の創始者であり、四〇〇種以上の動物を知っていた。うち五〇体は解剖までしている。『動物誌』において、アリストテレスは動物について二つの大きなカテゴリーを区別する。血液が赤い動物とそうでない動物。前者が脊椎動物であり、後者は無脊椎動物である。これは動物に関するもっとも古くて、新しい「分類法」の一つであった。

アリストテレスの後、何人かの自然学者が動物学に手を染める。とりわけ『博物誌』を著したプリニウスがいる。だがプリニウスをもってしても、肝心の分類にさしたる進歩は見られなかった。時代は下っても、ギリシア・ローマの観察に新しい知見をもたらすような寄与はなかなか生まれなかった。コンラート・ゲスナー(一五一五―六五年)は素晴らしい版画に彩られた『動物誌』(一五五一―五八年)を書き、ウリッセ・アルドロヴァンディ(一五五二―一六〇七年)の一〇巻におよぶ百科事典は、動物学に関する知識の集大成であるが、そこで採用された分類はアリストテレスのものとさしてえらぶところがなかった。そこに見られるのは、動物に関する文学的ともいえるような雑多な情報の歴史なのであって、信じ難いほどの誤解や思い込みが紛れ込むことになった。また、ゲスナーは『動物誌』で、アルファベット順というきわめて非科学的な配列法を採用してもいる。

一七世紀、英国人J・レイ(一六二八―一七〇四年)とその友人のウィラビー(一六三五―七二年)は、解剖学的な観察のおかげで、脊椎動物の分類を改良した。レイは、魚はえらによって呼吸するが、他の脊椎動物は肺を持っていることを発見した。心室が一つしかない心臓をもつ蛇は、心室が二つある四足動物や鳥類、爬虫類から区別される。毛皮のある四足獣は胎生であるが、羽毛を持つ鳥類は卵生である。一方、ウィラビーは鯨類に胎生四足獣のあらゆる特徴を発見した。

人間解剖学の発達が動物の解剖学的研究を進め、資料が蓄積されて比較解剖学が生まれる。一六七五年頃のことである。脊椎動物についての知識にくらべて、無脊椎動物の研究は今一歩であったが、マルピーギ(一六二八—九四年)、レーウェンフック(一六三二—一七二三年)、スワンメルダム(一六三七—八〇年)などが、顕微鏡を用いた微小世界の研究を進めた。スワンメルダムは、昆虫、甲殻類、多くの軟体動物やさそりの組織を研究した。一七、一八世紀人が新しいコンセプトに基づいた分類を考えるとき、なによりもまず心がけたのは、偉大な先人たちが打ちたてた巨大な世界体系との関わりであった。植物学の領域でラマルクが行った、先行システムの網羅と批判がまさにそれである。『フランスの植物相』(一七七八年)でラマルクは、先人の業績をおおいに評価しながらも、それらがすべて「体系」すなわち「人為分類」であることを批判した。「人為分類」は実践的、教育的な目的をもち、動植物の種類を見分けるのに役立つだけの、比較的安易な分類法である。それに対し、多くの博物学者が試みようとしていた「自然分類」とは、全生物の本質を把握したいという哲学的要請に促されており、当然ながら、個々の動物や植物のすべての特徴や性質を網羅することから始めなければならない。これはほとんど人間の能力を超えた企図であり、その仕事は果てしがない。

宇宙を単純な法則で説明しようとするニュートン哲学全盛の時に、「カオス」や「堆積」という無秩序を表す言葉で、人々が世界について思い描くイメージを形容していたことは注目されてよい。とりわけ、無脊椎動物たちが示す収拾のつかないほどの多様な混沌ぶりは、パリ自然史博物館に集う学者たちを絶望させるだけの迫力に満ちていたのである。

啓蒙の世紀はリンネ(一七〇七—七三年)の世紀であり、その作品は分類に関して決定的に重要である。リンネは『自然の体系』(一七三五年)の初版以来、諸存在の分類法を確立しようと試み、存在間の本当の類縁性を表すシステムを構築しようとした。外的特徴も把握するが、同時に存在内部に関わる解剖学、呼吸器官や生殖器官なども研究する。リンネは動物を六つの綱に分類する。すなわち四足獣、鳥類、両生類、魚類、昆虫、虫である。昆虫以外のすべての無脊椎動物は虫の中に分類される。さらにリンネは、独自の命名法を提案して大きな成功を収めた。各動物の学名は二つのラテン語の単語で成り立っている。最初は名詞で属を表し、大文字で書かれる。二つ目は形容詞か、多くの場合属格の名詞で種を表す。飼い犬のことをCanis familiarisというがごとくである。この二名法という近代的分類システムは、『自然の体系』第一〇版(一七五八年)に基づいて確立され、その中でリンネは四七三〇の種を記述している。

リンネの同時代人であるビュフォン(一七〇七―八八年)は動物学に専心し、多くの著作を刊行した。『四足獣の自然誌』(一七五五―六七年)、『鳥類の自然誌』(一七七〇―八三年)などである。ビュフォンは必ずしもリンネの考えに同調するものではなく、むしろ反対であった。二名法を馬鹿にしたビュフォンは、属や綱や目などは我々の想像力の中にしか存在せず、自然には個体しかないのだと言って憚らなかった。

ビュフォンの協力者であった解剖学者のドーバントン(一七一六―一八〇〇年)は、哺乳類の記述解剖学を創始する。それ以外にもさまざまな動物のグループを研究する動物学者たちがいた。アルテディは魚、パラス(一七四一―一八一一年)は虫、アダンソン(一七二七―一八〇六年)は軟体動物、レオミュール(一六八三―一七五七年)は昆虫、スパランツァーニ(一七二九―九九年)は実験によって蛙のような動物の受胎を研究した。トランブレー(一七〇〇―八四年)はヒドラの再生能力を発見する。

一九世紀におけるラマルク(一七四四―一八二九年)とキュヴィエ(一七六九―一八三二年)の貢献は重要である。『動物界のタブロー』(一八〇六年)において、ラマルクは脊椎を持った動物(哺乳類、鳥類、爬虫類、魚類)と無脊椎動物(軟体動物、環形動物、蜘蛛類、昆虫、腸を持った虫、ポリープ)を認める。一八〇七年、それまでポリープに分類されていた滴虫類を加え、蔓脚類を軟体動物と環形動物の間に位置づけ、結局一四の綱となった。そこには誤りも多かったが、一つ重要な区別が設けられた。それは脊椎のあるなしということである。

一方、キュヴィエの分類はまったく違う。『動物界』(一八一七年)で、キュヴィエはあらゆる動物が構成される四つの一般的プランを認めた。その四つとは、脊椎動物、軟体動物、関節動物、腔腸動物の門に対応している。キュヴィエの仕事は比較解剖学を拠りどころにしており、初めて化石の研究が現在の形態研究に結びつけられた。

両者に共通の問題意識、そしてまた確執や相違は、今日なお私たちにとっても無視できない問題をはらんでいる。

2 博物学とは何か

一七世紀末から一八世紀初頭にかけて成立した自然誌(=博物学)という学問は、それまで支配的だった自然についての素朴な説明・解釈に対し、森羅万象、すなわち自然のすべての存在についての全的記述をもって置き換えようとした。古典古代からルネサンスまで、生きとし生けるものについての知識が形成されてきたやり方とは反対に、今後、世界の理解は、もっぱら諸存在の目に見える外観や相貌を手がかりになされることになったのである。

一六世紀の末まで、自然を知るとは、空間に散在する諸存在がたがいに照応しあっている類似の網の目を解読することであり、目に見える相似の彼方に自然の秘密を発見し、個々の存在に隠れた同一性へと送り返す印を見つけ出すことなのであった。ついで古典時代は、明証と空間の感覚である視覚を特権化し、それ以外の感覚を疎かにした。そうすることで、事物の間の目に見えない密かな関係を遠ざけ、事物の可視的構造のみを優先したのである。かくして自然誌とは、目に見えるものについての命名と分類の企てとなり、生き物に関する一つの総体知として現れるのである。

自然誌の目的は、目に見えない機能や組織ではなく、表面や輪郭であった。自然誌は組成や従属といった内的な関係を無視する限りにおいて、生物学として自立することはできなかった。自然誌にとって、実際、生命とは分類の一カテゴリー、諸存在の配列の一つの特徴にすぎなかった。一八世紀の末になって、ようやく構造は有機体に、目に見える特徴は内的な従属関係に席を譲り、かくして生物学出現の条件が整うのである。

古典時代における生物学の命名と分類の仕事の中で、自然誌は次の三つの難問にぶつかったのである。一つ目は生物界の多様性という問題。一七世紀末には、すでに何万という生物種が知られていた。自然の形態は、古典的な分類概念の厳密な枠組みに還元しきれなくなっていたのである。二番目の難問は生物界の連続性である。自然は飛躍を行わない。したがって、どのような形態にもそれなりの必然性があると考えられた。「奇形」に対する異常ともいえる関心が生まれてくるゆえんである。三番目の難問は、自然界には個体しか存在せず、種や類といったものは人類の想像の産物でしかない、という疑問である。これはリンネに対してビュフォンが差し向けた根本的異議であった。すると必要になるのは、この上なく「自然」で、神がかったところのない秩序の発見であった。それには二つのやり方があった。一番目は「体系」である。体系とは、一定数の特徴を選び出し、観察しうるすべての個体において、その恒常性と変異を研究する、というものである。この整合性を優先する方法は、それがためにまた、古典的な分類の枠組みが陥った硬直や人為性を背負い込む危険があった。二番目のやり方は「方法」である。方法は体系とは逆に、いかなる先見性からも出発しない。方法は対象物同士の厳密な比較から出発して、徐々にそれらの相違を演繹するのである。

以上を別な見方から言い直すなら、近代(一七、一八世紀)を特徴づけるものは、どこまでも水平の広がりを持つ空間の表象である。この時代の人々が、探検や夢想で見つけ出すさまざまな存在や現象は、一枚の表象図面(タブロー)に散在する多様な要素として捉えられ、同質と差異の織りなす複雑にして単純な網の目に位置づけられる。そうした地平の開けを可能にしたのは、いわゆる旅行、とりわけ遠洋航海であり、その最大の学問的形象化が、遠洋航海からもたらされた珍奇な収穫物を分類・整理する営みから生まれた博物学であった。博物学とは、この世界の果てまで充満する物質をことごとく記述しようとする学問であり、世界の混沌や錯綜をそのまま受け入れて、溢れ出る「もの」に呑み込まれることを厭わない、何とも楽天的な知の集積なのである。

3 フランス挿絵本の浮沈

いうまでもないことだが、博物図鑑は、テクストと図版の二つの部分から成り立っている。つまり、博物図鑑は挿絵本の一種なのだ。歴史を俯瞰して見ると、たとえばフランスの場合、印刷物の発明この方、挿絵本が隆盛をきわめた時期と沈滞気味の時期とが散見される。その浮沈のリズムは、当然のことながら博物図鑑の浮沈のそれと一致する。

まず、フランス挿絵本の危機、停滞の時代を拾い出してみると、三つの時期が浮かび上がってくる。一番目は一六九〇—一七一〇年、ルイ一四世治世末期である。この時期、フランスは勝ち目のない対外戦争に明け暮れ、また国内では度重なる大規模な凶作によって飢饉が広がっていた。大規模な不況期に贅沢な絵入り本の制作など論外である。二番目の時代は一八一五—二八年。ナポレオン・ボナパルトが百日天下に失敗し、セントヘレナ島に島流しになるエピソードから始まるこの時期は、ルイ一八世、シャルル一〇世と続く王政復古、白色テロなどによって象徴される反動政治の時代だった。第三の時期は一八九〇—一九〇〇年、いわゆる世紀末である。二つのパリ万国博覧会に挟まれたこの時期は、ドレフュス事件によってフランス社会全体が大いに揺れ動いた時期であり、社会主義者や急進主義者たちの活躍で、政治が混迷をきわめていた。

一方、フランス挿絵本が繁栄した時代は四つある。まず一五四五―六五年。この二〇年間は、フランス・ルネサンスの促進者であるフランソワ一世の晩年から、アンリ二世、フランソワ二世、シャルル九世と王位がめまぐるしく交代する時期で、対外的には戦争、国内でも宗教戦争が始まるなど、決して平和な時代ではなかった。だが当時のフランス文化は、デュ・ベレー『フランス語の擁護と顕揚』をもって始まるプレイヤード詩派の活躍があり、また何よりもラブレー『第三の書』『第四の書』が刊行されるなど、きわめて充実した時期にあった。二番目の繁栄期は、一七五五―七五年まで。この期間はいわゆるフランス啓蒙主義文化の隆盛期にあたり、またディドロ、ダランベールによる『百科全書』の刊行期ともほぼ重なる。第三の隆盛期は一八二八―七〇年まで。七月王政と第二帝政期をほぼ完全にカバーする時期で、ロマン主義から始まる一九世紀フランス文化の隆盛期にあたり、また挿絵本にとって欠かせない銅版画と出版文化とが栄えた時代でもあった。最後の時期は二〇世紀に入って一九一八―四〇年。これは両次大戦間と呼ばれる時代で、二〇世紀芸術・文化のあらゆる運動・動向が出揃い、さまざまな実験や模索を繰り返していた、きわめて創造的で野心的な時代である。

4　博物図鑑の誕生背景と発展

ルネサンス期の大航海による諸発見は、薬草園や動物園の発達を促した。画家自身が大旅行を試みるようになり、一六世紀以降は、自然の偉大な景観を描出するようになる。異国趣味もそこから生まれる。王侯や聖職者、法律家は、珍品陳列室に思い思いの品を収集し始める。さらにオリエント、ビザンチン、イスラムの写本、あるいは西洋の彩色写本に直接想をえて、図版集が制作され始めた。

画家は庭で栽培した植物か、あるいはその標本を手本に写生した。動物は動物飼育所で見るか、剝製をモデルにする。だが、一九世紀までは、どちらかというと先行図版をコピーすることが多かった。

かつての博物図鑑と呼べるものには二種類あった。まず、布、木、銅版に描かれた多彩な画材のもので、王侯貴族の陳列室用に制作された作品。王侯貴族の博物誌に対する関心を証し立てると同時に、お抱えの高名な画家の写実力を示すことが多い。もう一方は、より個人的な作品群である。なめし皮に描かれ、さまざまな種を画像で分類保存し、愛好家への啓蒙にもなった。また、学者と協働することで、人体の神秘を発見したり、鉱物学や化石に通暁することにもなるのである。こうして見てくると、自然の細密描写は素描の発達と無関係ではない。素描の多くは博物図版に使われるようになるが、ただし多くの場合、彫版師の仕事が素描のせっかくの出来映えを裏切ってしまうこともある。素描はそれ以外も、刺繡、織物、磁器などの職人のために用立てられることがあった。

こうした気運を背景にして、大コレクションと呼べる装置が整い始めることになる。「驚異の部屋」(ドイツ語で「ヴンダーカマー」)への趣味が培われ、諸種の大発見や思想上の大変動を促した。この動きは当然ながら、博物画の進展にも寄与することになる。

メディチ、ハプスブルク、ブルボンの王家たちのコレクションの中でも、一際群を抜いて、画家たちの上質な画業が注目されるのが、「王のヴェラム」[1]と呼ばれるフランス宮廷のコレクションであった。一七世紀フランスは、博物画集の編纂という事業で博物図鑑史上でも最重要の時代である。

ガストン・ドルレアン(一六〇八—六〇年)のヴェラム・コレクションに端を発するこの図版収集は、一六三一年に画家のダニエル・ラベル(一五七八—一六三七年)がブロワで制作を始めたのが最初と言われる。だが、当時の最大の絵師はニコラ・ロベール(一六一四―八五年)であった。ロベールは当代一の花の画家という名声を確立しており、一六四五年から一六六〇年まで、ブロワでガストン・ドルレアンに仕えた。ガストン・ドルレアンはコレクションを甥のルイ一四世に遺贈し、ここに、ヴェラムに描かれた花と鳥を中心とする世界に誇るコレクションが、ヴェルサイユ宮廷で構築され始めるのである。

一六六六年、ルイ一四世はニコラ・ロベールを「国王御用の細密画家」に任命し、年棒六〇〇リーヴルで年間二四点のヴェラム制作を義務づけた。ロベールは全部で七二七点を制作する。これらのヴェラムは博物画に大きな影響を与えることになり、大勢がコピーをした。また、芸術ジャンルの絵画にも影響が大きく、布やヴェラムに描いた花束絵などが流行する。大革命期の一七九三年、国民公会は王のヴェラムを自然史博物館に移す。コレクションの継続が決定し、動物と植物の専門画家を任命する公募があった。ニコラ・マレシャル(一七五三―一八〇二年)が動物専門、ルドゥーテ兄弟が植物専門にそれぞれ任命される。とりわけピエール＝ジョゼフ・ルドゥーテ(一七五九―一八四〇年)は、一八世紀末から一九世紀初頭にかけての最大の博物画家で、国家コレクションに五一九点制作している。ナポレオンによるエジプト戦役のあと、この国の博物誌記述にも多くのヴェラムが制作された。アンリ＝ジョゼフ・ルドゥーテ(一七六六―一八五二年)は一一四点のヴェラムを制作している。

5 記号・図像・寓意

一七世紀以降、中世以来の世界共通語であったラテン語が衰退するにおよんで、代わりに科学や哲学の世界に重用され始めたのは、「記号」と「図像」だった。記号とは専門述語のことであるが、さらに図像が加わって、視覚の支えをえることが、真理への到達や十全なコミュニケーションに必須の条件であることが認められたのである。

すでに一六世紀頃から、書物は豊富な版画や挿絵がつき、たとえば機械の部品の働きを説明したり、幾何学的推論や物理学的法則を読者に理解させるような場合、絶大な威力を発揮した。ルネサンス期画家たちは科学的な訓練を受け、断面図や透視図といったさまざまな人工的図解法を確立し、目に見えるものばかりではなく、概念、定義、意味といった非図像的な抽象物をも表現するメディアを育てた。このようにして、ルネサンス期から図像は美術の独占物ではなく、たとえば博物画などのように、新しい役割を担うジャンルとして独立したのである。
一七、一八世紀、すなわち思想史上で古典時代と呼ばれる時期に、図像はテクストと並んできわめて重要な役割を担うようになる。一六〇九年一一月三〇日、ガリレオは月面観測の結果、月にも地表と同じ凹凸があり、山や火口などのシルエットが認められることを発見したが、図版付きの書物でなければ、読者は容易に納得しなかっただろう。デカルトの『屈折光学』(一六三七年)も、説得的な図版なくしては、虹をめぐって展開する光の屈折に関する論述を理解させることは困難だったと思われる。
西欧における書物の歴史は、パピルス紙でできた線状の巻物から、羊皮紙を切り分けて綴じ合わせたコーデックス(冊子体の綴じ本)が生まれたとき、大きな転換を経験した。巻物は読書の時間に合わせて繰り延べられる線的特質を有し、連辞性(syntagme)が特徴である。一方、コーデックスはページをそなえ、どこからでも読み始められる範列性(paradigme)を有している。カセットテープ、マイクロフィルム、ヴィデオテープは、コーデックスに比べると、本質的に連辞性を本質とする。だから、頭出しができず、不便なことこの上ない。コーデックスは、現在の書物と同じで、好きなページにいつでもアクセスできる範列性が強みである。ところが、その後も読書行為は、なぜか線に即した連辞性を軸にして行われた。

さらに、一七世紀までは、図版の文法ですらもが言葉の文法に従い、もっぱら連辞性に絡め取られていた。ホ

『百科全書』扉絵

ラチウスの *Ut pictura poesis*「詩は絵のごとくに」は、やがて *Ut poesis pictura*「絵は詩のごとくに」と読みかえられた。すなわち絵を見る者は、文章を読み解くように、描かれた対象を解読しなければならない。寓意の約束事に通じている必要があるのである。挿絵は原テクストが伝える唯一の「意味」を媒介する道具である。絵の構成要素を「文」にまとめて読者に教えること、これこそがイメージの役割であった。読者に自由な読みの余地を与えない図像表現というわけである。

ここで、分かりやすい一例として、ディドロとダランベールの『百科全書』巻頭に掲載された扉絵を解読してみよう。これは挿絵画家コシャンの原画に基づく銅版画で、『百科全書』本文第一巻に後から挿入されたものである。「啓蒙」(理性の光で無知の闇を照らす)の旗印をそのまま絵にした寓意画だ。画中に見られる二七名の人物(女性二六名、男性一名)を、手にしている「持ち物」などから絵解きした結果は以下の通りである。(1)「真理」(ヴェールを纏っている。「理性」「哲学」にヴェールを脱がされかけて光を発し、光は周囲にある無知蒙昧の黒雲を吹き散らしかけている)。(2)「理性」(右手で「真理」のヴェールを脱がせようとしている。左手には轡があり、手前の「神学」を牽制している。この轡は、本来は罪深い情念を抑制する「キリスト教理性」を表す)。冠も、もともとは諸学の王である「神学」がかむるべきものだ。(3)「記憶力」(光の方を見ている)。(4)「想像力」(裸体になる「真理」に芸術花飾りを差し出している)。(5)「神学」(真理に背を向け、天から射してくるはずの光を待って仰ぎ見ている。左手に聖書。本来は地球儀の上に坐っているはずである。また、跪いた姿勢は「祈禱」を表すもの。啓示を待つ恍惚の表情からすると「聖性」。きわめて曖昧に描かれた寓意図である。要するに「宗教」が「理性」に負けている事態がカムフラージュされていると解せる)。(6)「哲学」(右手で「真理」のヴェールを引っ張り、左手で「神学」を制している)。(7)「古代史」(右手に骨董屋で売っているような小像、左手にスフィンクスとブレスレット)。(8)「近代史」(暗闇で光に背を向け、一心不乱に年代記を執筆中)。(9)「時」(足下に鎌を持った老人で、「近代史」のノートを机代わりに背中で支える)。(10)「物理学」(ロバート・ボイルの実験器具に右手で触っている。器具の中では空気を抜かれた小鳥が死んでいる。画中の多くの女性は、「真理」ではなく、この器具を注視しているように見える。これは図像学の伝統を打ち破る新しい要素である)。(11)「幾何学」(ピタゴラスの定理を描いた図形を眺めている)。(12)「天文学」(後ろ姿で、髪の毛に星があしらわれており、左手で天球儀に触っている)。(13)「光学」(右手にルーペ、左手に顕微鏡)。(14)「化学」(左手で実験器具を抱えている)。(15)「植物学」(左手に鉢植を抱える)。(16)「農業」(右手に新型の鋤を抱え、左手で「植物学」と接触。この新型鋤も、図像学の伝統を打ち破る新しい要素である)。(17)「牧歌詩」(牧人の杖と笛)。(18)「叙事詩」(右手に竪琴、左手にラッパ)。(19)「悲劇」(右手に短剣、左手におそらくは毒の入った杯)。(20)「喜劇」(右手に道化杖、左手に仮面)。(21)「風刺詩」(右手に矢)。(22)「音楽」(右手にハープ)。(23)「建築」(右手に定規、物差し、コンパス)。(24)「絵画」(左手に絵筆の束)。(25)「彫刻」(右手に鑿、左手に槌。「彫刻」の前に上半身だけ見せて仰向けに横たわる女性は、すでに完成した作品か)。(26)「金銀細工師」(お盆に乗ったスープ皿)。(27)「織物職人」(布地)。

だが、右にのべたようなお行儀のいい寓意絵の伝統は、一八世紀になると、図版がテクストを裏切り、過剰な意味や刺激やほのめかしを発信するようになって、たちまち揺らぎ始める。『百科全書』補遺の巻に収録された一連の「両性具有者」解剖図などは、科学や教育を隠れ蓑にした、きわめて隠微な欲望の発現形態として解釈することもできよう。

6 博物図鑑さまざま

(1) 動物図鑑諸期

第一期　古典古代の復刊期とも呼ばれ、一五二九年までを指す。ルネサンス人にとって、古代人の書物はきわめて重要であった。命名と分類に腐心したアリストテレス、さらにアリストテレスの知識に、挿話や奇跡を追加して浩瀚な博物誌を執筆したプリニウスが好んで読まれた。むろん宗教性の色濃い時代であり、聖書は依然として自然学や動物誌の発想源であった。前世紀半ばに発明された印刷術のおかげで、多くの古い動物誌が無差別に印刷されたため、たくさんの神話や幻想がルネサンスの人間に受け継がれた。印刷術で図像の役割は大きく変わった。印刷それ自体はモノクロームであったから、彩色は書物の購入者の仕事になる。ある意味で彩色を施された図像は、著者とは何の関係もない、別な情報ということになる。

第二期　古代との照合作業期といわれ、一五三〇年頃から始まる。この頃になると、ようやくオリジナルの動物誌が制作され始めた。古代にいくら学んでも、プリニウスやアリストテレスの書物からは、実際の動物を確認できないからである。こうして物と言葉の照合を目指す努力が営まれるようになる。往々にして、動物誌は辞書や索引の形をとるようになった。書物はやっと手稿のくびきを脱し、タイトルページが充実し、作者名や印刷所名が記載されるようになった。また、動物を利用して薬剤を得ようとする試みもこの頃である。

第三期　一五五〇年から六〇年にかけてである。図像というメディアを介して自然の記録を試みた時期で、この時代の立役者はコンラート・ゲスナーであった。古代人と絶縁した新しい図版が制作され、これが次々と複製されて、書物の内容にまで影響するようになる。この頃から博物学者たちは、おたがいに引用しあう習慣を身につけた。そして図版はテキスト同様に重要な存在となる。

第四期　探検の時期で、一六一〇年頃から始まる。新世界の動物がくまなく調査され、研究されるようになった。当時、図版は二つの役割を果たしていた。一つ目は動物の同定である。読者にとって、図版から与えられる新しい発見はなく、ただ動物を再認するだけである。再認とは、読者の心にあらかじめ存在するイメージを確認するだけの営みで、図版の現実の動物との類似は問題外であった。二番目の役割は動物の説明である。対象はどちらかといえば幻獣を含む未知の動物、新世界から入ってきた動物である。この同定と説明の両者の役割は、いうまでもなく交換可能であった。この時期は、ルネサンス期の百科全書的な探究を無謀な試みとあきらめ、解剖や分類に向かうものが多かった。いわば転換期にあたる。

第五期　アカデミックな時期で、一六六〇年から一七〇〇年をカバーする。この一七世紀後半期は、アカデミーや科学研究所の誕生と軌を一にし、図版技術の面では、銅版が木版にとって代わった。それによって図版と本文は同時に印刷することができなくなり、図版は文から分離して編集されるようになる。また顕微鏡が発明され、微生物への関心が生まれ、解剖が注目されるようになる。博物誌は各国語で執筆され、ラテン語は衰退し、書物は薄く小さくなり始めた。この時期、科学革命を担った人々は、貴族のサロンや知的なサークルを活動の場にしていたが、政府は一六六六年に科学アカデミーを創設し、科学の国家規模での大規模な利用を目指した。科学アカデミーは、王立コレージュ、植物園と並んで、科学研究の中心的存在になった。

ウサギとホウレンソウ

パリに行くたびに立ち寄るカフェがある。常宿にしているホテルの近くで、けっこうまともな食事も出す。遅くまでやっているから、友人とコニャックをやりながら粘るのにもいい。

このカフェに面白いウェイターがいて、いつの間にか仲良しになった。名をジョルジュという。仲良しといっても、そこはフランスのこと、杯をかわしたり、釣りに出掛けたりするわけではない。ウェイターと客との、ありきたりのおしゃべりが付き合いのすべてである。

ところが、このありきたりがなまじのありきたりではない。ジョルジュは会話の達人なのだ。ことの始めはアボカドのサラダだった。アボカドの切り身を並べた大皿の端に、シャンペン・グラスみたいな容器がのっていて、中に小エビが入っている。「二階建てのサラダだねえ」と、私としては精一杯の冗談を言ったら、「でもエレベーターがないもんで」とあっさり返してきた。

それからは一事が万事である。私が一〇サンチーム貨(三円弱)を落としたら、拾ってくれて「財産の始まりですよ」。自分がフォークを落とした時は、「こいつは今日の予定になかった」。いわゆる日本式駄じゃれは、出来のよいものほど、相手を絶句させ、会話を中断するが、ジョルジュの軽口はそれこそ軽口のワインのように、話に弾みをつける。忙しいサービスの合間ゆえ、セリフは短いが、ピタリと決まる。

今年の九月、明日は帰国という夕食にウサギを注文した。運ばれてきた皿は、つけあわせのホウレンソウの量がものすごい。思わず目を丸くすると、「東京までのフライトじゃ、ウサギも腹がへるでしょうからね」。食べ終わって「おいしかった」と言うと、ニヤリとして「そう言っているのはあなたかな、それともウサギかな」。

時々、ジョルジュにひどく会いたくなる。まだあの店にいればの話だが。

一七世紀から一八世紀にかけて、博物図鑑を含む、いわゆる挿絵本といわれる書物が人気を博するようになった経緯を、本作りの社会的な条件という側面から考察してみよう。まず新しい読者層と出版業者が、それまで強大な権力を振るってきたルイ一四世システムから離脱したことが挙げられる。活字製造業者は王立印刷局から独立し、製本職人と金箔師は出版業者から独立した。このように、出版業の内部で、中央集権的システムが崩壊し、

レッソン『フウチョウの自然誌』

レッソン『ハチドリの自然誌』

分業体制が兆したのである。次に画家、素描家が彫版業から独立したことも大きい。この独立は、画家にとって顧客の増加を意味し、また挿絵がテクストと同列に並ぶことで、文学の側からの庇護をかちえることにもつながった。挿絵本は人気があったため、画家にとっても大きな経済的な利益をもたらしたのである。

三番目に書物全体が小型化したことがあげられる。in-folio, in-quarto といった大型サイズが、in-octavo, in-12, in-18 という小型判型に道を譲り始める。歴史的にみて、大型本が重用される時期は、知の階層化と安定化の時期であり、小型本が流行する時代は、社会と文化が流動的な時期にあたるようである。

第六期　動物誌の第六期は、啓蒙時代から一九世紀へかけての充実した時代である。一七、一八世紀は植物、とりわけ花を好んだが、一九世紀は動物、とりわけ哺乳類を好んだ。

ヨーロッパ博物学の全盛期は、フランスの場合、ナポレオンが覇を唱えた一八〇〇年前後の時期、それから一九世紀後半のイギリス・ヴィクトリア朝であった。なかでも、フランス国立自然史博物館に収蔵されている、六〇〇〇枚におよぶヴェラムに描かれた細密画のコレクションは、後世の挿絵本や図鑑のための原画として利用された。

だが、フランスの博物学挿絵本を支えたのは、細密画師だけではなかった。歴代の王朝やナポレオンは、海外政策を絡めて世界の地勢を探る探険船を送り出し、これに大勢の博物学者を乗り込ませた。アフリカから南米を周った博物学者ルヴァイヤン(一七五三―一八二四年)は、鳥の専門絵師バラバンと組んで、フウチョウ(別名極楽鳥)をはじめとする熱帯産鳥類に関わる、まことに豪華な挿絵本を出版した。他に猿類の図版を初めて集大成し

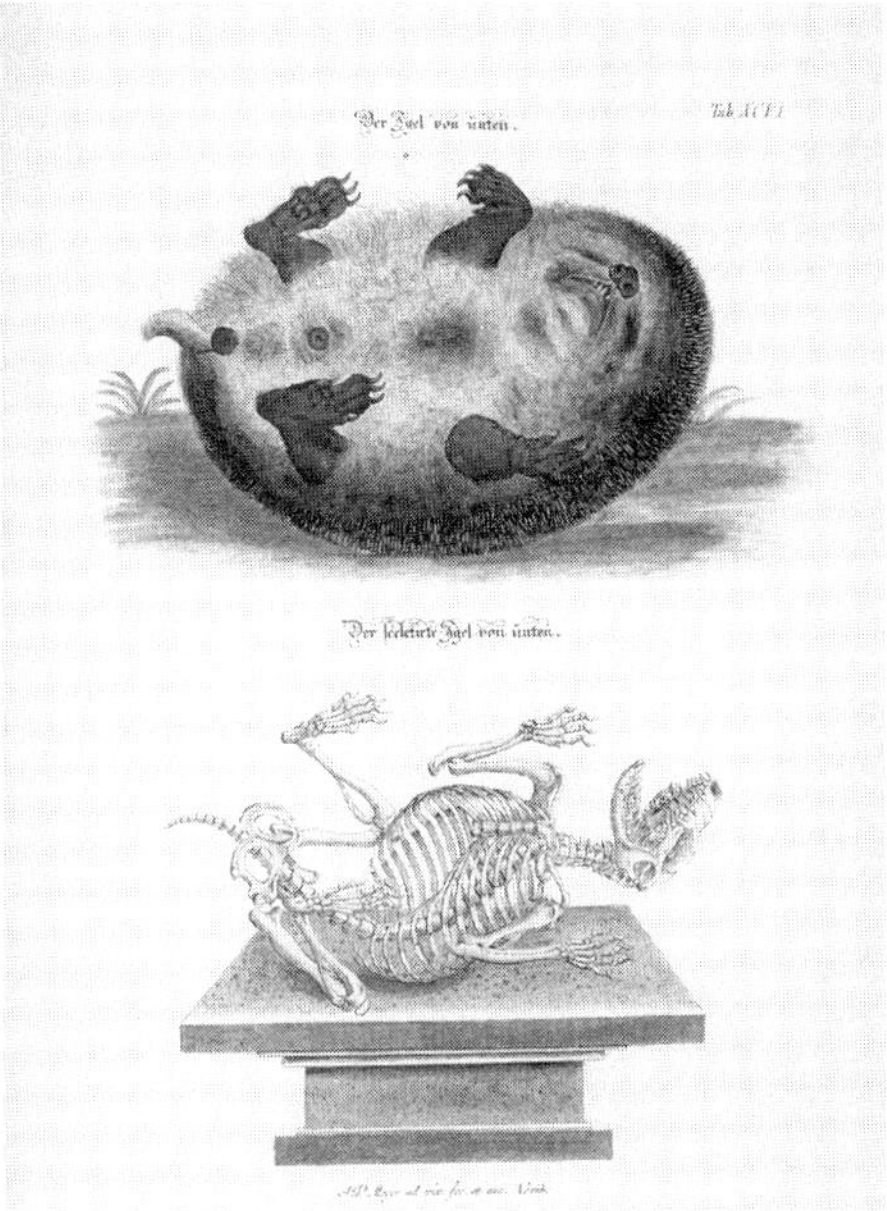

マイヤー「仰向けのハリネズミとその骨格」

ビュフォン「瘤のあるヒキガエル」

たオードベール（一七五九―一八〇〇年）、その後継者で、鳥類図譜の専門家ヴィエイヨ（一七四八―一八三一年）らも重要である。当代最高という評判の花の絵師ルドゥーテも活躍していた。またコキーユ号に乗って探険旅行を行ったレッソン（一七九四―一八四九年）も、細密画家プレートル（一八〇〇―四〇年）の協力をえて、熱帯産の鳥や魚や貝に関する挿絵本を刊行した。すなわち冒険好きな博物学者と画家のコンビによって、優れた博物図鑑が日の目を見たのである。

この時代の図譜がことごとく大判なのは、図像を実物大で描き出そうとしたためである。

シュロッサー「アンボイナホカケトカゲ」

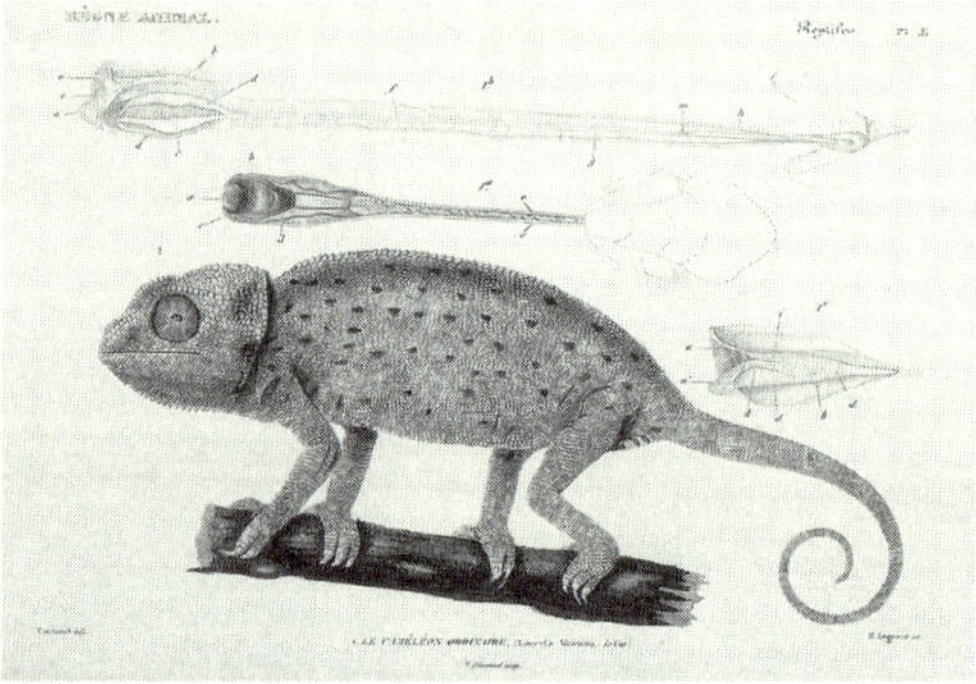
キュヴィエ「カメレオンモドキ」

サグラ「カメレオン」

ゴス「イソギンチャク類」

▲ビュフォン「船を襲うオオダコ」

◀キュヴィエ「チョウウオ」

(2) 花・植物

植物学の歴史は古く、遠いギリシャ・ローマの古典古代にまでさかのぼる。古代人たちは植物を命名記述し、その医学的な効能を探し求めた。ヨーロッパでは一六世紀頃まで、薬物といえばほとんどが植物であり、植物の薬効を研究する本草学が博物学の主流であった。そのため薬用植物を同定する必要から、正確な図像を旨とする図版の制作が欠かせなかった。

一六世紀に入ると、植物学は本物の科学となり、植物の分類を目指す著作が登場し始める。

一七世紀まで著作家は、植物を人工的な方法によって分類しようとした。もっともよく知られているのが、花弁の分析に基づいたトゥルヌフォール(一六五六―一七〇八年)の分類である。

一八世紀に入ると、植物学は自然分類のシステムを採用することで、めざましい発展を遂げた。この分類は、植物の間の類縁関係が発見されたことで可能になった。その功績は、なかでもジュッシュー家とアダンソンとに帰せられる。当時、フランスの原生地帯での植物探究や外国旅行が増えるに従い、植物相はその数を増した。初めて隠花植物や、とりわけ茸が記述され、植物生理学の初期の実験が試みられ、また近代農学の基礎が据えられた。こうして植物種、その分類やさまざまな観察が、多くの著作の主題となったのである。パリ周辺の植物種を研究したので有名なのがビュイヤール(一七四二―九三年)であり、一七七四年に『パリの花々』、一七八〇年から九三年にかけて『フランスの植物図鑑』を刊行した。アメリカ、アジア、アフリカへの旅行も、新しい種類の植物の発見をもたらした。たとえばミシェル・アダンソン(一七二七―一八〇六年)は、一七四九年にセネガルに赴き、一七五四年、ブレストに帰還すると、著名な『セネガルの自然誌』を刊行して、三〇歳にして科学アカデミーの会員に選ばれることになる。

南アメリカに赴いたのはジョゼフ・ド・ジュッシュー(一七〇四―七九年)で、ここに三五年も滞在することになった。ジュッシュー家はジョゼフ以外にも多くの自然学者を輩出し、さらにベルナルド・ジュッシューの弟子であるミシェル・アダンソンも加わって、それまで権威を保っていたトゥルヌフォールの人工的な分類を完全に否定し、「自然そのものの中に、自然の体系を探しもとめるべきだったのだ」という信念のもとに、植物の厳密な観察に基づく自然分類法を確立したのであった。

植物図鑑について調べてみよう。古代からお馴染みであった植物の図、とりわけ薬用植物の図版は印刷本にすぐに姿を現した。一四八〇年代、多くの植物標本の書物が刊行される。図の正確さは問題ではなく、それは木版では詳細な表現がかなわないことからも当然だった。だが植物学の進化は迅速であり、五〇年後には、レオンハルト・フックス(一五〇一―六六年)の書物のような、本当に学問的な植物図が出現する。一七世紀に銅版画が普及し始めると、版画はますますもって科学に利用されるようになる。あらゆる細部の正確無比な表現が困難であることや、手彩色を塗り加える問題などがあり、独自の方法が求められた。乾燥した標本を挿絵代わりにした植物図鑑とか、植物自体をプレスにかけてえられる自然の刻印など、さまざまな方法が試みられた。

花の静物画ともいうべき「フラワーピース」というジャンルがある。実生活で流行した「フラワー・アレンジメント」が、とりわけ一六世紀から一七世紀にかけてのオランダ静物画で、宗教性や寓意性までまぶしてもてはやされた。元来は美術作品として制作されながら、博物画と呼びたくなるような芸術である。中国や日本では、「花鳥画」と呼ばれる作品のカテゴリーがそれである。

花を中心とする植物図鑑の着想源は、何といっても庭園である。庭園は古来画家お気に入りの領分だった。外の自然を求める画家もいるが、多くの人々は庭園内部で自然を研究したがった。中世以来、庭園は都市の各所に設置され、そこに画家、学者、素描家が集い、教育や研究の場として重要な役割を果たした。その意味で、建築、

ソーントン「スタペリア」

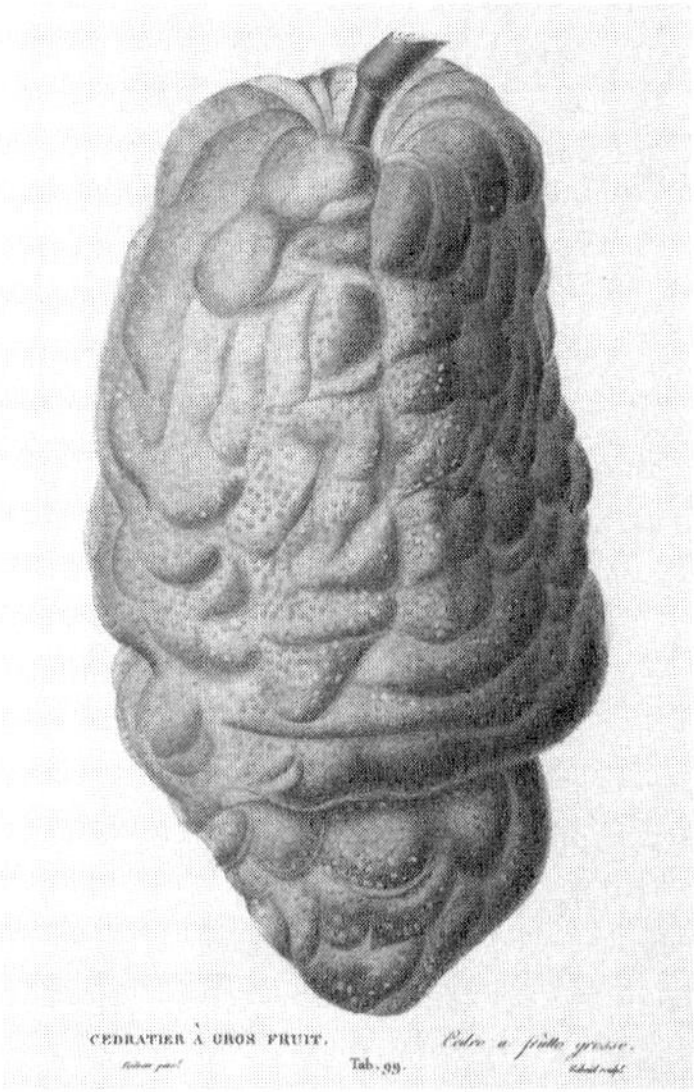

リソとボワトゥ「巨大な実をつけるレモン」

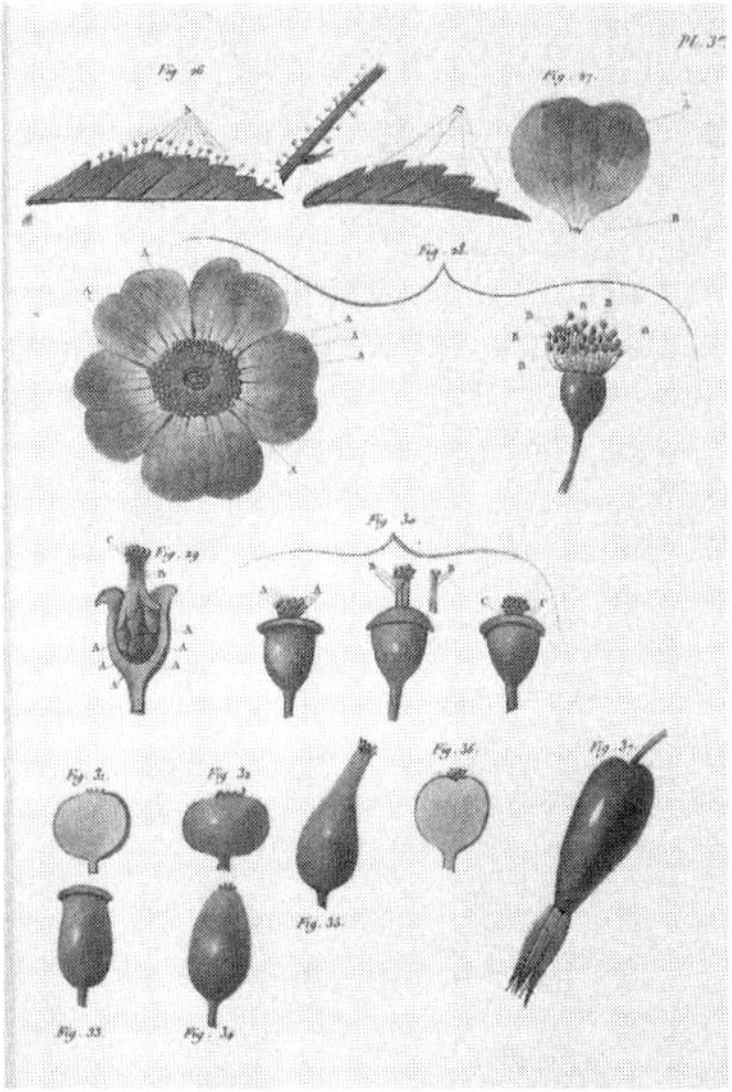

ルドゥーテ「バラ各部」

ロック「ドクヤマドリ」

自然科学、医学、画家、庭園は、おたがいに密接な関係を持つ。

中世の細密画以来、とりわけ北方諸国では、室内を描いた絵の窓越しに見える庭が特長である。囲いのある庭園図ともいえるその画想は、フランドルやオランダで流行した。中に動物飼育所なども見え、鳥瞰気味に花壇を広く描く手法が普及した。そこはかとない「静謐」の印象を醸し出すのが、このジャンルの特徴である。

一八世紀末の庭園は、画家にとって重要な素材だった。文学、詩、科学や旅行のおかげで、画家は外気や自然を発見し、それが庭園にも新しい眼差しを注ぐ結果となった。庭園というテーマの英仏での流行には、注目すべきものがある。

さらに、植物園という存在はきわめて重要である。まずそれは、イタリアと全ヨーロッパにおける薬草園の流行で始まった。一五三三年、パドヴァ大学に薬草学の講座が開設されたのは、事件といえるものだった。ピサの植物園は一五四三年創立で、ヨーロッパ最古である。

やがて王侯や貴族が競って植物園を建てたのは、大航海の土産である珍しい植物の出現と、軌を一にしていた。その背景には英国の大博物学者の役割があり、クック船長に随行したバンクス(一七四三—一八二〇年)の貢献がある。

フランスの王立植物園の一般公開は一六三六年だった。そこではジュッシューやビュフォンによる植物学や動物学の講義を聴くこともできた。フランスの王立植物園は、革命下の一七九三年に国有化され、館長のベルナルダン・ド・サン゠ピエール(一七三七—一八一四年)は熱心に存続を主張したのである。

(3) 大航海

啓蒙時代の申し子、あのモーツァルト本人がまずもって大の旅好きだった。

旅をしないひとは（少なくとも芸術や学問にたずさわる人たちでは）まったく哀れな人間です！……凡庸な才能の人間は、旅をしようとしまいと、常に凡庸なままです。でも、優れた才能の人は（僕自身にそれを認めなければ、神を冒瀆するものです）――いつも同じ場所にいれば、だめになります。

〔a モーツアルト 274〕

博物図鑑の担い手である学者や画家と大航海、大旅行との関わりをみていきたい。長年、北ヨーロッパ人の憧憬の対象だったイタリアを皮切りに、イスラム圏（ピエール・ブロン〈一五一七―六四年〉）、南北アメリカ（ジョン・ホワイト〈一五四〇―一六〇六年〉と西インド諸島ほか、ジャック・ル・モワーヌ・ド・モルグ〈一五三三―八八年〉とフロリダなど）と、人々の関心の範囲は拡大する一方だった。東インドにはめぼしい大画家が行っていないが、皆が夢中になった貝類のコレクションは見逃せない。

南アメリカはオランダ人の領分だった。アンチル諸島はフランス人が探訪したが、ここにも大画家は足を運んでおらず、博物学者が科学的なスケッチを残すぐらいだった。シャルル・プリュミエ神父（一六四六―一七〇四年）のアンチル諸島滞在が有名である。

ルイ・フイエ（一六六〇―一七三二年）神父は天文学者で博物学者。東方、アフリカ、アンチル、南アメリカ、カナリア諸島に旅行した。ジョゼフ・ド・ジュッシューは、一七三五年、ラ・コンダミーヌらの派遣団に随行して、ペルーに行き、三六年間も滞在。植物学研究に専心し、植物と鳥類の図版を制作した。

北アメリカは英国人が関心を持った。マーク・ケイツビー（一六八三―一七四九年）は、北米南東部の動植物を研究した最初のヨーロッパ人である。一七一四―一九年にヴァージニア、ついでサウスカロライナ、ジョージア、

テューンベリ「日本産シダ」

シーボルト「押し葉２枚」(実物)

フロリダ、バハマ諸島をへめぐった。

おしなべて、一七、一八世紀を通じ、地球の全地域が研究対象になった。まず、ヨーロッパでは、古い伝統に従って、地中海周辺、北方、シベリア止まりだった。トゥルヌフォール(一六五六―一七〇八年)はルイ一四世に抜擢されて、東方へ出発し、画家のオーブリエ(一六六五―一七四二年)が随行した。マルセイユを一七〇〇年五月九日に出航、一七〇二年に帰国する。オーブリエは旅の間に、五〇〇枚以上の植物の素描と、四〇枚前後の動物の絵を制作し、その一部は一七一七年に刊行されたトゥルヌフォール『東方紀行』の挿絵となった。

シャップ(一七二二―六九年)は天文学者だが、一七六一年、シベリアを訪れ、カリフォルニアで一七六九年に没する。シャップの旅に随行した画家はいなかったが、ロシアを知っているジャン＝バチスト・ル・プランス(一七三四―八一年)がシャップの本の挿絵を担当する。シャップの二回目の低カリフォルニア紀行(一七六九年)には、画家のアレクサンドル＝ジャン・ノエル(一七五二―一八三四年)が随行した。ノエルは低カリフォルニアのネイティヴ・ア

ダニエル「信天翁」

マルピカ「若い中国女性」

メリカンを描いた。これがアメリカ民俗学にとって重要な文献となる。ネイティヴ・アメリカンの顔が図版に描かれるというのは、ヨーロッパ人が博物誌と同時に、他民族の風俗や習慣にたいして徐々に目を開き始めたことを示すものであった。

北方世界も博物学者の関心を惹きつけた。スウェーデン人のルドベックはラポニアに何度も行き、鳥を描いた。筆、黒インク、水彩かグワッシュを用い、リンネ、ブロン、ゲスナー、アルドロヴァンディらの先行図版に、鳥類の名前、性、典拠を示した。

また、一八世紀に復活する世界周航で、多くの探検団に画家が同行し、絵を制作して、船長、士官、学者、博物学者、地理学者、天文学者らの記述を補った。中でも一七世紀は、アメリカ発見の世紀だったが、一八世紀末は太平洋が舞台となり、タヒチ神話が誕生するのもこの頃である。これは、ブーガンヴィル、クックから始まって、一九世紀まで続き、セガーレンやゴーギャンまで続く巨大な幻想の歴史である。

クック(一七二八―七九年)の三度にわたる大航海も、博物図鑑に縁の深いものになった。第一回の旅行におけるクックの使命は天文学だった。一七六九年六月三日、太平洋上の一点で、金星の太陽通過を観測する。職業画家は乗り組んでいなかったが、クックをはじめ、多くのメンバーが絵を描いた。ジョゼフ・バンクス、ダニエル・ソランダー(一七三三―八二年)、シドニー・パーキンソンなどである。第二回の航海は一七七二―七五年。ウィリアム・ホッジズ(一七四四―九七年)が随行画家で、風景画を多く制作した。第三回にはジョン・ウェッバー(一七五二―九三年)が参加。この画家は風景画が得意で、その画業は太平洋諸島の理解に必須のものである、といわれている。ウェッバーは原住民にも熱い関心を寄せている。タヒチの祭礼や住居図などは多くの、クックの版本で版画になった。

ラ・ペルーズ(一七八五―八八年)の随行画家は、ド・ヴァンシーとプレヴォ(?―一七八八年)である。また、行方不明のラ・ペルーズを探索に出かけた、アントワーヌ・ド・ブリュニーに随行したピロンもいる。

一九世紀はオーストラリア探検の時代だった。その背景には政治的・科学的事情が複雑に絡みあう。英国はこの植民地を流刑地にするほどだった。オーストラリアは、一九世紀を通じて多くの画家の関心を惹き、挿絵本でたびたび取り上げられた。

アメリカ合衆国は、独立戦争に画家が従軍したのがきっかけとなり、英国側もフランス側もこの新興国に関心を持った。彼らを魅惑した大陸の巨大性が、一九世紀アメリカの風景画にも影響の跡を留めている。英仏の学者、あるいはアメリカの博物学者とフランスの画家との関係が、さまざまな形で織りなされた。ウィリアム・バートラムの仕事は、アメリカの記述が主だが、フランスのシャトーブリアンのような文学者にまで影響がある。ピエール・テュルパン(一七八二—一八五九年)はフンボルト(一七六九—一八五九年)の素描家になったが、ゲーテまでが自著の挿絵をテュルパンに所望したほどであった。また、巨大鳥類図鑑で有名なジョン＝ジェームズ・オーデュボン(一七八五—一八五一年)も重要である。波乱の生涯を送った人だったが、その図版は現在もっとも高い値をつけられている。

ナポレオンのエジプト遠征の意義も大きい。博物図譜作成を任されたのが、アンリ＝ジョゼフ・ルドゥーテだった。これら博物画の影響で、一九世紀の風景画に、異国趣味が横溢するようになったことは確かである。

悲喜こもごものパリ暮らし

「留学生活記」を書くのであるから、「学」よりも「生活」の方に重点を置いたレポートにしようと思う。セミナーのことよりもワインを語り、図書館について話すよりはオペラの愉しみをつづりたいのである。

私は慶應義塾大学福沢基金による海外留学という形

で、一九八二年八月末から一九八四年三月末までの一年七カ月間、パリに滞在した。妻を伴っての留学で、子供はいない。それまでの私の留学歴というと、大学院博士課程に在籍中、フランス政府給費留学生として南フランスの地方都市モンペリエに一九六七年から一九七二年まで四年半ほどいたことがあるだけで、帰国して慶應義塾大学の文学部に就職してからの一〇年間というものは、一度もフランスを訪れていない。私のように外国文学を学ぶ人間にとって、研究の対象である国を一〇年も知らずに過ごすという事態は、昔はともかく現在のように世界が狭くなってしまった時代ではかなり珍しいケースに属する。この空白は、正直のところ、私を不安にし、苛立たせた。聞くところでは、フランスはいつの間にか社会党が政権をとり、折からの経済危機で国情はかなり悪くなっているという。物価の上昇も相当なものらしい。唯一の希望は、かつての恩師であるモンペリエ大学教授ジャック・プルースト先生が依然健在であること、それから十数年前と比べて日本円に対するフラン価が半分近くにまで下落していることぐらいである。

パリの犬のこと

私はパリの町に長く滞在したことがない。前回の留学に際しては、国立図書館を利用したくて暇があれば「上京」していたから、給費が切れてパリに移り住んだ最後の数カ月をべつにしても、延べで一〇カ月ぐらいはいたことになろうが、とにかくコマ切れの滞在だからじっくり時間をかけて土地になじむということはなかったのである。

一〇年ぶりにパリの土を踏んだ印象は「ますます汚いなあ」の一語につきる。いや、パリに土などほとんどないから石というべきだろう。石の道、つまり石畳の歩道を歩いていると、やたらに犬の糞が目につく。目につくだけならまだしも、その目を向こうからやってくる美人などに向けていると、足の方でグシャリとやってしまう。糞が目につかず、文字通り「足につく」のだ。そこで「ウンがついたぞ」などと痩せ我慢する破目になる。雨の日などは、何やら粘つくものの くっついた靴のままでアパルトマンに入らなければならない訳で、いくらゾウキンで拭っても不快感は同じである。いったいこの町の公衆衛生はどうなっているのだろう。

現在、フランスには九〇〇万匹の犬がおり、その飼育費は外務省の年間予算にほぼ等しいという。この気狂いじみたペット・ブームは何を意味しているのか。私のみるところ、現代フランス人の深刻な精神状況、つまりうすら寒い世相の中でとにもかくにも生きているという現実から生まれた名状しがたい「人恋しさ」が「犬恋しさ」となって表れているのだと思う。こちらの思い込みのせいかも知れないが、パリの街を人間のお伴で散歩する大小さまざまな犬たちは、どこか妙に賢い、つまり人間じみた表情をしている。フランスの子供がどれもヒョロヒョロと軟弱そうでませており、いかにも大人社会の予備軍といった感じなのとよく似ている。私は、この野性を喪失し、吠えることも忘れたパリの犬どもに、ひそかに「第二市民」という肩書を献上することにした。

パレ＝ロワイヤルのこと

私は一八世紀のフランス文学を勉強しており、中でもディドロという作家に特別の愛着をおぼえている。そのディドロが毎日の散歩道にしていたパレ＝ロワイヤル地区に住みたい、というのは昔からの夢だった。幸い到着の何と翌日に、そのパレ＝ロワイヤルのすぐ近く、つまり町のど真ん中の第一区に手頃なアパルトマンが見つかった。

東京なら、さしずめ丸の内と築地を合わせたようなところだと思って下さればよい。

丸の内にあたるのがわがディドロの愛したパレ＝ロワイヤル地区で、ルーヴル宮、チュイルリー公園、コメディ・フランセーズ、豪華ホテル、フランス銀行、国立図書館、各種官庁の建物などがひしめきあっており、ちょっとした繁華街をなしている。

そのパレ＝ロワイヤルからものの五分も東に歩くと、途端にガラが悪くなる。安ホテル、安食堂ばかりが立ち並ぶ薄汚い街並が現れる。一〇年前までレ・アルと呼ばれる中央市場があった、パリでももっとも庶民的な地区の一つに入ったのである。我が家はパレ＝ロワイヤル地区の東端にあって、丸の内が築地にとってかわられんとする、まさにその境目のところで両方の世界の空気を呼吸していた。ミンクの毛皮をまとった老婦人が高級車をとめて、羊の股肉を二キロも包ませている肉屋の軒下で、髪の一部をピンク色に染めたチンピラがシンナーを吸っているといった珍現象にお目にかかれるのも、この界隈ならではのことだ。社交界の常連であると同時に巷のしたたかな生活人だったディドロを偲ぶには、まさにうってつけの環境なのである。ちなみに、ディドロが生涯愛した独身女性ソフィ・ヴォランの家というのは、古地図で調べてみると我が家からわずか一〇〇メートルほどのところにあったことが判明した。

鍵騒動

パリは物騒だ、という話はよく耳にしていた。実際に来てみても、日本人仲間の評判はきわめて悪い。少女たちによる集団スリ、地下鉄構内での暴力行為——こうしたものは日常茶飯事で、やられたら運が悪かったとあきらめるしかない。そもそもフランスには警察を異常に嫌悪し軽蔑する根強い伝統がある。だから無実の人間がなぐられているぐらいのことで一一〇番するのは、これは密告行為であり、許すべからざるハレンチな所業なのである。したがって軽犯罪は野放し状態だ。外国人観光客がおびえているのは、この軽犯罪による被害なのである。いくら物騒とはいっても、すぐに誘拐されたり、惨殺されたりするわけではない。

スリと並んで話題を独占するのがカムブリオラージュ、つまり空巣である。シャンゼリゼで鍵を失くした人がいた。住所を記した書類も一緒に紛失していたが、まさかいくら何でもとまず用事を済ませ、一時間後に帰宅したら、家財道具一式ごっそりやられて、アパルトマンの中は涼しい風が吹いていたという。

パリに到着して一カ月半ぐらいたった頃、妻が市場で鍵を失くした。身分証明書などは無事だが、もしかして尾行されたかも知れないという。もう真っ青である。あいにく土曜日の出来事で、鍵の取り換えは月曜まで待たなければならない。スペア・キーはあるにしても、一歩たりとも外出できない。恐怖心というのはどんどんエスカレートするもので、夜は扉の内側から巨大な脚立をつっかえ棒にして眠った。いや、妻はほとんど眠っていなかったと思う。

月曜に鍵屋が来た。何と一五万円もかかったが、この際思い切って頑丈な奴をと、今フランスで評判の「五点式」というのをつけてもらった。鍵というよりも金属製のちょっとした棒みたいなものを鍵穴に差し込み、やっとの思いで二回まわすと、内側で床と天井とその間の合わせて五カ所ががっちりロックされる仕掛けになっている。ドアそのものを壊さない限り、これを破れる空巣はまずいないそうだ。家内はそれでもまだ不安らしく、ご丁寧に鎖までおまけに付けてもらい、それでようやく落ち着いたものである。

オペラのこと

といっても、留学の全期間を夫婦でひたすら戦々恐々として暮らした訳ではない。いくら不況にあえぐパリでも、それなりの愉しみかたはある。そういう娯楽の一つにオペラがある。

現在、パリでオペラをやっている劇場は三つあって、オペラ座、ファヴァール座(通称オペラ・コミック)、パリ市立劇場である。そのうちでオペラ専門の劇場といえるのはオペラ座とファヴァール座だけで、パリ市立劇場はふつうの演奏会もやっている。

このところ、パリのオペラ事情はあまりかんばしくない。経済の不況は文化という上部構造にまで及んでいるかのようである。郵便局の窓口で切手を売る女性局員に労働意欲と呼べるものがまったく認められないのと同じで、オペラ座のオーケストラもまるでやる気がない。歌手の水準もあまり高いとはいえず、外国人のスター歌手たちからはそっぽを向かれているのが現状だ。演出と装置だけがまあまあで、これは演劇と美術の伝統のなせる業だろう。もっとも予算が乏しいから、装置に金をかけないそのケチぶりも驚くべきもので、市立歌劇場で観たモーツァルトの「魔笛」などは、白いだけの何もない舞台に天井の方から黒い絵具で模様を描いた大きなパネルが次々と下りてくる、というだけのもので、その赤貧ぶりはモーツァルトの透明な音楽と奇跡のように調和して、私は悲しくも感動した。

ではオペラ劇場には閑古鳥が啼いているのかというと、どうしてそれが連日超満員。二週間前に売り出す切符があっという間になくなってしまうのだから驚きだ。伝統というのは大したもので、演奏の出来不出来とは無関係に、オペラにはやはりどこかで音楽大衆を惹きつける奥深い魅力があるのだろう。もっとも音楽大衆といってもこれは一握りの少数派であり、ちなみにオペラ人口はフランス全人口の五パーセントにも満たない。

オペラは観たいが金がない、という若者たちはどうするのか。ちゃんと粋なはからいがある、と教えてくれた慶應の若い留学生がいた。かつての教え子である。

「フォン・ド・ロージュ」(桟敷席の奥)と呼ばれる安い席を求めればよいのである。ロージュとは、ヨーロッパの古い型の劇場には欠かせない、壁で仕切った小部屋のことで、六名から八名ぐらいを収容し、人数分の椅子を三列に並べたほかに、ソファが一つ、鏡とコート掛けまでついている。各階の普通の椅子席を囲むようにしてぐるり半円形に配置され、一列目はかなりお値段も高い。二列目は少し安く、三列目、つまり「奥」の席はせいぜい一〇〇〇円から一五〇〇円どまり。ロージュの位置によっては舞台の一部が見えなかったりするが、一万円以上の大金を投じて前方を陣取る紳士淑女のわずか二メートル後ろでオペラが愉しめるのだから、文句は言えない。

「フォン・ド・ロージュ」の売り出しは前日の午後一時半と決まっている。これはオペラ座とファヴァール座に共通の習慣だ。むろん何時間も前から並ぶのだが、何時頃来ればよいのか、曲目の人気度とその日の天候などまで考慮に入れての見定めがむつかしい。遅く着けば、買うには買えても舞台がほとんど見えない、などという席を当てがわれる。ところが逆に早すぎても困るのである。

オペラ座とファヴァール座では、劇場側と音楽ファンとの間に不文律のようなものが出来ていて、「フォン・ド・ロージュ」の切符を買いに一番に劇場に到着した客は、自分で整理券を作って配ることになっている。当然この人だけはその場を動けず、そのかわり後から来た連中全員の信頼と尊敬をこめた熱い眼差しを浴びることになる。一度だけ、ヨハン・シュトラウスの「こうもり」を観ようと、前日の朝九時に出かけたら二番目だったことがある。トップはソルボンヌの女子学生で見るからに気の弱そうなお嬢さん。初めての経験らしく整理券のことも知らない。そこでとうに忘れていた教師根性をよみがえらせて、「あなたはヒジョーに重要な責任者なのだ」と嚙んで含めるように教えたら、すっかり怖じ気づいていつの間にか姿を消してしまい、結局繰り上げでこの私が一番になってしまった。そして一番の肩にかかる責任の重圧をいやというほど感じさせられた。列を作るのはまだ早いので、各自番号札を握ったまま、適当にオペラ座を入ったすぐのロビーでたむろしているのだが、他の人たちの邪魔にならぬようにおのずとたむろする場所が決まっていて、さらにその中で団長格の私が坐る一段高い階段の指定席というのまである。そこに坐って待つこと数時間。いろいろと質問をしに来る者もいる。私に切符代を払おうとする田舎出の老夫婦もいた。整理券と切符とは違うのだと説明してもなかなか通じない。しまいには「このジャポネは怪しいぞ」と胡散臭げな顔になった。とにかく一番とは全知全能の神でなければならない。

午後一時すぎ、点呼をして全員を並ばせる。緊張の中を待つこと十数分。やがて劇場側から顔なじみの案内係のオバサンが現れて「皆さんどうぞ」。ゾロゾロ歩いて窓口に並ぶという寸法だ。不安や緊張もあるが、外国人の身でフランス人の点呼を、しかも天下のオペラ座のホールでやる気分は、決して悪いものではない。

プルースト家のクリスマスのこと

我が家から歩いて八分ほどのところに国立図書館があり、よく調べものに通った。ところが手許にたまる一方の資料をどう読み、どう分析するか、そういう問題について適切なアドバイスをくれる人となると、この私にはやはり遠い南仏のモンペリエで研究を続けている孤高の大学者、ジャック・プルースト教授しかいない。パリからモンペリエといえばちょうど東京—岡山ぐらい。話題の新幹線ＴＧＶで五時間足らずである。

プルースト家の構成メンバーは三名。教授と、ドイツ系スイス人の夫人。長男と長女はすでに独立していて、一九歳になる末娘のクロディーヌがモンペリエ大学に通っている。

私は都合七回、恩師のゼミを見学し、アドバイスをもらいにモンペリエを訪れたが、そのたびにプルースト先生はゲスト・ルームを提供してくれるばかりか、三度の食事や駅への送迎までまことに細やかなサービスに徹して間然するところがない。ひたすら頭が下がる思いである。

中でも思い出深いのは、昨年のクリスマスに妻と私で招ばれた時のことである。一二月二四日午後八時、私たちがモンペリエ駅のホームに降り立つと、グレーのコートに長身を包んだ教授がちゃんと出迎えに来てくれていた。

プルースト家のアパルトマンは町外れの閑静な住宅街の一角にある。夫人やクロディーヌに挨拶と一緒にプレゼントを渡そうとしたら、傍らのクリスマス・ツリーを指して、あそこの下に置いてくれ、ほかの包みと一緒に明日の朝開けるから、という。

シャンペンと南仏の地酒ワインを飲みながらの食事が終わり、サロンに移ってコーヒーを味わっていると、父親似のクロディーヌがその知的な美貌を引き締めて緊張の面持ちになる。プルースト先生が苦笑して説明してくれた。

「君が留学していた頃の五月革命世代に属する若者は家庭を嫌い、国に反抗していた。クロディーヌの世代はその反動か、えらく保守的なのだよ。イヴの晩、一家団欒でクリスマス・ツリーのローソクに火をともす行事は、彼女にとって一年間でもっとも大切な瞬間なんだね」。

祖父の代からという飾り玉や人形などを満載したツリーのローソク点火儀式が、きわめて厳粛にとり行われたことは申すまでもない。

プレゼント交換が翌朝の最重要行事である。私たちはプルースト先生にフランスで出たばかりの日本美術史の画集、夫人にはドミンゴの歌うアリア集のレコード、クロディーヌに珊瑚のブローチをあげた。そして、アッシジの聖フランチェスコに関する説話の画本とチョコレート一箱をもらった。感動的なのはプルースト家の三人がお互いに六つの包みを開けていく様子である。レコード、本、アクセサリーなど、この一年間で相手が何を欲しがっているかを内緒で探り出して、クリスマスの朝に喜ばせようという演出なのだ。包みを開くたびに相好を崩して笑い、贈り主に抱きついてキスする姿は見ていて何とも気持ちがよい。そういえば、アッシジの聖フランチェスコというのは、老作曲家メシアンがパリのオペラ座で初演したばかりの大作オペラの主人公で、私はそれを観た感動をつい数週間前、教授への手紙でつづったばかりだったのである。

犬の糞からクリスマスのプレゼントまで——私の留学の悲喜こもごものすべてが、この対照的な二つのテーマの間にこめられている。

博物図鑑を画像表現という観点から大別するとすれば、「原画」と「版画」に分かれるだろう。忘れてはならないことだが、版画は原図なくしては成り立たない芸術なのである。しかも、フランス一七世紀に成立した「王のヴェラム」と呼ばれるコレクションの場合は、グワッシュなどで制作された貴重で上質な花や鳥の絵が、それ自体で高い芸術価値を持つと同時に、後世の版画を中心とした博物誌の、図版制作のためのモデルになっていた事情を忘れてはならない。

原画　中世では、動物や花を教会の石に刻んだり、紙に描いたりする営みがあった。また、修道僧が写本の余白部分に絵を描いたりもした。一三世紀からは羊皮紙に描くようになる。描かれる図像は大部分が類型的であるか、想像の産物だが、後世のモデルになるものも多かった。

これらの図版は、テンペラで描かれることが多かった。動植物性顔料に卵を加え、砂糖水に浸したものである。亜麻油を加えると、とろ味が出て、制作は早まり、種々の色調を重ねることができるようになる。

一五、一六世紀で博物図の大綱は決まる。なめし皮にグワッシュで描くという型がそうで、これは一九世紀まで続く。ヴェラムは死産した子牛の皮で、表面に粒々があるのを磨いて滑らかにする。画家は皮を堅い紙の上に張り付けて、湿気や皺から守る。ヴェラムの美質はその白さとくすみなのである。光を受けると黄ばむので、多くのコレクションは秘蔵である。多くの画家はヴェラムの白をそのまま地にするが、一七、一八世紀の画家の中には、それを無視して黒く塗ったりする者もいた。

博物図版では、とりわけグワッシュと水彩が常用された。だが画家はおのれの技法については口が堅い。グワッシュとは、不透明な顔料を水か鉛白に溶かし、桜の樹脂かアラビアゴムを加える。腰を強めるために、砂糖水、蜜、卵を加えることもあった。博物画家がもっとも愛用した技術である。背景をさまざまな色調に塗り分け、そこに白や金や明るい色を加筆できた。素描に手を加え、水で色を明るくしたり、水を白に混ぜて、葉の茂みの表現に銀色の調子を出すことができた。

水彩画とは、色彩顔料を水に溶かし、アラビアゴムで定着する。一八世紀には英国の画家の影響でこの手法が商業化するが、それ以前は淡彩画法と呼ばれた。水彩はグワッシュと違い、明色から暗色までのグラデーションに用いられ、修正がきかなかった。

画家はグワッシュと水彩とをよく併用した。グワッシュの不透明な色彩と、水彩の透明な色彩とが対立し、装飾的効果が出た。またこの併用は、明暗の効果、花の雑色、動物の斑を表現するのにも有効だった。

版画技術　博物図鑑の歴史は、また版画技術の歴史でもある。ここでは博物図鑑で用いられた版画技術を理解するための、必要最小限度の知識を書き留めることにする。まず版画は大きく凸版、凹版、平板の三つに分かれる。凸版とは版の表面に出っ張った部分をつくり、それが図柄となる版画のことである。逆に凹版とは、版に彫った溝の部分が図柄になる版画である。また平版とは版の表面に凹凸のない版画を指している。

①凸版　木版――普通、木版とは木目に沿って切り出した版を使い、彫り残した出っ張り部分に、絵の具インクなどを塗ってプレスする。歴史がもっとも古い版画技術である。刷り上がった木版画に、手で色を塗り加えたものが、手彩式本である。

木口木版――一八世紀末から一九世紀初頭にかけて、英国のトマス・ビューイックが得意にした木版技術で、ツゲのような硬い木材を使う。ビュランという鑿で、細かい線を彫りこんでえられる効果が人気を集め、書籍雑誌など多くの出版物で使われた。

②凹版　銅版――「エングレービング」は、ビュランで銅板面に直接彫りこんで、溝を作る版画技法。直刻法ともいう。「エッチング」は腐食法ともいい、版面を耐酸性防食剤で覆い、ニードルで線を描き、腐食液を施して孔版とする。「アクアチント」は腐食銅版画技法の一つで、松脂を使って面のグラデーションをつくる技術など、多彩な手法がある。「スティップル」は英国で発展した技法で、針で版面に点刻し、点の濃淡だけで立体感を表す。爬虫類の表現に使うと生まなましい効果を生み出す。この場合は、腐食法のエッチングと直刻のスティップルとが併用されていることになる。

「プペ法」とは、プペ＝タンポの先に色インクをつけて部分的にインクを詰め分け、一度で刷る方法である。

鋼板――現在、紙幣や切手の印刷に使われる、銅よりも硬い鋼鉄を用いたエングレービング。彫りは難しいが、大量に刷りが可能になる。

③平版　リトグラフ――別名、石版画ともいう。一八世紀末に考案され、脂肪が水をはじくという原理を利用して、図柄をチョークで石版の表面に直接描いて、プリントする。

(5)　版画の変遷

一五世紀の活版印刷術は、凸版の活字に、同じ原理に基づく木版画を組み合わせて、一ページに収める傾向があった。当時の版木が、大型のフォリオ版全面をカバーするほど、大きくなかったからである。コンラート・ゲスナー『動物誌』はこのような初期博物図鑑の傑作である。この頃の主流はなんといっても画家デューラー、そしてこのゲスナーを中心とするドイツ系の作家であった。だが一七世紀に入ると、博物図版制作の拠点はドイツからオランダ、イタリアに移り、銅版画が精密な複製図の主流におどりでる。

ここで、一七、一八世紀頃に、「版画」というメディアが置かれていた状況を見ておくことは重要である。コピー機械も写真もまだ存在しなかった時代、銅版画はほとんど唯一の複製メディアであった。そもそも、フランス・アカデミーが版画に認める価値はたった一つ、絵画の複製という従属的役回りのみであった。なぜ従属的か。すなわち、当時の美学では、芸術は自然を模倣するものであるからして、絵画の複製物にすぎない版画は、言い換えるならば模倣のまた模倣でしかないことになるからである。それと、版画が色彩と無縁であることもまた、致命的であった。色彩をもたない「模倣」は、ではいかにしてモデルを「表象」できるのか。版画が描いている対象物(=絵画)と、版画の表現との間にはいかなる種類の「類似」があるのか。いうまでもなく、版画が絵画から引き継いで残しているものは、素描である。あえて言うならば、版画とは特別な支持材に引き写された素描にほかならないのである。

さきほど触れた『屈折光学』で、デカルトはこの問題を論じてこう書いている。

銅版画法は、紙の上にわずかなインキをあちこちにおくことによって行なわれるにすぎないが、われわれに森、町、人物、さらには戦争や嵐さえも表現してみせる。もっともその場合、形像がこれらの対象についてわれわれに知らしめる無数の異なった性質のなかには、その形像がぴったり似ているような図像は一つとしてないのである。しかもそれはきわめて不完全な類似である。というのは、形像がまったく平らな面の上に、さまざまな起伏をもった物体を表現し、透視画法の規則に従って、形像が円をよりよく表現するには他の円によらないで卵形を使う方がよいとか、正方形については他の正方形によらないで菱形を使用する方がよいとかいうことはしばしばあるのであって、他の図形についても同じことだからである。したがって、形像がその性質に関してより完全であり、対象をよりよく表現するためには、その対象に似てはならないことがある〔a デカルト 136-137〕。

こうした「類似」の信念に基づいて、版画は徐々に絵画に接近する。一七世紀には、植物学の領域で花譜の傑作が銅版で制作され、その頂点ともいえるのが、フランスの博物写生図コレクション(通称「王のヴェラム」)を作り上げた博物絵師ニコラ・ロベールの作品であった。この頃、花譜の内実は本草書から植物書へと移っていった。薬草とは違う、花壇や庭園用の花譜が作られ始めたのである。

一七世紀末、アムステルダムには一〇〇人を超える銅版画制作職人が住み、手彩色銅版画を収めた博物図版の書物を、オランダの商品として売り出していた。主力はエングレービングによる作品であった。一方、フランスやイギリスでは、素人でも制作できるエッチングを用いた腐食銅版図譜が作り出された。とくにエッチングを愛する英国はエッチングによる博物図の開祖といえる国だった。最初の手彩式銅版は、バード・ウォッチングを愛する国にふさわしく、鳥類図版であった。

博物画は何よりもまず、コピーされるべきものという役割を負っていた。リンネ以降、博物学は本格的な分類学と化し、種の同定を行うためには、ついに絵画並みに彩色した図版が必要になる。自然物を極力精密に描き出す必要上、木版よりも銅版、銅版のうちでも、よりいっそう微細な表現が可能となるエングレービングやスティップル(点刻)技法を選んでいったプロセス、これこそが博物画の辿る道程なのだった。さらに一九世紀に入り、コストの点で石版が重用され、ついには二〇世紀に色刷りオフセットによる大量生産が始まるのである。

第七章　一八世紀の夢
――気球の旅――

はじめに

夢は日常生活の反映であるとよく言われる。これには二重の意味があるようだ。まず、単なる生活情景の延長ないし変奏としての夢がある。会いたくもない人に何故か会ってしまう。反対に意中の人とゆくりなくも言葉を交わす。あるいは普段の行住坐臥とまったく区別できないような場面。いずれにしても、そうした夢には自己と他者との関係が、ある時は単純に、時としては複雑な相の下に、いかにもそれらしい見せかけで現れるのが特徴である。

もう一方のタイプの夢は少し違う。まず、それらはたまにしか見ることのできない、いわばとっておきの夢である。そして、大なり小なり、空間についてのかなり現実離れした体験に関わる夢である。したがって、この空間体験には、顔見知りの他人などが登場してくることがほとんどない。普通、そうした空間についての孤独で非日常的体験といえば、まず旅を思い浮かべるだろう。それゆえ第二のカテゴリーに属する夢は、どこかで旅のテーマに繫がっているようでもある。ただ、それが必ずしも出張や観光といった、現実世界で旅が帯びざるをえない属性を削り落とした、より抽象度の高い形で現れるのである。歩いていたり、落下したり、猛然と邁進したり、そうした空間の移動感覚は、実はこれすべて旅を下敷きにした夢であるといえる(1)。

むろん、旅を隠し味にした夢の内容は、時代や社会や人種によっても異なるだろう。交通機関といっては馬車と船しか知らない産業革命以前の人間と、自動車や鉄道や飛行機が日常茶飯事になっている人間とでは、見る夢がまったく違ってくるのは当然である。私たちは特定の社会の中で生活するうちに、その社会に流通するさまざまな交通手段や、人と物に関わる約束ごとによって、空間の移動に関する感覚、いや運動感覚それ自体を学習させられている。夢の中で出会うある種「異常」な移動や運動の体験は、恐らく私たちが心の深い部分で、そうした精神と肉体の束縛を脱したいと願うか、あるいはそうした束縛を窮屈に感じていることの、象徴的・間接的表明に他ならないのではないだろうか。

さて、この私にとって、空間についてのかなり現実離れした体験に関わるとっておきの夢として、「津波の夢」がある。これは非常に怖い体験で、疲労時に現れる、どちらかというとあまり見たくない類の夢である。この悪夢の原風景をなすのは、エドガー・アラン・ポーの短編『メールシュトレームに呑まれて』であるが(2)、この際ポーが一九世紀の作家であることが重要なのである。水に対する恐怖は古来さほど珍しいものではないが、大渦巻という自然の猛威、物質の過剰を前にして言葉もなく立ち竦む人間の、無防備で無垢な視線を描き出したこの傑作は、紛れもなく近代人と呼ばれる存在によってしか書かれえなかった作品なのである。すなわち「津波の夢」は水に呑まれる恐怖、物質的充満への没入の恐怖そのものなのであって、物や財に満ち溢れたこの近代世界そのもの、人間社会を含む森羅万象の、充実や密集に対する違和や気後れを翻訳しているように思われる。そもそもこの世界や宇宙は、人間にとってまず征服し、開拓すべき対象として現れる。その段階では「津波の夢」は見ない。見るのは、むしろ果てしなき「所有」や「富」の夢である。あるいは「大食」の妄想である。だが、間もな

く、征服した「もの」に、今度は人間が呑み込まれる時がやってくる。それが「津波」の夢である。(3)

さて、それに対して、もう一つのとっておきの空間夢が「空を飛ぶ夢」である。「津波の夢」に比べれば、爽快感や解放感を伴うことが多いので、決して寝覚めは悪くないのだが、といっていつも幸福な体験ばかりとは限らない〔「空を飛ぶ夢」に関して依然としてその権威を失わない名著は c Bachelard である〕。私は軽度の高所恐怖症患者である。体調の思わしくない時などに、夢の中で高いところから突然落下することもたびたびある。落下しながら「これは夢だ」と自分に言い聞かせていて、その途端に必ず目が覚める。「津波の夢」が物質的密度のもたらす抵抗感や閉塞への恐怖であるとすれば、その反対に、「空を飛ぶ夢」は、虚無の内部で保証される際限なき自由への脅えである。言い換えれば、水の恐怖は「もの」に囚われることへの恐れであり、無の恐怖は「もの」から離れることへの恐れなのであろう。だが、物質の充実が息苦しい密着体験であると同時に、人間の所有欲や支配欲を満足させうる場合もあるように、無や空は畏怖の対象であるにもかかわらず、人間にとって理想や憧憬を託す対象にもなりうる。

ある時、最高の夢を見た。前後の経緯は詳しく覚えていないが、両の手で空気を掻き分けるだけで空を飛べたのである。一回、二回と漕ぎ進むにつれ、下界の眺めがわずかずつ移動する。これはまさしく鳥の感覚であり、飛翔体験と呼べるものだった。「古来より空中遊泳こそ我々の希求為る処であるが其の基本とする処は先ず右脚を一歩空中に踏み出し続いて左脚を踏み出す事なり」という織田信生氏の基本の教えに〔a 織田 3〕、夢の中とはいえ、私は一歩も二歩も先んじていたことになる。

本論文は以上に述べた夢体験、とりわけ「空を飛ぶ夢」に歴史的考察を加えて、ある程度の普遍化を試みようとするものである。飛翔というテーマを、一八世紀フランス研究者の立場から捉え直してみると、ヨーロッパ古典時代における空間拡大の志向、とりわけ高所へ向けての希求、上昇のヴェクトルが見えてくる。私の夢と、一八世紀フランス人の夢、中でも気球打ち上げをめぐる人々の異常なまでの熱狂ぶりとが、重なり合うのである。本論考がよって立つ場とは、ほぼ以上のようなものである。

1　気球誕生の科学的背景

二〇世紀最大の気球飛行士で、かつ気球史研究家のシャルル・ドルフュスによると〔c Dollfus 21-22〕、ヨーロッパで気球に近い飛行体を最初に考案したのは、イタリア人のイエズス会士フランチェスコ・テルツィ・ラーナである。ラーナは、一六七〇年にブレシアで刊行した論文で、銅の薄膜でできた四つの球体内部を真空にして、小舟を浮遊させる計画を提案した。むろん、この計画はどこまでも机上の空論に終わっている。もう一人、半ば伝説化している人物で、ポルトガル在住のブラジル人バルトロメオ・ド・グスマンがいる。一七〇九年、リスボンのポルトガル王の前で熱気球の実験をし、王から飛行機械製造の特許をえたというのだが、ドルフュスはこの逸話それ自体の信憑性を否定している。

物体を空中に飛翔させるという夢が実現するには、一八世紀の驚くべき自然科学の進歩を待たなければならなかった。現在、気球には空気よりも軽いガスを袋に詰めて作るガス気球と、袋の中の空気を暖めて軽くしてから浮かべる熱気球とがあるが、前者の歴史はそのまま近代気体化学の歴史と重なると言っても過言ではなく、この節では、ガス気球発明を準備した科学研究の歩みについて、もっぱら振り返ってみたいと思う。

革新の気運はイギリスで生まれた。まず、気体化学を定量化して、反応生成物の目方や容積を測る方法を確立し、炭酸塩から「固定空気」なる気体を特定した、スコットランドのジョゼフ・ブラックがいる。次に、ヨークシャー生まれのジョゼフ・プリーストリーによる、一七七四年の「脱燃素空気」、すなわち酸素の発見も忘れてはならない。ラヴォワジェが一七九〇年になって「水素」と命名する、燃える空気を最初に精製したのはヘンリー・キャヴェンディシュで、一七六六年、鉄、亜鉛、スズなどに希硫酸や希塩酸を加えて作りだした。キャヴェンディシュのレポートを読んだブラックは、この燃える空気を気囊に詰めれば、大気よりも軽いガスと気囊は空中を上昇するだろうと早くも予言した。イギリスに定住したイタリア人の物理学者カヴァッロは、一七八一年に「空気の本質と属性に関する論考」と題する論文を著して、燃える空気を満たしたシャボン玉の浮遊実験を初めて行ったと述べ、一七八二年六月二〇日には、ロイヤル・ソサイエティーで報告までしている。カヴァッロはさらに紙製の円錐形容器でも実験したが、この時はガスが紙を通って抜けてしまったとも述べている〔以上の記述については、以下の書物と論文を参考にしている。a バナール、c Bailleux, c Dollfus〕。

一七七五年から一七八五年にかけての一〇年間は、イギリスに続いて、フランスで史上かつて類例を見ないほどの物理・化学研究が、幾多のアマチュアを巻き込んで盛んに行われた時期であった。とりわけ化学の領域で、気体と燃焼に関する理論が急速に進歩した事情は、気球の歴史にとって決定的な意味を持っていた。この時期最大の学者は何といってもアントワーヌ＝ロラン・ラヴォワジェであった。二五歳で科学アカデミーの会員に推挙されたラヴォワジェは、イギリスで開発された気体化学に深い関心を寄せていた。とりわけ空気中での燃焼のメカニスムに着目し、定量的な方法で酸素が燃焼に果たす決定的な役割を示した。また一七八三年六月二四日、ラプラスと共同で公開実験に挑み、水素と酸素とを化合させて水を精製することに成功し、これによって化学的化合物を諸元素の結合で説明するための基本法則を打ち立てたのである。ラヴォワジェの定式化をもって、気体も定量的化学で扱いうる対象となり、気球の歴史にとって重要なページがここに開かれたのである〔c Bailleux 15-18〕。

こうした気運の中で頭角を現したのが、富裕な家庭に生まれたジャック・アレクサンドル＝セザール・シャルルである。シャルルはパリの中心地パレ＝ロワイヤルに建物を借りて、実験科学の学校を開設し、電気や物理を教えた。とりわけ、キャヴェンディシュ以後開発された諸種のガスの比重や膨張係数を調べ、たとえば水素は空気よりも一四倍軽いという、キャベンディシュによる実験結果を再認している。そして、一七八一年頃には、後のアノネーにおけるモンゴルフィエ兄弟の気球打ち上げに先駆けて、燃える空気(水素)を幾度となくシャボン玉で試して、同じ結果をえたと断言している〔c Bailleux 13-14〕。

ほぼ同じ頃、イタリア人物理学者のアレッサンドロ・ヴォルタは、初めて「沼沢地の燃える空気」、すなわちメタンガスを研究し、パリのシャルルのところでこのガスを詰めたシャボン玉を飛ばした。ヴォルタは一七八一年一〇月にも、ストラスブールでメタンガスで膨らませた気嚢を打ち上げ、さらにいわゆる熱気球の実験まで考えたらしいが、こちらの方は実現させないままに終わった模様である。また、一七八三年二月二四日と三月一日、三月二二日には、二人のバルナバ会修道士が「燃える空気」を満たした小気球を上げたという記録がある〔c Dollfus 23-24〕。

2　モンゴルフィエ兄弟

気球の歴史で、一七八三年は「奇跡の年」と呼ばれている。前節で述べた気体科学のさまざまな研究成果が、この年一挙にフランス全土に普及し、驚くべき短時間の間に信じられないほど多くの気球打ち上げの試みがなされたからである。

先鞭をつけたのは、モンゴルフィエ兄弟のジョゼフとジャック・エティエンヌである。モンゴルフィエ家は、南フランスの町ヴィダロンとアノネー(現在のアルデーシュ県にあたるヴィヴァレ地方の町)で代々製紙業を営む富裕な商家であった。兄のジョゼフは、早くからイギリスのキャヴェンディシュによる、空気よりも軽い「燃える空気」の発見を報じる記事を読み、またカヴァッロの紙製の球に気体を詰めた実験とその失敗談も知っていた。水素では無理だと判断したジョゼフは、ある偶然から熱気球の原理を思いつき、後世に名前を残したのである。

一七八二年一一月二六日のエピソードはよく知られている。南仏アヴィニョンの伯母の家(サン゠テチエンヌ街一八番地)にいたジョゼフは、壁に掛かっていた版画の一枚で、ジブラルタル攻囲の作戦画を見つめ、いかにして城砦を攻略できるかの思案に耽り始めた。無意識に暖炉を鉄棒で掻き回していたジョゼフは、ふと立ちのぼる熱が天井から吊り下げられていた豚の膀胱を浮遊させていることに気づき、空を飛んで敵陣を攻める方法に思い当たって、有頂天になったのである。素早く頭の中で計算し、設計図を思い描いたジョゼフは、帰宅した伯母に頼み込んで、古いタフタ地のスカートから円筒形の小型飛行体を縫ってもらった。翌朝、完成した一立方メートルほどの袋が天井から吊るされる。ジョゼフが紙を燃やして下から暖めると、袋は炎の遠近に比例して、上昇・下降の動きをいつまでも繰り返すのだった〔c Dollfus 25-27, c Reynaud 24-26〕。

これが現在知られる限り、最初の熱気球誕生のエピソードである。シャルル・ドルフュスはこの記録(一九世紀初めの『オワーズ、エーヌ、ソンム評論』誌に掲載)の信憑性を証明する資料として、一七八二年七月二日付『アヴィニョン通信』紙に載っている、ジョゼフが眺めたものと同じとおぼしきジブラルタル海峡と町の図(作戦画)を挙げている〔c Dollfus 27〕。さらに決定的な証拠は、ドルフュスが発見した一七八二年一二月一六日付の、ジョゼフの弟エティエンヌ・モンゴルフィエから、科学アカデミー会員デマレに宛てた手紙である。エティエンヌは、兄が三週間前にアヴィニョンで行った室内実験をまず報告し、次いで場所をアノネーに移して、兄弟二人での野外実験では、気球が一〇〇から一五〇メートルの高度まで上昇したと述べる。そして三日前の一二月一四日には、気球のサイズを三倍にして(約一八立方メートル)、さらに大きな成果をあげたという。

エティエンヌの手紙の主たる目的は、科学アカデミー会員デマレを説得して、近く予定しているより大規模な気球の製造及び打ち上げ実験について、アカデミーから公式認定をえようというものだった。エティエンヌの見積もりでは、その気球は少なくとも三〇〇から四〇〇メートルにまで上昇し、一五キロ以上の重さの物体が積載可能であった。さらにエティエンヌは、こうした軽飛行機の社会的有用性を強調し、海上での遠距離用信号基地、地上での信号塔、包囲された町への通信手段、雲が帯びる電気に関する実験室として、気球が役に立つことを予言している。後にフランス革命期からプロシア戦争まで、気球がフランスで有力な軍事上の手段として利用されたことを考えると、兄の拙い実験からわずか三週間後に執筆されたエティエンヌの手紙には、驚くべき先見の明があったと断言してよいだろう〔c Dollfus 27-28〕。

1783年6月4日の公開実験

さて、「奇跡の年」一七八三年に入り、モンゴルフィエ兄弟は四月から六月まで、故郷のアノネーで実験を繰り返す。四月三日の試みは風のために失敗に終わった。気球を地上に繋ぎ止めていた四名の男たちが、持ちこたえられなくなったのである。四月二五日には、助手たちが突然手を放し、そのうちの二人が地上から一メートルほど持ち上げられたが、気球は人間たちを地上に残して急上昇、一〇分間浮遊してから、四分の一里ほど先に降下した。

六月四日の実験は初めての公開で、ヴィヴァレ地方身分会議のメンバー立ち会いの下に、夕方五時から六時の間に行われた。場所はアノネーのコルドリエ広場、無人の自由飛行で、一〇〇〇メートルから二〇〇〇メートルまで上昇し、飛行距離は二キロに達した。直ちに報告書が作成され、六月二八日には科学アカデミー秘書のコンドルセの手に渡っている。コンドルセはこの報告書をアカデミーで七月二日に朗読した。こうして南フランスの田舎で試みられたささやかな気球実験は、中央の科学者たちの知るところとなり、以後舞台はパリに移された。エティエンヌ・モンゴルフィエはパリに召喚され、一方兄ジョゼフは大都市リヨンに向かうのである(4)。

パリでエティエンヌを出迎えたのは、モントルイユ街で王立製紙工場を営むレヴェイヨンだった。レヴェイヨンの献身的な協力の下に、エティエンヌは新しい熱気球(後世がモンゴルフィエールと命名する気球)を考案・設計・製作する。一七八三年九月一一日には、レヴェイヨンの工場中庭で、布の両面を紙で補強した一〇〇〇立方

気球モンゴルフィエール，1783 年 9 月 11 日.

メートルの気球を、地面に置いた藁、湿った毛織物、動物の肉片を燃やして打ち上げた。これはロープによる係留気球である。翌日は、アカデミー代表立ち会いの再演だったが、調子が悪く、気球は破損した。だがアカデミー会員は納得して帰ったという〔Saint-Fond, t. 1 29-35〕。

九月一九日はヴェルサイユの王宮でのお披露目で、さらに大きな一四〇〇立方メートルの気球が使われた。木綿布の両面を塗布したもので、九月一日と同じ火床が地面に用意された。人間の代わりに三匹の動物(羊、アヒル、鶏)を乗せた最初の自由飛行で、気球は八分間で高度五〇〇メートルに達し、三・五キロを飛んでヴォークレッソンに着陸した。気球と動物を入れた籠とは、着地の衝撃で分離したが、中の羊たちは無事だった。ヴェルサイユ宮廷がエティエンヌの実験に寄せた関心の大きさは、国王ルイ一六世がエティエンヌに支払った六〇〇〇リーヴルという金額を見ても分かる。これはエティエンヌがパリで製作した気球の、ほとんどの費用を賄うものであった〔Saint-Fond, t. 1 36-48〕。

シャルル・ドルフュスの所有になるエティエンヌ自筆の覚書によると〔c Dollfus 37〕、一〇月に入ってレヴェイヨンの製紙工場で、続けざまに、今度は有人気球打ち上げの実験が行われる。火床が気球内に持ち込まれたのが新機軸で、はじめは係留状態での試みが繰り返され、エティエンヌによる改良が重ねられた。一五日夕刻に、ピラートル・ド・ロジエが乗り込んだ気球は、一時間半も滞空し、三〇メートルまで上昇、ロジエが火床にくべる乾いた藁の多寡で、高度の調節すら自由にできたのである。一九日には、同じ気球にロジエのほかにもう一人が乗り組み、最高一〇〇メートルまで上昇する。ロジエの巧みな操縦で、気球は何度か地上数メートルまで下降しながら再上昇し、最後の着地も緩やかで、さしたる衝撃もなく、有人飛行の安全性が保証された、とエティエンヌは述べている〔b Saint-Fond, t. 1 268-277〕。

だが、パリ国立図書館所蔵になる一〇月一三日付の手紙で、ロジエはエティエンヌの機械に対して、どちらかというと悲観的な見解を披瀝しているのが注目される〔c Dollfus 40-41 に引用〕。ロジエによると、モンゴルフィエの気球では、可燃性の物質で熱を発生させる手間、巨大な球体の操縦しにくさなどが大きな障害であり、将来の見通しは暗いというのである。ロジエは二年後、熱気球に改良を加え、ガス気球との妥協を試みるが、その最初

ロジエの有人飛行．1783 年 11 月 21 日．

の改良実験で命を落とすことになるのも皮肉な話である。

しかしながら、ロジエはどこまでもエティエンヌ・モンゴルフィエに協力的であり、また未知の高空飛行への異常ともいえる情熱に取り憑かれていた。一一月二一日の歴史的な有人自由飛行は、ロジエのほかにダルランド侯爵が乗り組んで、パリのミュエットの丘から行われた。前日の予定が悪天候のため延期されたもので、空模様は一部に雲がある程度、風は北西だった。着陸地は一〇キロ先のビュット＝オ＝カイユで、飛行時間二五分、最高高度は一〇〇〇メートルと記録されている〔b Saint-Fond, t. 2 11-22. c Dollfus 44-48. c Dollfus, Andouin〕。

3　ピラートル・ド・ロジエ

ここで、記述の比重をモンゴルフィエ兄弟から、ピラートル・ド・ロジエに移したい。気球の発明と最初期の実験こそ、モンゴルフィエ兄弟の栄誉に帰するものであることは間違いないが、有人飛行の段階に入って指導的な役割を果たしたのは、パリのレヴェイヨンの工場中庭に始まるエティエンヌ・モンゴルフィエの一連の試みに協力し、史上初の軽飛行士になったロジエにほかならなかったからである〔c Dollfus, Andouin. 本書は目下ロジエの生涯に関する最良の案内である〕。

ロジエは一七五四年メスに生まれ、早くから化学の魅力に取り憑かれて研鑽を積み、パリで頭角を現した。一七八一年一二月一一日、フランスで最初の科学博物館を開設。これは物理学研究所と科学および語学を教える学校とを兼ねた施設で、王弟夫妻の庇護を取り付けていた。自然科学研究に必要な器具、珍奇な標本、書籍、諸種の機械を徐々に収集し、講義室と実験室を備えていた。数学、天文学、化学、解剖学、工芸に関する公開の講義と実験を行うほかに、イタリア語、英語、スペイン語を教え、博物館の創設者であると同時に、文書管理と会計の任に当たった。受講はほとんど無料に近く、ロジエ生来の熱狂的な資質に裏打ちされた精力的な活動のおかげで、四年後に受講生は七一一名を数え、その多くが女性だったという。その間、ロジエ自身の研究もいくつかの成果をあげたが、中でも排泄物の堆積から発生するメタンガス対策に考案された防毒マスクが知られている。

ロジエの名前が気球の歴史に登場するのは、早くも一七八三年秋のことである。六月にアノネーでモンゴルフィエ兄弟が熱気球の打ち上げに成功したのに続いて、八月二七日にはパリのシャン・ド・マルスで、物理学者のシャルルがロベール兄弟の協力をえて、今度はガス気球の実験を大群衆の前で敢行したのである。シャルルの気球はゴムを塗布したタフタ製で、三五立方メートルあり、「燃える空気」、すなわち水素を詰めていた。気球の歴史において、その最初期から熱気球とガス気球とが競い合う形で試行錯誤を重ねているのが面白い。

これらの壮挙に接して、気球という発明の重要性をいち早く痛感したロジエは、九月五日付『パリ新報』紙に次のような広告を出した。

> 空中を数里航行可能な気球製造を目的とする実験に出資する学者とアマチュアの協会があれば、小生はその気球に乗船して操縦したい。小生の勇気への報酬は、最初の飛行士であったという栄誉でよい。
>
> 〔c Dollfus, Andouin 23〕

奇妙なことに、この広告文は無署名だったが、数日後、ブランシャールという人物からの返書が同紙に掲載された。ブランシャールはすでに当時、翼を羽ばたかせて飛ぶ機械を考案して準備中であり、実験に失敗後は気球開発に転身し、二年後にはロジエに先駆けてドーヴァー海峡横断に成功する男である。ブランシャールはこう書いていた。

空中飛行の可能性を確信しているのは、あなた一人ではない。失礼ながらこの私もあなたと競争し、最初の飛行士の名誉をえたいのである。私が間もなくお目にかけられる飛行機械は、意のままに上昇・下降し、水平にも移動する。私自身が搭乗するつもりだが、方法には自信があり、イカロスの運命を危惧してはいない。最初の飛行士たる栄誉を、あなたと分かちあえる喜びが今から楽しみである。

〔c Dollfus, Andouin 23-24に引用〕

ロジエは化学者ラヴォワジェの紹介でエティエンヌ・モンゴルフィエと知り合い(あるいはフリーメーソン仲間という説もある)、人類最初の飛行士になりたいという夢を語ってエティエンヌを説伏したらしい。九月一九日のヴェルサイユにおける動物を乗せた打ち上げの折り、気球の着陸地点に真っ先に駆けつけて、動物の無事を確認したのもロジエであった。こうして、一七八三年一一月二一日のモンゴルフィエール熱気球による最初の有人飛行実験において、ダルランド侯爵と並んで搭乗したのがロジエだったのである。翌月のエティエンヌの書簡によると、飛行時間が予定より短縮されたのは、ダルランドが恐怖で異常な状態に陥ったためらしく、飛行の全行程を通じて、操縦その他の重要な任務を果たしたのは、もっぱらロジエの方だったらしい。大革命まであと数年という時期に、第三身分出身のロジエが機械の製造や操縦の一切を取り仕切り、貴族のダルランドはただ気球に乗り合わせるというだけの存在であったという絶妙な対照効果について、アルドゥアン・ドルフュスは我々の注意を喚起している〔c Dollfus, Andouin 45-46〕。

その僅か一〇日後の一二月一日に、物理学者のシャルルとロベール兄弟は、パリのチュイルリー公園で、防水加工を施した三八〇立方メートルの水素ガス気球を打ち上げ、史上二度目の有人飛行を実現した。最高高度五〇

シャルルとロベール兄弟の有人飛行実験.

〇メートル、飛行時間二時間で、三五キロ離れたネール＝ラ＝ヴァレに着陸した。その直後、シャルルは今度は単独で三〇〇〇メートルの高度まで上昇し、エドウヴィル近くに降りている。

この人類史上初めての高度体験は、文化史的にも興味深いものがある。というのも一八世紀後半に著しい高所志向の現れが、ここにも認められるからである。前にも触れたアルプスの魅惑をテーマにした山岳文学は、そうした志向の一つだった。ここに表出されている特権的感覚は、しばしば「崇高」(sublime)と呼ばれた。シャルルの三〇〇〇メートルの高度における感動と畏怖の体験も、そのような、まことに一八世紀的な崇高体験の一つを形作るものだったのである(「崇高」のテーマは日本でも漸く注目されてきているが、ここではたった一点、aニコルソンを紹介するに留めよう)。

サン＝フォンが伝えるシャルル自身による当日の単独飛行記録は、以上に述べた一八世紀人の「空を飛ぶ夢」が、きわめて冷静な筆で描写された希有な例と言えよう。シャルルはこう書いている。

一〇分間で私は春の気温から冬の気温に移った。寒気は鋭く、乾いていたが、耐えられないほどではなかった。私はそこで落ち着いて自分のすべての感覚を吟味し、いわば生きている自分に耳を傾けたのだが、最初のうちは、この突然の膨張と気温の変化で不愉快なことは何一つ感じなかったと断言できる。気圧計が上昇を止めると、私は一八プース一〇リーニュと正確に記録した。この観測はきわめて厳密だった。水銀にはまったく揺らぎが感じられなかった。この観測から、私は高度を約一三二四トワーズと算出した。後でこの計算を積分し、より精密にする必要はあったが。数分後、指がかじかんで、もうほとんどペンを握っていられなくなった。だが、ペンを使うまでもなく、上昇は停止し、私は水平飛行を行うだけになっていた。

私はゴンドラの真ん中で立ち上がると、果てしない地平が繰り広げる眺めに見入った。平野から離陸する時、谷間の住人たちにとって太陽は沈んでいた。間もなく陽は私のためだけに再び昇り、気球とゴンドラを今一度その光で染めた。私は地平線に浮かんで日を浴びる、たった一個の物体であり、自然の他の一切は陰の中に入っているのが見えた。

間もなく太陽はひとりでに消え、私は太陽が同じ日に二度沈むのを拝める喜びに与ったのである。私は、大気中の靄や、谷や河から立ち昇る地上の蒸気をしばし眺めた。雲は地表から湧き出して、普段の形のままに互い違いに堆積するように思われた。ただその色合いは灰色で単調だった。大気中に光がほとんどないための当然の結果である。月だけが光を放っていた。……名状しがたい陶酔と瞑想的な恍惚のさなかに、ふと気が付くと、右耳の内部と上顎の腺に激しい痛みを感じた。体の細胞組織に含まれる空気の膨張と、周囲の寒気のせいだろうと思った。私はヴェストを着て、無帽だった。そこで足元の毛糸の丸帽をかぶったが、痛みは地上へ向けて降下しなければおさまらなかった〔b SF, t. 2 45-46 に引用〕。

ここには、ルソーやセナンクールのような文学者の筆になる、いささか詩的潤色の厚化粧が濃すぎる描写とはまったく無縁な、純一にして冷静そのものの「高所体験」の記述がある。シャルルが語る地上三〇〇〇メートルの滞空は、崇高と観察、陶酔と理性とが、一つの特権的な存在感情に融合した希有な体験だったのである。宇宙や自然との一体感、無辺の自由を享受できることへの脅え、地上から遊離する喜びと恐れ、そうしたもののすべてがシャルルの記録を彩り、貴重なテクストにしている。

パリでのめざましい有人気球打ち上げの知らせは、瞬く間にフランス全土を駆けめぐった。製紙業を営むモンゴルフィエ家の顧客が多い南仏リヨンでは、当地に滞在中の兄ジョゼフによる気球打ち上げを望む声が大きかった。ジョゼフは、パリでピラートル・ド・ロジエが科学博物館を創設した時のパトロンであったフレセルの援助をえて、二万立方メートルという巨大な気球を建造した。パリにおける最初の有人飛行に使った気球の一〇倍もあり、直径三〇メートル、高さは五〇メートルにも及んだ。これほど大きな飛行体に人間が乗れるなどとは考えられなかったが、ミュエットの丘での大成功には有無を言わさないものがあった。

ここで注目しなければならないのはピラートル・ド・ロジエである。ミュエットの偉業がロジエの卓抜な技術に負うところ多い事実は、万人が認めることであり、それは同時にこの種の有人飛行で、ロジエが欠かせない存在になってしまっていたことを意味したのである。操縦の依頼を断ることなど論外だったが、ロジエは直径三〇メートルもある飛行体が人間を運べるなどとは信じられず、気球部分をパリのエティエンヌ作のものと差し換えたがっていた。その件でロジエが、リヨンからパリのエティエンヌに書き送った、一七八四年一月一一日付の手紙はきわめて重要である〔c Dollfus, Andouin 49〕。そこでロジエは、ジョゼフの気球は低予算で作業員が無能なため、多孔質の材料で作られていてとても無理だが、本来気球はドーヴァー海峡の横断に向けてこそ考案されるべきだ、というのである。すでにこの時点で、ロジエは国境を越える大規模飛行を考えていたことが分かる。結局、ロジエは望んでいたような気球が手に入らず、リヨンで製作された作品に大きな不安を感じていたらしい。ここに、心性上の「崇高」への憧憬と、現実上の技術の不足との狭間で悩む、一八世紀人ロジエの悲劇があった。

「フレセル号」は、パリのミュエットの気球に比べて一六倍の重さになり、有人飛行を実現する唯一の可能性は、逆説的にも搭乗員の数を減らすことだった。だが、一七八四年一月一九日に巨大気球に乗り込んだのは、ロジエの他にジョゼフを含む六名で、気球はリヨンのレ・ブロットーから飛び立ち、二〇〇—一〇〇〇メートルの高度で一三分間航行し、数百メートル先に着陸したという。火床を気球内に据えての実験で、薪、石炭、アルコールが燃料に用いられた。何はともあれ、史上三回目の有人気球打ち上げは、気球のサイズ、乗組員の数ともに最大規模の壮挙となった。成功がピラートル・ド・ロジエの卓抜な操縦技術に負うところ大きいことは疑う余地がない〔c Dollfus, Andouin 47-63. b Saint-Fond, t. 2 67-76〕。

4 熱気球かガス気球か

リヨンの快挙で幕を開けた一七八四年は、二月から年末にかけて、熱気球とガス気球の両方で、おびただしい実験が成功と失敗に彩られて続けられた。両方式の対立は、特定の社会に技術上のイノヴェーションが持ち込まれた時に生ずる競合現象で、ヴィデオ初期におけるベータ方式とVHS方式との対立を思わせる。モンゴルフィエ方式の熱気球は、さまざまな燃料を使いながら、最大三〇〇〇から四〇〇〇立方メートル程度のサイズで打ち上げられたが、多くは離陸に失敗するか、火事を起こしたりで、一月一九日のロジエの快挙を凌ぐ飛行は見られない。

パリのロジエは、六月二三日、折しもお忍びで滞仏中のスウェーデン国王グスターヴォ三世に懇望され、グスターヴォとフランス国王夫妻、およびヴェルサイユの全宮廷が見守る中で、五〇〇〇立方メートルの大気球を打ち上げた。これは本来、モンゴルフィエ兄弟とレヴェイヨンとがドーヴァー海峡横断のために考案した気球だったが、ロジエは宮廷の認可を楯に、強引にヴェルサイユに持ち込んだものらしい。「マリ＝アントワネット号」と命名された気球は、フランス王とスウェーデン王の紋章で飾られ、木綿地と羊の皮製で、燃料は油か松脂を染み込ませた藁、松材、葡萄の蔓だった。これは、当時考えられる限りの最高の組み合わせと言われた。名パイロットのピラートル・ド・ロジエの他に、化学者のルイ＝ジョゼフ・プルーストが乗り組んだ。その後五二分にわたる航行が続き、離陸、上昇共に申し分なく、ロジエは三九〇〇メートルの上昇記録を作ったほどであった。その後五二分にわたる航行が続き、強風を突いて時速五五キロの速度で四八キロメートルを走破、無事シャンティイの森の空き地に着陸したのである〔c Dollfus, Andouin 64-70〕。

さて、ここで一七八四年の気球実験におけるもう一方の系列、すなわち水素を使ったガス気球に関する事例を検討してみよう。熱気球が、六月二三日のヴェルサイユにおける世俗的成功をほとんど唯一の例外として、この年他にさしたる成果をあげることもできなかったのと好対象に、ブランシャールをはじめとする、ガス気球派の日進月歩にはめざましいものがあった。ブランシャールは最初気球に反対で、むしろダヴィンチの構想をうべなうかのような鳥の飛翔を真似た、ペダルと手動レバーで操作する翼付きの飛行機を考案し、試行錯誤を重ねていたが、やがてモンゴルフィエの快挙を知るに及んで、ガス気球に鞍替えした。だが垂直方向しか自由がきかず、水平の飛行は風任せの気球に飽き足らず、改良を加えて操縦可能な軽飛行機を実現しようとしていた。一七八四年三月二日、ブランシャールはパリのシャン・ド・マルスで、櫂とパラシュートを装備した操縦可能な気球（三八〇立方メートル)に乗り込み、一時間一五分でビヤンクールまで飛行したが、お目当ての操舵には失敗したらしい〔b Saint-Fond, t. 2 161-164〕。

ガス気球による自由操舵は、ディジョンのギトン・ド・モルヴォーの関心でもあり、ほぼ同時期に類似の試み(モルヴォーの場合は櫂と鰭状のフラップを装着)を続けた。物理学者シャルルの協力者ロベール兄弟も、操舵可能という問題に関心を持っており、七月一五日にサン=クルーで、九月一九日にはチュイルリー公園で、パラソル装備のガス気球を打ち上げ、後者の実験では舵取りに成功したらしいという説もあるが、そもそも気球自体が受ける巨大な空気抵抗を考えれば、櫂や翼やフラップ、あるいは帆やパラソルは、何の役にも立たず、ほとんど飾り物でしかなかった筈である。

操舵技術の難問はともかくとして、この年を通じて、ガス気球が徐々に熱気球より優位に立つようになっていったことは明らかである。どちらにも危険はつきものだった。熱気球の場合は紙と布製の手作りなので、特に着陸時に火事の危険がある。一方、水素は高価で製造にも手間がかかるし、また爆発の恐れがあった。だが浮遊力の強いガス気球の魅力は、徐々に熱気球を圧倒した。熱に比べて充塡に時間がかかる欠点も改良され、製造技術も進歩した。また、熱気球の発明者であるモンゴルフィエ兄弟が、一七八四年初頭のリヨンでの巨大実験と六月の「マリ=アントワネット号」打ち上げ以後、狐がおちたように気球熱が冷め、現場から遠ざかったことも大きい。

5　ドーヴァー海峡横断の栄光と悲惨

この年、モンゴルフィエ兄弟に代わって気球史の舞台で急に脚光を浴びるのが、ブランシャールである〔ブランシャールについては、これまでの参考文献に加えて、aジャクソンを参照した〕。ジャン・ピエール・ブランシャールは、ロジエやモンゴルフィエのように財や地位に恵まれず、おのれの野望を実現するためには、多少山師的な言動もやむをえないという立場にあった。パリでの舵取り機能付き気球の実験で思うような成果をあげることができず、フランス人の信望を失ってのち、イギリスに渡ってアメリカ人医師のジェフリーズというパトロンを見つけ、一〇月一六日、一一月三〇日と飛行を行った。ついでブランシャールが考えたのは、すでにロジエが温めていた腹案と同じイギリス海峡初横断の冒険である。イギリスの気球熱はフランスに比べればさほどのものではなかったが、支持者は多く、またイギリスのサドラー、フランスのロジエが、それぞれ独自に海峡横断の準備を始めていたことも刺激となった。一七八五年一月七日、ブランシャールとジェフリーズは、プロペラ状の風車と櫂を装備した気球で海峡を渡った。一時間半の飛行中、操舵はうまく機能しなかったが、二人は無事海上を飛んで、フランス側のギーヌの森に着陸した。その後、ブランシャールは史上最初のイギリス海峡横断者の栄誉を元手に、ヨーロッパとアメリカで六一回もの実演を行い、気球乗りのプロとして自他共に認めるショーマンになった。

一方、フランス側の消息はどうか。ピラートル・ド・ロジエがはじめからドーヴァー海峡横断の意図を持っていたことは、すでに引用したエティエンヌ宛の手紙で明らかであるが、フランス人全体にも同じ気持ちはあった。『パリ新報』紙は、一七八三年一二月一〇日付、すなわちミュエットの有人飛行から一八日後、シャルルの実験からわずか九日後の紙面で、早くも次のような記事を載せている。

私たちは、六カ月このかたの素晴らしい発見のおかげで、イギリスに行ける可能性がすでにある。気球で空から行くか、海底を行くかだ〔c Dollfus 72 に引用〕。

ヴェルサイユで「マリ＝アントワネット号」打ち上げに成功しているおかげで、ロジエには宮廷という後ろ楯があった。王妃の好意的支援もあり、ロジエは財務大臣カロンヌから、海峡横断のための気球製造費用を含む四万二〇〇〇リーヴルの援助をえたのである。しかしながら、政府を味方につけたことで、ロジエは文字通り命取りの危険に巻き込まれる宿命を背負いこんだのである。フランス人の名誉を賭けた、フランス側からの海峡横断のために、ロジエはガス気球と熱気球との併用という新機軸を打ち出した。すなわち水素ガスを詰めた気球を主力とし、上昇力の補強にモンゴルフィエール気球を付けるというものである。この方法は最初の飛行機事故を招いてしまったため、批判に晒されたが、八年後にイタリアのザンベッカーリが成功させてから後、たびたび採用されてそれなりの成果をあげている。

ピラートル・ド・ロジエにとって当面の問題は、新気球の製造者であった。「マリ＝アントワネット号」の一件で、ロジエはモンゴルフィエやレヴェイヨンと気まずい仲になっていた。そこでルーアン出身で、気球製造にそれほど実績のないピエール＝アンジュ・ロマンに白羽の矢が立てられた。二人の間で交わされた契約書は、一七八四年九月一七日付で、ロジエはロマンに七四〇〇リーヴルを出発前に支払うこと、搭乗者は二人だけであることなどが明記されている〔c Dollfus 75〕。

ロジエが考えていたドーヴァー海峡横断用の気球については、本人が一〇月六日にエティエンヌ・モンゴルフィエに宛てた手紙で、ほぼその全容を把握することができる。それによると、軽飛行機は三層構成で、上から水素ガス気球、熱気球、そしてゴンドラとなっている。水素ガス気球は球形で、直径一一・五メートル、体積八〇〇立方メートル、重量一五〇キロ。熱気球は円筒形で、直径四メートル、高さ七・五メートル、体積九〇立方メートル、重量二五キロ。ゴンドラは直径五メートル、高さ一メートルで、燃料庫、火床とバラストが配備されている。また、気球を作っている材料については、シャルル・ドルフュスが、気球建造に協力したフランソワ・ルヴェ師の手紙の便箋に畳み込まれた五×一〇平方センチメートルの生地見本を発見し、ピエール＝ルイ・クレマンに鑑定を依頼して詳細な分析結果をえている。クレマンの分析によれば、材質は表面が亜麻仁油と一酸化鉛を染ませたタフタ地で、その下に二層のゴム膜がある。絹地は電子顕微鏡できわめて規則正しい、むらのない織りであることが確認された。気球の材料はすこぶる上質であり、海峡横断に必要な条件を満たしているというのが結論である。ただ、これだけの装置を完成するには莫大な費用と労力を要し、またそれぞれが飛行中の大気の状態で変形しやすい二種の気球を結合するという離れ業は、当時の技術ではかなりの難題だったのではないか、とアンドゥアン・ドルフュスは推定している〔c Dollfus, Andouin 76-83〕。

出発地は当初カレーが予定され、ロマンはすでに機材を送ってしまっていたが、財務大臣カロンヌは途中から何故かブローニュに場所を変更した。ロマン、ロジエ、レヴェ師らがブローニュに揃ったのは一七八四年一二月二〇日で、打ち上げは翌年一月一日から六日までのいずれかの日と決められた。実際に気球が飛んだのは半年以上も後になるが、その間のブローニュにおける一行をめぐっての情勢変化が、本論の主題である気球史初期の歴史的意味について多くの示唆を与えてくれる。

飛行体一式と膨張用の機材は、ブローニュの海岸にある海水浴場に持ち込まれた。また打ち上げ場所は、町の城壁沿いにある展望台と定められた。ロジエは六〇名もの作業員を雇って、そこに高さ四〇メートルという巨大なテントを張り、気球全体を飛行状態の高さで格納できるようにした。

ロジエたちにとってまったく思いがけない事態は、現地の人々の冷たい反応であった。この企画が政府の発案で、カロンヌから財政援助を受けているということは周知の事実であり、大革命勃発四年前の世論は、ロジエに権力者の傀儡しか見ようとしなかったのであろう。一二月二二日付のブローニュの新聞報道が、その良い例である。

当地の物理学者がピラートル氏に質問しても、氏は学識に乏しく、しどろもどろである。だが、氏にあっては、知識の欠如を補うものとして大いなる勇気、めざましい活動、信じがたいほどの策士ぶりがあり、そのおかげでとりわけシャルル氏のような、政府の信頼を受けるにはるかに値するすべての競争相手を凌ぐのである。気球は宝石のように金無垢で、どう見ても一個人の費用で建造されたものではない。世界一豪華ながらくたである〔c Dollfus 88 に引用〕。

ロジエにとってもう一つの衝撃は、言うまでもなくブランシャールの快挙である。ライヴァルがイギリス側から飛行を企てていると知ったロジエは、ブローニュ到着後間もない一二月二三日に、ドーヴァーに赴き、ブランシャールに会っている。ロジエにとって、この海を挟んだ競争でブランシャールに利があることは明白だった。というのもフランス側の沿岸は、カレーからフェカンまで、気球の着陸にとって最適の地形であり、また三方向の風向きいずれもがフランス向けであった。しかるに、ロジエが着地できそうなイギリスの海岸はきわめて限定され、その上、選べる追い風は一方向しかなかったのである。

ロジエが不安な面持ちでフランスに帰ったのが一月四日。その三日後、ライヴァルとジェフリーズ医師の快挙を知る。衝撃を堪え、ロジエはブランシャールに会いに行って抱擁し、パリまで同行し、王に引き合わせ、さらに自分の科学博物館へ連れて行った。その後、ロジエがしばらくパリを離れないのは、溜まっている博物館の仕事もさることながら、ブランシャールの勝利とブローニュで受けた恥辱とで、深く傷ついていたためと思われる。それに加えて、自分の考案になる新しい飛行体の性能について、必ずしも自信がある訳ではなかったらしい。ブランシャールの成功前であれば、たとえ第一回目の飛行に失敗しても、海峡横断は挑むに足る冒険としてロジエを魅惑しただろうが、今や情勢は一変していた。フランス国家の威信を懸けて、最初の一回でドーヴァー海峡横断に成功しなければならず、失敗は許されなかったのである。

パリでの大臣カロンヌとの会見は、きわめて不愉快なものだったらしい。カロンヌはロジエに莫大な資金を前払いし、この件で王に叱責されるのを恐れていた。ロジエがドーヴァー海峡横断企画の断念を申し出ると、大臣は怒りを爆発させた。費用を全額返済するならともかく、気球はすでに建造されており、ロジエは金を使い果たしていた。危険な海峡横断以外にも、もっと安全なフランス国家の威信回復の方法があると主張したが、カロンヌは海峡横断にどこまでも固執し、ロジエに勲章と三〇〇〇リーヴルの追加資金を約束した。ただし、すべては海峡横断が成功しての話だった。

ロジエはブローニュにいるロマンに指示して、初めて気球に水素ガスを詰めさせた。一月二一日、ブローニュに着くと、翌日水素気球を展望台まで運ばせ、そこでモンゴルフィエール気球やゴンドラと結合した。ここから長い待機の時が始まる。いくら小気球を飛ばしても、一度としてイギリス海岸まで行き着かない。その間にも出費は嵩み、ロマンはすでに飛行体の維持と手直しで、一万四〇〇〇リーヴル以上の借金を背負っていた。ロジエをひどい意気消沈が見舞った。

四月一八日の朝、絶好の風向きを見て、ロジエは出発を決意し、支度を整えるが、間際になって市長が現れ、風が変わるらしいので出発を見合わせるように勧告した。この挫折は、ロジエとロマンにとって手痛い打撃となった。二人は債権者に追及され、気球差し押さえの脅しまで受けていた。ロマンはフランス脱出を考え、五月一二日にはオランダとイギリスへのパスポートを入手している。六月に入ると、二人の許に三八三リーヴル一四ソルの支払いの件で、ブローニュ裁判所から召喚状が届く始末だった。一刻の猶予も許されない。計画を実行に移すしかなかった。こうして、史上初の飛行機による人身事故が準備されたのである。生前に友人に語った言葉か

最初の悲劇

ら、ロジエは死をあらかじめ覚悟していたらしいことが、多くの研究者によって指摘されている。科学技術の進歩が、「高所」や「崇高」という時代の理想を「不完全に」実現してしまったところにこそ、犠牲者ロジエの悲劇があった。

その悲劇の模様についての最良の資料は、出発準備に協力したラ・メゾンフォール侯爵の書簡で、一七八五年六月二七日付『パリ新報』紙に掲載された〔c Dollfus 97-100 に引用〕。六月一四日夜、ロジエは翌朝日の出の打ち上げに備えて気球にガスを詰めることにした。破損箇所の応急修理などで準備は長くかかり、そのうちに風向きが変わったりもしたが、朝六時に飛ばした三番目のテスト気球の飛行コースが確認できるに及んで、いよいよ出発が決まった。打ち上げ直前、メゾンフォールはロジエの帽子に金貨二〇〇ルイを投げ込んでゴンドラに乗ろうとしたが、ロジエは遮って、天候にも飛行機にも自信が持てないのだと説明した。ロジエの良心的な拒否こそが、メゾンフォールの命を救ったのである。このエピソードは、同時に、ロジエがいかに慎重かつ厳格に準備を進め、機や風の状態に気を配っていたかを物語っている。

メゾンフォール侯爵の記述によると、気球は六〇メートルほど上昇してから、南東の風に流されて海上に出たが、三分間乱気流に揺さぶられ、やがて南西の風に運ばれるようにしてフランス海岸に戻った。出発から二七分後、ゴンドラの二人に慌ただしい動きが見られたと思うと、突如水素気球の上部に紫色の炎が現れて、水素気球全体が下のモンゴルフィエール気球に重なる形となり、浮力を失った飛行体は急速度で落下した。ロジエとロマンは、出発時と同じゴンドラに入ったままで地面に激突した。一説では、高度三〇〇〇メートルから一分弱の落下だったという。

気球の後を追う形で、海岸沿いの道を馬で走っていたロベール・テルノーは、事故を見て墜落現場に駆けつけた。テルノーの手紙によると、現場は海からほど遠からぬ土地で、ロジエは即死だったが、ロマンは体重が軽かったので衝撃が弱く、両腕、両脚を骨折し、テルノーの腕の中で二分間息があったという。この事故の模様は大勢の見物人の目撃するところとなり、沢山の版画が制作された。その多くは空中での火事を誇張して大爆発に仕立てているが、実際は皮膜のほとんどが残った状態での墜落だったらしい。悲報に接したブランシャールは、我々の気球が装備していたパラシュートさえあったら、と嘆息したそうである。

結び

気球をめぐるこの長い文章の果てに思い出されるのは、かつて文芸批評家ジョルジュ・プーレが『円環の変貌』の第四章「一八世紀」の冒頭で、啓蒙時代の人間が魅惑された、気球やシャボン玉といった浮遊する球体の特徴について語っている言葉である。プーレはこう書いている。

曲折する線というものはどこにも到達しない。……円環には従わず、弾力的で極度に遠心的であるために自分の網のなかに身動きができなくなり、多様さそのものの回転と反転によって消耗しつくし、結局、衰弱してゆく川の流れのように分裂し、三角洲のようなものになってよどむ。十八世紀にしきりに起こる出来事とは、気紛れの果てに起こる事柄であり、回転し反転してはめくるめき、疲れはてて所かまわず立ち止まるといった行為の停止によって生じるものである〔aプーレ 130〕。

このあまりにも現実離れした美文が、実は一七八〇年代に突如流行して大衆の心を捉えた、気球にまつわる一切の問題を巧みに要約していることに驚かされる。上昇はすれど、結局、操舵技術を持ちえず、風任せで浮遊する球体は、それ自体は円環でありながら、気紛れな曲折を描いて円環(すなわち自己完結する、規則性を備えた軌道)の支配に従わない。それは、折しもパリに滞在していて、とある気球実験に立ち会っていたベンジャミン・フランクリンに向かって、とある見物人がはからずも呟いた「一体気球が何の役に立つのか」という言葉が象徴している、新発明の無意味性につながる問題でもあった〔aジャクソン 14〕。シャルルが三〇〇〇メートルの高度で抱いた崇高の感情、飛翔に挑むロジエの無償の情熱、そうしたものは気球の実験が無意味であるが故の道楽であり、危険きわまりない遊びであった。大革命以後、気球の軍事的利用が始まると、気球は現実社会で意味を付与され、「役に立つ」機械、誰にでも理解しやすい文明の利器として認知されるようになる。この巨大なシャボン玉が「近代」の論理に取り込まれるのである。

注

第一章　巨大量、収集、分類

（1）以上で列挙が終わるわけではない。「完全な」リストアップを求めるなら、〔a 小松〕にほぼ尽くされている。

第二章　過剰・集積論

（1）そもそも日本語で「百」(もも)、「千」(ち)、「万」「よろず」といった数詞は、現代ではほとんど使われない古語であり、「数多い」とか「いろいろの」とか「数え切れないほどの」とかいった意味で使われることが多い。〔a 田坂 83-84〕を参照のこと。

（2）「人間によって考案され、〈外在化〉されたすべてのテクノロジーは、それが最初に同化される時期に、人間の知覚を麻痺させる」〔a マクルーハン 304〕。

（3）「『素描』において——後には『新オルガノン』において——素描された『記憶への補助』の理論は、論証の発見を支配する諸規則と、論証を想起したり配列する技術を構成する規則を、異なった分野へ適応させることによって帰結したものなのである」〔a ロッシ 2 256〕。

（4）『百科全書』のスイス版の一つである、フェリーチェ刊行のイヴェルドン版では、項目《記憶》末尾に《記憶術》への参照指示が付いている。この指示はパリ版やイタリアでの両版には見あたらないものである。以下を参照のこと。〔b ENC 2, t. XXVIII, l'article «Mémoire» 223b-239 ; *ibid.*, t. III, l'article «Art mnémonique» 659a-660b〕

（5）「植物の分類を学問化しようとして、ありとあらゆる試みがなされたが、植物の識別に肉眼しか用いないか、科学の道具なしに記憶術だけ使った場合と比べても、植物に関する知識ははるかに困難で誤謬にみちたものになってしまった」〔b ENC 1, t. II, l'article «Botanique» 342a〕。

（6）『百科全書』における観念の連鎖については、項目《ロック》にこう書かれている。「よく考えてみてわかるのは、おそらく以下のことである。まず第一に、われわれが知性における観念の結合関係と呼んでいるものとは、自然における諸現象の共存にかんする記憶にほかならず、またわれわれが知性において帰結と呼んでいるものは、自然における諸結果の連結や継起にかんする思い出にすぎない。第二に、知性の働きはそのことごとくが、記号か音についての記憶に帰するか、形態や形象にかんする想像ないし記憶に帰するのである」〔ENC, Texte, t. 9 626b〕。また、樹形の百科全書構想について分かりやすい説明をあたえてくれるのは、項目《カタログ》である。「この体系ないし方法的計画は、われわれの知識の対象となるものすべてを、さまざまな類に分割し、また下位分割しようというものである。最初の類はそれぞれが枝や小枝や葉をつけた幹と考えられる。これらすべての部分の間に適切な秩序をうちたてるために乗り越えるべき困難とは、まず最初の類がおたがいに保持しあう位置を定めることであり、次に付随するおびただしい枝や小枝や葉をそれぞれの類に関係づけることである」〔b ENC 1, t. II 759b〕。

第三章　世界図絵のなかの水車

（1）一九五四年制作。脚本は橋本忍、小国英雄、黒澤明による集団制作。

（2）黒澤をめぐるドキュメンタリ映画のなかのインタビューなので、出典は不明である。

（3）「人間が、すべてを関連づける恒久的な尺度なのである。生成された品物は、人間の使用に供するためなのであり、人間は、生産過程の中心からはずれることはない」〔a プルースト 3 352〕。

（4）ちなみに翌年発表された傑作「地下鉄のザジ」では、イタリア人の刑事がフィリップ・ノワレ扮する主人公の妻に一目惚れするコミカルなシーンで、このナレーションが引用される。

（5）アントワーヌ・ワトー（一六八四―一七二一）の代表作。一七一七年、アカデミー入会資格審査用に描かれ、プロシア王のためにさらに一部が制作された。前者はパリ、ルーヴル美術館、後者はベルリンにある。愛の島シテールに旅立つべく、若いカップルが数組、手に手を取って奥に帆の見える船の方に三々五々向かっているという図柄。一九世紀に入って、彫刻家ロダンなどから「船出」という画題とは裏腹に、画面に描かれた風景それ自体がシテール島であり、若者たちは実はたったひと組で、愛はすでにその営みを終えているとする、穿った解釈が提出されている。

第四章　整合と惑乱

（1）　本節における実際の図版分析は、私個人のものもあるが、かなりの部分を〔c Proust 2〕に依拠していることをお断りしておく。

第五章　図版のなかのフランス一八世紀

（1）　〔Young〕. 現在『フランス紀行』の定本として評価の高いのは、一七九二年の初版本ではなく、この第二版である。原著者の注に加えて、初版には収録されていなかったスペイン紀行の部分が収められたからである。

（2）　〔b Bachaumont, t. 2〕. モーツァルト一家が初めてパリの土地を踏んだのは一七六三年一一月一八日である。百科全書派のグリムは『文芸通信』誌上でこの天才を紹介し、「現象」「驚異」といった言葉で少年モーツァルトの名技を称えた。折しもパリでは、驚異の神童の出現に呼応するかのように、新彗星の発見が報じられている。当時の人間にとって、彗星は依然として自然界の異常であった。『百科全書』の「人間知識の体系詳述」では、この異常は「自然史」の中の「自然の変異」に含まれ、「怪物」「逸脱」の扱いを受けている。そして「自然の逸脱」が、人間による自然の加工（技芸の驚異）と類縁関係にあることが暗示されている。一八世紀半ばの知的構図の中で、「彗星」と「芸術」（＝技芸）とは意外に近い位置を占めていることが分かる。モーツァルトの父レオポルトが手紙で触れている四月一日の日蝕をめぐるパリの住民のうろたえようも、格好の新聞種になった。ここのバショーモンの記事によると、日蝕はせいぜい雨雲ていどのものだったが、ローソクをもとめた人がいて笑われたという。

第六章　繁殖する自然

（1）　早い時代から良質の紙を材料として用いることができた東洋と違い、ヨーロッパでは、紙と言えばまずパピルスだった。エジプト、ギリシア、ローマ時代にかけて巻子本として利用されたが、繊維がもろく、現在の紙のように自在に畳めない欠陥があった。そこで、代用品として登場したのが、動物の皮をなめした皮紙だった。牛皮紙（ヴェラム）、羊皮紙（パーチメント）がそれで、扱いが面倒な巻子本ではなく、二つ折りにして重ね、冊子本（コーデックス）として、現在の書物の形態に近づいた。印刷術が発明される前は、すべて皮紙に手書きした写本であり、鳥の羽ペンで書写した。皮紙でも、幼獣皮が良品で、古くは子牛皮の高級品をヴェラム、とりわけ誕生直後の幼獣の皮を使った超高級品をウテリン・ヴェラムと呼んで、珍重した。

第七章　一八世紀の夢

（1）デカルトが一六一九年一一月一〇日夜に見た有名な三つの夢のうちの第一の夢が好例であろう。この夢は歩行と迷いに関する深刻な実存体験を語っている。デカルトの夢については〔c Poulet〕という素晴らしい論文を参照のこと。

（2）〔c Delumeau 49-62〕. ここでは、西欧の民衆の心性に根ざした水への伝統的恐怖(海、嵐、セイレーン、洪水、難破、狂気など)が豊富な事例で説明されている。

（3）〔c Richard〕で、ジャン・ピエール・リシャールが小説家フロベールを論じるに際し、この作家の小説に登場する人物たちに共通した異常な「大食」願望の指摘から始めて、同化、溺死、溶解といったテーマへと説き進んでいったのが思い出される。私見では、リシャールは(そしてリシャールが論じるフロベール自身も)自分ではそれと意識せずに、近代的人間が不可避的に辿る「もの」との緊張と拮抗、融合の関係をなぞっているのである。

（4）〔b Saint-Fond, t. 1 1-28〕. ここからの本論における気球打ち上げをめぐる記述は、私が接しえた唯一の第一次資料として上記の同時代文献に依拠するところが多い。著者サン＝フォンはモンゴルフィエ兄弟の最初の公開飛行実験以来、すべての打ち上げに立ち会った学者で、その詳細な記録はフランス気球史にとって不可欠の価値がある。なお、アノネーでの実験については、〔c Dollfus〕も参照のこと。

あとがき

本書は私なりの倫理の書である。

啓蒙思想や『百科全書』についての知見を期待される向きからは、意外だ、心外だと言われるかもしれない。むろん、そういう学術的期待に応えられそうな箇所も、本書には少なからずある。だが、それらは、世を忍ぶ仮の姿なのである。

第一章で菊池寛やコナン・ドイルにまつわる少年時代の思い出を語り、「量」とか「巨大規模」とか「反復」といった、いわゆる「コツコツ型」の努力に異常なこだわりを見せているとき、私の心は、どうみても研究者のそれではない。論文を書いているような振りをしながら、素顔はどこかよそを向いている。要するに私個人の生涯のモチーフ(だと最近痛感するようになった)を、手を替え品を替えて展開しているにすぎない。職人肌の音楽家だった父親の遺伝もあるだろうが、それ以上のなにかがこの「コツコツ」好きにはある。であるからして、「世界図絵」といった珍妙な概念の説明も、そうした私的モチーフの延長線上でなされるので、学説や論理の体をまるでなしてはおらず、「論文」としては落第かもしれない。

ただ一つ言えることは、この主題は私のいわばコケの一念が生み出した必須の課題であり、またある意味では必須の倫理なので、昨今よく見かける風景だが、どこかから「現代思想」を密輸入した上で、それを使って手際よく概念や思想を腑分けし、整然たる思想地図や情勢把握を踏まえて、能弁に自説とやらを開陳してみせる、あれらの手合いの文章とはかなり趣を異にした、不器用でしつこい論述になっているはずである。
もともと人づき合いはいい方である。いろいろな人間とすぐに仲良くはなる。ただ、心から好きになる相手というのは決まっていて、絶対に間違えない。物差しは一つ、「コツコツやる」人である。思想の右左、愛想の善し悪しに関係ない。ものも言わず、ひっそりと、皆に隠れてコツコツやっている人、これが何よりも私の心の琴線に触れてくる。学生でも、目から鼻へ抜けるような俊才は、敬して遠ざけがちである。勉強はできなくていいが、怠け者ではなく、歯を食いしばって努力する子がいい。そういうのを見ると、こちらも発憤していろいろ面倒を見てしまう。

本書は、また、私の最初の論文集でもある。新しく書き下ろしたものはほとんどなく、すべてこれまでにどこかで活字にしている文章を、ある配列で並べ、多少手を加えて、一本に編み上げたものである。六七歳にして最初の成果というのは、世間の常識では遅きに失するのかもしれない。だが、私にとっては、今この時期しかないという、絶妙なタイミングなのである。要するに「コツコツ」やってきた蓄積があるていど熟成し、発酵を始めて、そろそろ食べ頃になったということなのだ。これより早く刊行していれば、フランス一八世紀や『百科全書』に関する当たり障りのない、濾過した水のように飲み口のいい論文集にはなったであろう。だが、それは私の意図するところではなかった。

全七章の配列には多少の意味がある。子供の頃の思い出と、穴を掘るといった暗くて小さな世界から、徐々に規模を大きくしていって、最後には大空を浮遊する気球という視野の開けで終わる、末広がりの趣向である。全体は三部構成になっており、第Ⅰ部「世界図絵の変容と近代」には三つの章が含まれる。いずれについても、私なりの思想史、文化史を試みているが、中心となるテーマは、必ずしもフランス『百科全書』であるとは限らず、微妙な距離をとりながら、この巨大書物をヨーロッパ近代の目に見えない執念や情熱が迸らせた滔々たる潮流に位置づけようしている。

第一章「巨大量、収集、分類」では、まず「身体知」、つづいて「記憶術」「世界風景画」「博物誌」といったヨーロッパ人の「巨大量」への果敢な取り組みを論じ、最後にようやく一八世紀『百科全書』に辿り着き、目下進行中の「コツコツ」を地でいくような私たちの『百科全書』研究企画の話で終わる。

第二章「過剰・集積論」は、はじめは東西における「巨大量」への恐怖や関心に触れ、近現代におけるアーカイヴという制度を論じ、さらに古代記憶術と現代芸術の連関に目を向ける。ここで記憶術を介してベーコンとディドロをつなぐ不可視の鎖を浮き彫りにし、記憶術が『百科全書』のなかに生きている事実を証明する。

第三章「世界図絵のなかの水車」は、以上に述べ来たった「世界図絵」の変遷を、今度は「水車」という道具一つにことよせて描き直したものである。映画論、絵画論、音楽論、思想史、技術史を意識的に混在させた超域的論考で、本来であれば、あらゆる視聴覚機器を具備したホールで、マルチメディア方式の講演といった形でないと、ここの真意は伝わらない。

第Ⅱ部は「『百科全書』の図版と一八世紀」と題し、イメージを中心に展開する。「世界図絵」は世界についての一つの表象を構成する以上、文字以上に画像や挿絵で表現されると強い魅力を発散することが多い。

第四章は「整合と惑乱」と題し、『百科全書』に収録された二八〇〇枚を超える銅版画について、その合理性への偏執ぶりと、偏執が高じて異常な世界を垣間見せてしまう、臨界点を示そうとしている。

一方、第五章「図版のなかのフランス一八世紀」は、一種の思考実験、幻の研究計画といった趣の知的遊戯である。前任校の大学図書館に収蔵されている貴重書のみを対象に、啓蒙時代についてこういう把握や記述が可能なのではないかという提案を略述している。むろん、ここに挙げられた書物のすべてを私が読破しているわけではない。ただ、大学図書館貴重書室が中心となって毎年開催している展覧会を任され、展示準備と図録執筆に追われた経験を踏まえて、この章は執筆されている。展覧会が媒介項にあるので、ここでも否応なく「イメージ」が主役になる。

第Ⅲ部は「理性の夢」。博物図鑑と気球を扱う。前者はどちらかというと、大航海に促された水平方向での地域的展開、後者は当然ながら垂直方向の旅である。

第六章「繁殖する自然」は、日本橋丸善で開催されたべつな展覧会がこれまた骨子になっている。その時の図録を援用して執筆されているが、博物図鑑とはある種「世界図絵」、特定の社会における「文化装置」なのだという確信をえたのもこの機会であった。

最終第七章「一八世紀の夢」は、私自身の夢の記述から始めて、一七八〇年にパリを中心として突如発生した異常とも言える気球熱を対象に、できるだけ客観的な歴史記述を心掛けた。名飛行士ピラートル・ド・ロジエの悲惨な墜落死をもって本書は終わるが、それは同時にある時代の終焉を意味する巨大な幕引きでもあったのだろう。

さて、通常の論文集ではついぞやらないことだが、随所に「コラム」を挿入し、本文の記述にぶつけたり、論点を補足したり、そこからあえて脱線したりさせてみた。私のなかでの熟成の経過や歴史を復元したくなったためである。本文がどちらかというと論文体で執筆されているのに対し、コラムは随筆体であり、発表された場も、学術雑誌であるよりは、私の前任校が刊行している新聞やパンフレットの類がほとんどで、私としては愛着が強い文章ばかりである。時間がなくて、それでも少しは本書を囓ってみたいという御仁は、どうかこのコラムだけをお読みいただきたい。ゲラゲラ笑えるものも一つ二つはある。

巻末の少し長めの注はきわめて少なく、全部で二〇個ほどにとどめた。残りはほとんどが出典指示なので、巻末の「文献表」に送る注を多用した。

ぷねうま舎の中川和夫氏は、この書物の生みの親である。文字通り「コツコツ型」の権化のような人であった。二人で月例の会合を重ね、徐々に本書が形をなしていく過程を共有できたのは、何ものにも代えがたい喜びだった。ここに記して深く感謝する。

二〇〇九年　秋

著　者

初出一覧

第一章　（以下の論文に加筆修正を加えてある）
「巨大量、収集、分類――世界図絵の中のフランス『百科全書』」『アリーナ』（中部大学国際人間学研究所〔編〕）第五号、二〇〇八年。

第二章　（以下の論文に加筆修正を加えてある。また、2の「下河辺淳アーカイヴの意義」は、二つ目の論文をそっくり一つ目の「過剰・集積論」に裁ち入れたもの）
「過剰・集積論――記憶術、ベーコン、『百科全書』、そしてアーカイヴ」『芸術のロケーション』（慶應義塾大学アート・センター／ブックレット12）二〇〇四年一月三一日。
「下河辺淳アーカイヴの意義――個人記憶装置の可能性」『NIRA政策研究』（総合研究開発機構）第一七巻二号、二〇〇四年二月二五日。

第三章　（以下の論文に加筆修正を加えてある）
「世界図絵の中の水車」、柴田陽弘編著『自然と文学――環境論の視座から』慶應義塾大学出版会、二〇〇一年。

第四章　（以下の二つの論文を合体し、かつ加筆修正を加えてある）
「整合と惑乱――『百科全書』図版をめぐって」『月刊百科』二六七―一号、平凡社、一九八五年。
『理性の夢――図版と文字で読むフランス一八世紀』（日本橋丸善における展示目録）監修と展示図録執筆（慶應義塾大学図書館）一九九五年一月。

第五章　（以下の論文に加筆修正を加えてある）
「理性の夢――フランス一八世紀のテーマ系」『藝文研究』（慶應義塾大学文学部文学科）六七号、一九九五年三月。

第六章　（以下の論文に加筆修正を加えてある）
『繁殖する自然――博物図鑑の世界』（日本橋丸善における展示目録）監修と展示図録執筆（慶應義塾大学図書館）二〇〇三年一月。
第七章　（以下の論文に加筆修正を加えてある）
「一八世紀の夢――気球の旅」、宮崎揚弘編『ヨーロッパ世界と旅』法政大学出版局、一九九七年六月。

「コラム」初出一覧

「異常なる集中のとき」（本書一〇―一一頁）
初出・『三色旗』慶應義塾大学通信教育学部、二〇〇二年七月号。
解題　通信教育で勉強する学生用に書いたエッセイで、もっぱら卒業論文を準備している人たちを念頭に置いて書かれている。
「勉強論――反復、集中、悪心」（一一二―一一五頁）
初出・『三色旗』慶應義塾大学通信教育学部、二〇〇三年四月号。
解題　前出の「異常なる集中のとき」から一年後、さらに構想を拡げて、勉強とは何かという大問題を、四月の新学期に、通信の新入生相手に説いた文章。
「プルースト教授との一週間」（三三一―三三七頁）
初出・『三色旗』慶應義塾大学通信教育学部、一九七三年一一月号。
解題　ジャック・プルースト教授が一九七三年、日本学術振興会の招聘で初めて来日し、東京、京都その他で講演、ゼミを開催したとき、教え子たちは張り切ってこの世界的な碩学を歓待して、学恩に報いようとした。滞在は一カ月におよんだが、これは最初の一週間についての、私による日録である。
「社交性の文学――ディドロ研究の仲間たち」（三三七―三三九頁）

初出・『塾』八七号、慶應義塾、一九七八年二月一日。
解題　ジャック・プルースト初来日から五年後、プルースト門下の市川慎一氏と私、そしてプルースト教授来日の折りに、京都で受け入れに奔走された中川久定氏とは、いわばジャック・プルーストを介して結ばれた友情を育ててきた観がある。三名の交遊録から忘れられないエピソードを紹介する。
「ランボー詩の『コンコルダンス』をめぐって」(六〇―六三頁)
初出・『KULIC』七号、慶應義塾大学研究・教育情報センター、一九七四年一一月。
解題　私が前任校の慶應義塾大学助手時代に参加した、最初期の『コンコルダンス』作成作業にかんするレポートである。フランス、ブザンソンで刊行された初期コンピュータを駆使した「ハイカラな」成果をにらみながら、文系研究者の「手仕事」で完成に漕ぎ着けた作品で、今では懐かしい骨董品である。
「デジタル・メディア時代の書物と書物研究」(六三―六六頁)
初出・『文学』二〇〇一年一、二月号、岩波書店。
解題　ランボー詩の『コンコルダンス』から二六年後の文章である。一九七〇年代には夢でしかなかったパソコンが、いまや家電製品なみに普及し、私自身がいちじるしく「洗脳」されて、頭の固い電子メディア反対派をからかい始めている。
「わたしの独り言」(原題・わたしの独り言――フランス学徒の反フランス思想)(七二―七八頁)
初出・『三田文学』二〇〇四年夏季、七八号、慶應義塾大学三田文学会。
解題　これまでに私が書いた唯一の「反ヨーロッパ」論である。
「図書館の記憶」(七九―八七頁)
初出・『大学はかくありたい――別冊塾生案内』慶應義塾大学、一九七九年四月一日。
解題　前任校の助教授時代に、ちょうど現在、キャンパスで「新図書館」と呼ばれている二つ目の図書館建設が話題になりはじめた頃、若手の教員代表として、キャンパスでの研究資料管理のあり方について、フランス留学時代の思い出を交えながら、忌憚なくのべた文章。むろん、その後「新図書館」ができて、私がここで提起した問題の大半は解決されたことを付記しておく。私が図書館を論じた、おそらくは唯一無二の文章である。

「私とカセット」(原題・カセット・テープ)(九九―一〇〇頁)

初出・『慶應通信』三五〇号、慶應義塾大学通信教育学部、一九七七年五月一日。

解題　一九七〇年代といえば、カセットテープの全盛時代である。ヴィデオはまだまだで、ようやくCDが出回り始めた頃であった。その頃に書いたエッセイが、当時の私の「知的生活」をよく伝えている。

「ユートピア文学再考」(一五八―一六〇頁)

初出・『木鐸』一号、一九八二年四月三〇日。

解題　しばらくユートピア作品につき合ってみて、「時間の停止した永遠の現在」という言葉が浮かび、それをめぐって書いた小論。

「誕生する日本一八世紀学会」(一七八―一八〇頁)

初出・『日本経済新聞』一九七九年七月一〇日号。

解題　この章の構想は、七〇年代終わりに日本で設立された「日本一八世紀学会」への参加なしにはありえない。私が知るかぎり、日本でもっとも「学際的」かつ「趣味的」な学会であり、共通論題、懇親会、それにつづく二次会など、わが国にもこうした広い意味での「文芸共和国」ができたかと感動させられたことしばしばであった。私は創立以来の数少ないメンバーの一人である。

「近代を問い直す――一〇周年の日本一八世紀学会」(一八〇―一八三頁)

初出・『聖教新聞』一九八九年一〇月七日号。

解題　学会創立から一〇年。私は依然として常任幹事会のメンバーとして、会計やら編集やらを担当していたが、初心を忘れない学会の姿勢はますます健在で、こういう大風呂敷の新聞記事になった。

「ウサギとホウレンソウ」(二二八―二二九頁)

初出・『日本経済新聞』一九九〇年一二月三一日号。

解題　動物図鑑というので思い出した。ウサギを版画にして図鑑を編むのではなく、パリでウサギを食べる話である。

「悲喜こもごものパリ暮らし」(二四三―二五〇頁)

初出・『塾』一二六号、慶應義塾、一九八四年八月一日。

解題　私にとっての「大航海」は、いわずとしれたフランス留学である。最初の留学ではなく、東京に仕事をえてから一〇年後に実現した、パリを中心とした一年半にわたる滞在のレポートである。

鷲見洋一
1941年生まれ．専攻，18世紀フランス文学・思想・歴史．慶應義塾大学大学院博士課程修了．モンペリエ大学大学院博士課程修了．慶應義塾大学文学部教授，同大学アート・センター所長を経て，現在，中部大学人文学部教授．慶應義塾大学名誉教授．
著書に『翻訳仏文法』上下(日本翻訳家養成センター，1985，87．後ちくま学芸文庫)，編著に『モーツァルト』全4巻(共編，岩波書店，1991)，訳書にB.シャルボノー『バビロンの庭――自然という名の幻想』(共訳，思索社，1974)，ロバート・ダーントン『猫の大虐殺』(共訳，岩波書店，1986．後岩波現代文庫)，フランソワーズ・サガン『ボルジア家の黄金の血』(新潮社，1986)，アレクサンドル・ジャルダン『さようなら少年』『恋人たちのアパルトマン』(新潮社，1990，95)他がある．また，「世紀をつらぬく福澤諭吉――没後100年記念」展(2001)，「繁殖する自然――博物図鑑の世界」展(2003)などの企画・構成・解説を担当している．

『百科全書』と世界図絵

2009年11月26日　第1刷発行

著　者　鷲見洋一《すみよういち》

発行者　山口昭男

発行所　株式会社 岩波書店
〒101-8002 東京都千代田区一ツ橋2-5-5
電話案内 03-5210-4000
http://www.iwanami.co.jp/

印刷・三陽社　カバー・半七印刷　製本・三水舎

ISBN 978-4-00-001948-4　　Printed in Japan

文献表

1）和　書

〔a〕 アベル，トビー・A.『アカデミー論争――革命前後のパリを騒がせたナチュラリストたち』西村顯治訳，時空出版，1990.

〔a 荒俣 1〕 荒俣宏『大博物学時代』工作舎，1982.

〔a 荒俣 2〕 荒俣宏『図像観光――近代西洋版画を読む』朝日新聞社，1986.

〔a 荒俣 3〕 荒俣宏『世界大博物図鑑』平凡社，1987-94.

〔a 荒俣 4〕 荒俣宏『博物学の世紀』NHK 市民大学，7 月-9 月期，日本放送出版協会，1989.

〔a 荒俣 5〕 荒俣宏『地球観光旅行 博物学の世紀』角川書店，1993.

〔a 荒俣 6〕 荒俣宏『増補版 図鑑の博物誌』集英社文庫，1994.

〔a イエイツ〕 イエイツ，フランセス・A.『記憶術』玉泉八州男監訳，水声社，1993.

〔a 市川〕 市川慎一『百科全書派の世界』世界書院，1995.

〔a 逸見 1〕 逸見龍生「『百科全書』を読む――本文研究の概観と展望」『欧米の言語・社会・文化』11 号，新潟大学大学院現代社会文化研究科「ヨーロッパの基層文化と近代」プロジェクト，2005，pp. 39-92.

〔a 逸見 2〕 逸見龍生「ディドロ執筆項目「『霊魂』補遺」――『百科全書』本文校訂の試み」『藝文研究』91 号，慶應義塾大學藝文學會，2006，pp. 284-263.

〔a 井ノ口〕 井ノ口淳三『コメニウス教育学の研究』ミネルヴァ書房，1998.

〔a 今泉〕 今泉みね子『ゲスナー――生涯と著作』博品社，1994.

〔a ヴィリリオ〕 ヴィリリオ，ポール『速度と革命――地政学から時政学へ』市田良彦訳，平凡社，1989.

〔a 上野 1〕 上野益三『博物学者列伝』八坂書房，1991.

〔a 上野 2〕 上野益三『博物学の時代』八坂書房，1990.

〔a 上野 3〕 上野益三『忘れられた博物学』八坂書房，1987.

〔a ヴェントゥーリ〕 ヴェントゥーリ，フランコ『百科全書の起源』大津真作訳，法政大学出版局，1979.

〔a エリアス〕 エリアス，ノルベルト『宮廷社会』波田節夫ほか訳，法政大学出版局，1981.

〔a 太田〕 太田信夫・多鹿秀継編著『記憶研究の最前線』北大路書房，2000.

〔a 織田〕 織田信生『図説　飛行術入門』リブロポート，1991.

〔a カラザース〕 カラザース，メアリー『記憶術と書物——中世ヨーロッパの情報文化』別宮貞徳監訳，工作社，1997.
〔a 河本〕 河本英夫「技術の人間学」，東洋大学哲学科編『哲学をつくる』東洋大学哲学講座 3，知泉書館，2005，pp. 147-165.
〔a 木崎〕 木崎喜代治『マルゼルブ——フランス一八世紀の一貴族の肖像』岩波書店，1986.
〔a 喜多尾〕 喜多尾道冬『気球の夢——空のユートピア』朝日新聞社，1996.
〔a ギブソン〕 ギブソン，ウオルター・S.「ピーテル・ブリューゲル(父)と 16 世紀フランドルの世界風景画」元木幸一訳，プラハ国立美術館蔵『ブリューゲルとネーデルランド絵画』国立西洋美術館，1990.
〔a 寓意〕『「寓意の鏡——16・17 世紀ヨーロッパの書物と挿絵」展』，監修・編集・執筆：松田隆美，慶應義塾図書館主催・丸善株式会社協賛の展覧会図録，1999.
〔a 串田〕 串田孫一(責任編集)『ヴォルテール，ディドロ，ダランベール』「世界の名著」中公バックス 35，中央公論社，1980[1970].
〔a グリーンブラット〕 グリーンブラット，スティーヴン『驚異と占有』荒木正純訳，みすず書房，1994.
〔桑原 1〕 桑原武夫編『フランス百科全書の研究』京都大学人文科学研究所報告，岩波書店，1954.
〔a 桑原 2〕 桑原武夫訳編『百科全書』岩波文庫，1971.
〔a 小松〕 小松左京＋奥野卓司「対談　メディアとしての速度」『20 世紀のメディア② 速度の発見と 20 世紀の生活』株式会社ジャストシステム，1996，pp. 158-178.
〔a コメニウス〕 コメニウス，J. A.『世界図絵』井ノ口淳三訳，ミネルヴァ書房，1988.
〔a ジャクソン〕 ジャクソン，ドナルド・デール『はじめに気球ありき』タイム ライフ ブックス編集部編，木村秀政監修，西山浅次郎・大谷内一夫訳，タイム ライフ ブックス，1981.
〔a シュヴァリエ〕 シュヴァリエ，ジャン／ゲールブラン，アラン『世界シンボル大事典』大修館書店，1996.
〔a シューベルト〕 シューベルト，歌曲集「美しき水車小屋の娘」D795，CD レコード解説，ドイツ・グラモフォン，POCG-3526 447 452-2，訳詩：石井不二雄，1996.
〔a スタアフォード〕 スタアフォード，バーバラ・マリア『アートフル・サイエンス』高山宏訳，産業図書，1997.

〔a Stechow〕 Stechow, Wolfgang『Peter Bruegel』西村規矩夫訳，美術出版社，1972.
〔a 鷲見 1〕 鷲見洋一「過剰・集積論──記憶術，ベーコン，『百科全書』，そしてアーカイヴ」『芸術のロケーション』慶應義塾大学アート・センター／ブックレット 12，2004，pp. 43-56.
〔a 鷲見 2〕 「『百科全書』研究の現在──懐古と展望」『藝文研究』慶應義塾大学藝文學會，第 89 号，2005，pp. 288-269.
〔a 世界〕 『世界大百科事典』Windows 95/NT 版，CD-ROM，日立デジタル平凡社.
〔a ダーントン〕 ダーントン，ロバート「知識の系統樹を刈り整える哲学者たち──『百科全書』の認識論的戦略」『猫の大虐殺』海保真夫・鷲見洋一訳，岩波書店，1986.
〔a 多賀〕 多賀茂『イデアと制度──ヨーロッパの知について』名古屋大学出版会，2008.
〔a 田坂〕 田坂昂『数の文化史を歩く』風濤社，1993.
〔a ディドロ 1〕 『ディドロ著作集』第 2 巻「哲学 II」，法政大学出版局，1980.
〔a ディドロ 2〕 『ディドロ著作集』第 3 巻「政治・経済」，法政大学出版局，1981.
〔a デカルト〕 『デカルト著作集』第 1 巻，水野和久・青木靖三訳，白水社，1973.
〔a 寺田〕 寺田元一『「編集知」の世紀──18 世紀フランスにおける「市民的公共圏」と「百科全書」』日本評論社，2003.
〔a 中川〕 中川久定『啓蒙の世紀の光のもとで』岩波書店，1994.
〔a ニーダム〕 ニーダム，ジョゼフ『中国の科学と文明』第 9 巻「機械工学　下」，中岡哲郎ほか訳，思索社，1978.
〔a ニコルソン〕 ニコルソン，マージョリー・ホープ「崇高美学」『美と科学のインターフェイス』叢書「ヒストリー・オブ・アイディアズ」，平凡社，1986.
〔a 西村 1〕 西村三郎『リンネとその使徒たち──探検博物学の夜明け』朝日選書 588，朝日新聞社，1997.
〔a 西村 2〕 西村三郎『文明のなかの博物学──西欧と日本』上下，紀伊國屋書店，1999.
〔a バナール〕 バナール，J. D.『歴史における科学』鎮目恭夫訳，みすず書房，1966.
〔a バーバー〕 バーバー，リン『博物学の黄金時代』高山宏訳，国書刊行会，1995.
〔a ビュフォン〕 ビュフォン，ジョルジュ゠ルイ・ルクレール著，ソンニーニ，C. S. 原編集『ビュフォンの博物誌』ベカエール直美訳，工作舎，1991.
〔a 蛭川〕 蛭川立「〈他界〉の体験と時間の観念」，立川武蔵編著『癒しと救い──アジアの宗教的伝統に学ぶ』多摩川大学出版部，2001.
〔a フィードラー〕 フィードラー，レスリー『フリークス』伊藤俊治・旦敬介・大場

正明訳，青土社，1990.
〔a フランドラン 1〕 フランドラン，J-L.『性の歴史』宮原信訳，藤原書店，1992.
〔a フランドラン 2〕 フランドラン，J-L.『農民の愛と性――新しい愛の歴史学』蔵持不三也・野池恵子訳，白水社，1989.
〔a フランドラン 3〕 フランドラン，J-L.『フランスの家族――アンシャン・レジーム下の親族・家・性』森田伸子・小林亜子訳，勁草書房，1993.
〔a フリース〕 フリース，アト・ド『イメージ・シンボル事典』大修館書店，1984.
〔a プリニウス〕 プリニウス『プリニウスの博物誌』全 3 巻，中野定雄・中野里美・中野美代訳，雄山閣出版，1986.
〔a プルースト 1〕 プルースト，ジャック『百科全書』，平岡昇・市川慎一訳，岩波書店，1979.
〔a プルースト 2〕 プルースト，ジャック「『百科全書』から『ラモーの甥』へ――オブジェとテクスト」鷲見洋一訳，『思想』特集「ディドロ――近代のディレンマ歿後 200 年」n°. 724，1984. 10，pp. 146-197.
〔a プルースト 3〕 プルースト，ジャック監修・解説『フランス百科全書絵引』平凡社，1985.
〔a プーレ〕 プーレ，ジョルジュ『円環の変貌』上巻，岡三郎訳，国文社，1973.
〔a フローベール〕 フローベール，ギュスターヴ『ボヴァリー夫人』菅野昭正訳，集英社ギャラリー「世界の文学」7，フランス II，1990.
〔a ベーコン〕 ベーコン，フランシス『学問の進歩』服部英次郎・多田英次訳，岩波文庫，1974.
〔a ポミアン〕 ポミアン，クシシトフ『コレクション 趣味と好奇心の歴史人類学』吉田城・吉田典子訳，平凡社，1992.
〔a ボルツ〕 ボルツ，ノルベルト『グーテンベルクの銀河系の終焉』識名章喜・足立典子訳，法政大学出版局，1999.
〔a ホワイト〕 ホワイト，ギルバート『セルボーンの博物誌』新妻昭夫訳・解説，小学館，1997.
〔a マクルーハン〕 マクルーハン，マーシャル『グーテンベルクの銀河系』高儀進訳，竹内書店，1968.
〔a マドール〕 マドール，M.・バルテルミ『ラマルクと進化論』横山輝雄・寺田元一訳，朝日新聞社，1993.
〔a マンディアルグ〕 マンディアルグ，A. ピエール・ド『オートバイ』生田耕作訳，白水社，1984.
〔a 三井〕 三井秀樹『テクノロジー・アート 20 世紀芸術論』青土社，1994.

〔a 光永〕 光永覚道『千日回峰行』春秋社, 1996.
〔a 宮本〕 宮本八恵子「身体と技」, 三田村佳子・宮本八恵子・宇田哲雄『日本の民族 11 物づくりと技』吉川弘文館, 2008.
〔a 村上〕 村上陽一郎『近代科学と聖俗革命』新曜社, 1976.
〔a モーツアルト〕『モーツアルト書簡全集 IV』海老澤敏・高橋英郎訳, 白水社, 1990.
〔a 森 1〕 森洋子「ブリューゲル再考——歴史的, 文化史的土壌に立って」『ブリューゲルの世界』東武美術館, 1995 年 3 月 28 日-6 月 25 日.
〔a 森 2〕 森洋子『ブリューゲル全作品』中央公論社, 1979.
〔a 八束〕 八束はじめ「時間・空間の加速化——メカノモルフィックとインヴィジブル」, 講座 20 世紀の芸術 4『技術と芸術』岩波書店, 1989.
〔a ラブレー 1〕 ラブレー『ガルガンチュア』『ガルガンチュアとパンタグリュエル』第 1 巻, 宮下志朗訳, 筑摩書房, 2005.
〔a ラブレー 2〕 ラブレー『パンタグリュエル』『ガルガンチュアとパンタグリュエル』第 2 巻, 宮下志朗訳, 筑摩書房, 2006.
〔a ルージュモン〕 ルージュモン, ドニ・ド『愛について——エロスとアガペ』鈴木健郎・川村克己訳, 岩波書店, 1959.
〔a ルフェーヴル〕 ルフェーヴル, L.／デュビイ, G.／コルバン, A.『感性の歴史』編集・小倉孝誠, 藤原書店, 1997.
〔a レイノルズ〕 レイノルズ『水車の歴史——西欧の工業化と水力利用』末尾至行ほか訳, 平凡社, 1989.
〔a レイビー〕 レイビー, ピーター『大探検時代の博物学者たち』高田朔訳, 河出書房新社, 2000.
〔a レペニース〕 レペニース, ヴォルフ『自然誌の終焉——18 世紀と 19 世紀の諸科学における文化的自明理念の変遷』山村直資訳, 法政大学出版局, 1992.
〔a ロッシ 1〕 ロッシ, パオロ『普遍の鍵』清瀬卓訳, 世界幻想文学大系 45, 国書刊行会, 1984.
〔a ロッシ 2〕 ロッシ, パオロ『魔術から科学へ』前田達郎訳, みすず書房, 1999.

2) 洋書：20 世紀以前のもの

〔b Arnould〕 Arnould : *Système maritime et politique des Européens, pendant le dix-huitième siècle ; fondé sur leurs traités de paix, de commerce et de navigation*, Paris, Imprimerie d' Antoine Bailleul, 1797.
〔b Bachaumont〕 Bachaumont : *Mémoires secrets pour servir à l'histoire de la république des*

lettres en France depuis MDCCLXII jusqu'à nos jours, ou, Journal d'un observateur..., A Londres : Chez John Adamson, 1780-1789, 36 vol.

〔b Bacon〕 Bacon, Francis : *Of the Advancement and Proficience of Learning, or the Partitions of Sciences*, IX books/Written in Latin by the most eminent, illustrious & famous Lord Francis Bacon, interpreted by Gilbert Wats. Oxford : Printed by Leon : Lichfield, Printer to the University, for Rob : Young & Ed : Forest, 1640.

〔b Bayle 1〕 Bayle, Pierre : *Dictionnaire historique et critique*, Rotterdam, Reiner Leers, 1697, 4 vol.

〔b Bayle 2〕 Bayle, Pierre : *Pensées diverses écrites à un Docteur de Sorbonne à l'occasion de la comète qui parut au mois de décembre M. DC. LXXX*, in *Œuvres*, La Haye, P. Husson, T. Johnson,..., 1727, 4 vol., t. 3.

〔b Beccaria〕 Beccaria, Cesare : *Traité des délits et des peines, traduit de l'italien (par André Morellet), d'après la troisième édition, avec des additions de l'auteur qui n' ont pas encore paru en italien.* Lausanne, 1766.

〔b Belidor〕 Belidor : *Architecture hydraulique, ou l'art de conduire, d'élever et de ménager les eaux pour les différens besoins de la vie*, Charles-Antoine Jombert, 1737.

〔b Biblio〕 *Bibliothèque universelle des romans : ouvrage périodique, dans lequel on donne l'analyse raisonnée des romans anciens*, Au bureau & chez Demonville..., 1775-1789.

〔b Böckler〕 Böckler, Georg Andreas : *Theatrum machinarum novum*, 1661 (?), Nürnberg.

〔b Boijermain〕 *Mémoire pour Pierre-Joseph-François Luneau de Boijermain*, souscripteur de l'Encyclopédie, 1771.

〔b Bougainville〕 Bougainville, Louis-Antoine de : *Voyage autour du monde, par la frégate du roi La Boudeuse, et la flûte L'Etoile ;* en 1766, 1767, 1768 et 1769, Paris, Saillantet Nyon, 1771.

〔b Britannica〕 *Encyclopaedia Britannica ; or, A dictionary of arts and sciences, compiled upon a new plan* [...]. In three volumes. Illustrated with one hundred and sixty copperplates. By a Society of Gentlemen in Scotland ; Edinburgh : Printed for A. Bell and C. Macfarquhar ; and sold by Colin Macfarquhar..., 1771.

〔b Brucker〕 Brucker, Johann Jacob, : *Historia critica philosophiae*, Lipsiae : Literis et impensis Bern. Christoph. Breitkopf, 1742-1767, 6 vol.

〔b Buffon 1〕 Buffon, Georges-Louis Leclerc, comte de : *Histoire naturelle générale et particulière*, avec la description du Cabinet du roi, Imprimerie royale, Paris, 1749-1767, 1774-1789, 1770-1783, 1783-1788, 1788-1789, 1798-1804.

〔b Buffon 2〕 Buffon, Georges-Louis Leclerc, comte de : *Histoire naturelle générale et*

particulière, Nouvelle édition... Ouvrage formant un cours complet d'histoire naturelle, rédigé par G. -S. Sonnini. Paris, Imprimerie de F. Dufart, 1799-1808, 127 vol.

〔b Burke〕 Burke, Edmond : *A Philosophical Enquiry into the Origin of our Ideas of the Sublime and Beautiful*, 2nd edition, London, R. and J. Dodsley, 1759.

〔b Bulliard〕 Bulliard, Pierre : *Dictionnaire élémentaire de botanique*, Paris, Didot le jeune, Barrois le jeune et Belin, 1783, 4 vol.

〔b Chambers〕 Chambers, Ephraim : *Cyclopaedia or, an Universal Dictionary of Arts and Sciences : containing the Definitions of the Terms and Accounts of the Things signify'd thereby, in the several Arts, both Liberal and Mechanical, and the several Sciences, human and divine...*, London, James and John Knapton..., 1728, 2 vol.

〔b Charlevoix〕 Charlevoix, Pierre François Xavier de : *Histoire et description générale du Japon*, Paris, Pierre-François Giffart, 1736, 2 vol.

〔b Condillac〕 Condillac, Etienne de : *Cours d'étude pour l'instruction du prince de Parme, aujourd'hui son Altesse Royale l'Infant D. Ferdinand...*, Genève, François Dufart, Paris, Volland, 1789, 16 vol.

〔b Condorcet〕 Condorcet, Antoine-Nicolas de : *Esquisse d'un tableau historique des progrès de l'esprit humain*, Paris, Agasse, an III〔1795〕.

〔b Cook〕 Cook, James : *Troisième voyage de Cook, ou voyage a l'occéan pacifique, ordonné par le Roi d'Angleterre...*, Traduit de l'anglais par M. D********. Paris, Hôtel de Thou, 1785.

〔b Cramer〕 Cramer, Pieter : *Papillons exotiques des trois parties du monde, l'Asie, l'Afrique et l'Amérique. Amsterdam*, S. J. Baalde et Utrecht, Barthelemy Wild, 1782, 5 vol.

〔b Cuvier〕 Cuvier, Georges Léopold Chrétien Frédiric Dagobert : *Le Règne animal distribué d'après son organisation, pour servir de base à l'histoire naturelle des animaux et d'instruction à l'anatomie comparée*, Paris, Fortin, Masson et Cie, 1836-1849, 20 vol.

〔b Dante〕 Dante, Alighieri : *La Commedia*, col commento di Cristoforo Landino, per B. de Boninis (Brescia), 1487.

〔b Defoe〕 Defoe, Daniel : *The Complete English Trademan, in Familiar Letters ; Directing him in all the several Parts and Progressions of Trade*. London, Charles Rivington, 1726, 2 vol.

〔b Description des arts et métiers〕 *Description des arts et métiers, faites ou approuvées par Messieurs de l'Académie Royale des Sciences*, Avec figures en taille-douce. Paris, Desaint et Saillant, 1761-1789, 25 vol.

〔b Description de l'Egypte〕 *Description de l'Egypte ou Recueil des observations et des*

recherches qui ont été faites en Egypte pendant l'expédition de l'armée française, publié par ordre du gouvernement, Imprimerie royale, 1809-1823.

〔b Desmarest〕 Desmarest, Anselme-Gaétan : *Histoire naturelle de Lacépède. Nouvelle édition, précédée de l'éloge de Lacépède*, par Cuvier... Paris, Furne et Cie, 1841, 2 vol.

〔b D'Holbach〕 D'Holbach, Paul-Henri-Dietrich, baron : *Système de la nature, ou des loix du monde physique et du monde moral*, Par M. Mirabaud. Londres, 1770, 2 vol.

〔b Dic Ac 1〕 *Dictionnaire de l'Académie Française*, dédié au Roi. Paris, Jean Baptiste Coignard, 1694, 2 vol.

〔b Dic Ac 2〕 *Dictionnaire de l'Académie Française*, Troisième édition. Paris, Jean Baptiste Coignard, 1740. 2 vol.

〔b Dic Trévoux〕 *Dictionnaire universel françois et latin, vulgairement appelé Dictionnaire de Trévoux*. Nouvelle édition, corrigée et considérablement augmentée. Paris, la Compagnie des Libraires associés, 1771, 8 vol.

〔b Diderot 1〕 Diderot, Denis : *Le Père de famille, drame en cinq actes, et en prose...*, Paris, la Veuve Duchesne, 1784.

〔b Diderot 2〕 Diderot, Denis : *Pensées philosophiques*, La Haye, Aux dépens de la Compagnie, 1746.

〔b Duplessis〕 Duplessis, Claude : *Traitez de M. Duplessis,... sur la coutume de Paris*, 4e édition revue et corrigée... contenant : un traité des matières criminelles,... Paris, N. Gosselin, 1726-1728, 2 vol.

〔b Duverney〕 Duverney, Joseph-Guichard : *Anatomie de la tête*, Paris, Gautier, 1748.

〔b ENC 1〕 *Encyclopédie, ou Dictionnaire raisonné des sciences, des arts et des métiers, par une Société de Gens de Lettres*, Paris, Briasson, David, Le Breton, Durand, 1751-1772, 27 vol. ; Recueil de planches, 1762-1772, 11 vol. ; Supplément, 1776-1777, 5 vol. ; Table, 1780, 2 vol.

〔b ENC 2〕 *Encyclopédie, ou Dictionnaire universel raisonné des connaissances humaines*, Mis en ordre par M. De Felice. Yverdon, 1770-1780, 58 vol.

〔b ENC 3〕 *Encyclopédie, ou Dictionnaire raisonné des sciences, des arts et des métiers, par une société des gens de letttres*, mis en ordre et publié par M. Diderot... & quant à la partie mathématique par M. D'Alembert. Deuxième édition enrichie de notes. A Livourne, 1770-1779, 33 vol.

〔b ENC 4〕 *Encyclopédie, ou Dictionnaire raisonné des sciences, des arts et des métiers, par une société des gens de letttres*, Troisième Edition enrichie de notes & donnée au public par M. Octavien Diodati, Lucques : Vincent Giuntini, 1758-1771, 28 vol.

〔b ENC 5〕 *Encyclopédie méthodique, ou par ordre de matières, par une Société de Gens de Lettres...*, Paris, Panckoucke, 1782-1792 ; Agasse, 1792-1832, 194 vol.

〔b Fénelon〕 Fénelon, François de Salignac de la Mothe : *Les Aventures de Télémaque, fils d' Ulisse*, Paris, l'Imprimerie de Monsieur, 1790.

〔b Furetière〕 Furetière, Antoine : *Dictionnaire universel, contenant généralement tous les mots françois tant vieux que modernes, et les termes des sciences et des arts...*, Seconde édition, revue, corrigée et augmentée par Basnage de Bauval. La Haye et Rotterdam, Arnoud et Reiner Leers, 1701, 3 vol.

〔b Gesner 1〕 Gesner, Conrad : *Bibliotheca vninersalis, siue Catalogus omnium scriptorum locupletissimus, in tribus linguis, Latina, Graeca, & Hebraica : extantium & non extantium, veterum & recentiorum...*, Tiguri, apvd C. Froschouerum, 1545.

〔b Gesner 2〕 Gesner, Konrad : *Thierbuch, das ist aussführliche Beschreibung, und lebendige ja auch eigentlich Contrafactur und Abmahlung aller vierfüssigen Thieren...*, J. Lancellot, in Verlegung A. Camier, Heidelberg, 1606.

〔b Grivel〕 Grivel, Guillaume : *L'Isle inconnue, ou Mémoires du chevalier Des Gastines*, Nouvelle édition corrigée et augmentée. In *Voyages imaginaires, songes, visions et romans cabalistiques*, Ornés de figures. Amsterdam, Rue et Hôtel Serpente, 1787-1789, 36 vol., t. 7.

〔b Harris〕 Harris, John : *Lexicon Technicum : or an Universal English Dictionary of Arts and Sciences explaining not only the Terms of Art, but the Arts themselves*, London, Dan. Brown..., 1704, 2 vol.

〔b Holberg〕 Holberg, Louis de : *Voyage de Nicolas Climius dans le monde souterrain : contenant une nouvelle théorie de la terre, et l'histoire d'une cinquième monarchie inconnue jusqu'à présent*, ouvrage tiré de la bibliothèque de M. B. Abelin, et traduit du latin par M. de Mauvillon. In *Voyages imaginaires, songes, visions, et romans cabalistiques*. Amsterdam, 1788, 36 vol., t. 19.

〔b Jonstons 1〕 Jonstons, Johannes : *Naeukeurige Beschryuing van de Natuur der Viervoetige Dieren...*, Amsterdam, I. I. Schipper, 1660.

〔b Jonstons 2〕 Johnston, Johannes : *Theatrum universale de auibus*, 1756.

〔b Kämpfer〕 Kämpfer, Engelbert : *Histoire naturelle, civile et ecclésiastique de l' empire du Japon*, La Haye, P. Gosse et J. Neaulme, 1729, 2 vol.

〔b Kircher〕 Kircher : *D'Onder-aardse weereld in baar goddelijk maaksel en wonderbare uitwerkselen aller dingendoor....* T' Amsteldam, by d'erfgenamen van wylen J. Janssonius Van Wasaberge, 1682.

〔b Lacépède〕 Lacépède, Bernard : *Histoire naturelle des poissons... Suite et complément des œuvres de Buffon*, Paris, Rapet, 1819, 5 vol.

〔b La Mettrie 1〕 La Mettrie, Julien Offroy de : *Anti-Sénèque ou Discours sur le bonheur*, in *Œuvres philosophiques*, Nouvelle édition corrigée et augmentée. Amsterdam, 1774, 3 vol., t. 2.

〔b La Mettrie 2〕 La Mettrie, Julien Offray de : *Œuvres philosophiques*, Amsterdam, Nouv. ed., corr. & augm...., Amsterdam, 1774, 3 vol.

〔b Le Breton〕 Breton, André-François : *Mémoire pour André-François Lebreton contre le Sieur Jean Mills, gentilhomme anglais*, 1745.[AN AD/VIII/8].

〔b Lelong〕 Lelong, Jacques : *Bibliothèque historique de la France*, Nouvelle édition revue, corrigée et considérablement augmentée. Paris, Jean-Thomas Herissant, 1768-1778, 5 vol.

〔b Le Sage〕 Le Sage : *Le Géographe parisien, ou le conducteur chronologique et historique des rues de Paris*, 1769.

〔b Lesson 1〕 Lesson, René-Primevère : *Compléments de Buffon*, Deuxième édition, revue, corrigée et augmentée par l'auteur. Paris, P. Pourrat Frères, 1838, 2 vol.

〔b Lesson 2〕 Lesson, René-Primevère : *Histoire naturelle des oiseaux de paradis et des épimaques*, Paris, Arthus Bertrand, 1835, 2 vol.

〔b Lesson 3〕 Lesson, René-Primevère : *Histoire naturelle des oiseaux-mouches, ouvrage orné de planches dessinées et gravées par les meilleurs artistes...*, Paris, A. Bertrand, 1829-1830.

〔b Lesson 4〕 Lesson, René-Primevère : *Illustrations de zoologie*, Paris, Arthus Bertrand, 1832-1835.

〔b Levaillant〕 Levaillant, François : *Histoire naturelle des oiseaux d'Afrique*, Paris, Delachaussé, 1805-1808, 6 vol.

〔b Linné〕 Linné, Carl von : *Philosophia botanica, in qua explicantur fundamenta botanica...*, Stockholm, G. Kiesewetter, Amsterdam, Z. Chatelain, 1751.

〔b Locke 1〕 Locke, John : *Some Thoughts concerning Education*, London, A. and J. Churchill, 1705.

〔b Locke 2〕 Locke, John : *Essai philosophique concernant l'entendement humain, où l'on montre quelle est l'étendue de nos connaissances certaines, et la manière dont nous y parvenons*. Traduit de l'anglais par Pierre Coste, sur la quatrième édition, revue, corrigée, et augmentée par l'auteur. Amsterdam, Henri Schelte, 1700.

〔b Lycosthenes〕 Lycosthenes [Wolffhart], Conrad : *Prodigiorum ac ostentorum*

chronicon..., Basileae[Bâle], Heinrich Petri, 1557.

〔b Maréchal 1〕 Maréchal, Pierre-Sylvain : *Costumes civils actuels de tous les peuples connus, dessinés d'après nature, gravés et coloriés*..., Seconde édition, revue et corrigée. Paris, Deterville, 1805, 4 vol.

〔b Maréchal 2〕 Maréchal, Pierre-Sylvain : *Le Jugement dernier des rois*, prophétie en un acte, en prose, joué sur le Théâtre de la République, au mois Vendémiaire et jours suivants. Paris, Imprimerie de C.-F. Patris, l'An second de la République Française, une et indivisible(1794).

〔b Mercier 1〕 Mercier, Louis Sébastien : *L'An deux mille quatre cent quarante, Rêve s'il en fût jamais*, Londres, 1771.

〔b Mercier 2〕 Mercier, Louis-Sébastien : *Tableau de Paris*. Nouvelle édition corrigée et augmentée. Amsterdam, 1783-1789, 12 vol.

〔b Molière〕 Molière, *Le Bourgeois gentilhomme*, in *Œuvres de Molière*, Paris, J.-P. Aillaud, 1821, 6 vol., t. 6.

〔b Morelly〕 Morelly, *Code de la nature, ou le véritable esprit de ses loix, de tout tems négligé ou méconnu*, Partout, le Vrai Sage, 1755.

〔b Moreri〕 Moreri, Louis : *Le Grand Dictionnaire historique ou le Mélange curieux de l'histoire sainte et profane*..., Paris, Les Libraires associés, 1759, 10 vol., t. 1.

〔b Nivernois〕 *Catalogue des livres de la bibliothèque de Monseigneur le Duc de Nivernois, par ordre de matières*, 1785[-1798].

〔b Orbigny〕 Orbigny, Charles d' : *Dictionnaire universel d'histoire naturelle*, Deuxième édition, revue et considérablement augmentée sous la direction de M. Olivier Frédol. Paris, Bureau principal de l'éditeur, 1841-1849, 13 vol., Atlas en 3 vol.

〔b Plinius〕 Plinius Secundus, Caius : *Historia mundi*, Basileae : Apud Io. Frobenium, Mense Martio, 1525, 1554.

〔b Pluche〕 Pluche, Noël-Antoine : *Spectacle de la nature, ou Entretiens sur les particularités de l'histoire naturelle, qui ont paru les plus propres à rendre les jeunes gens curieux, et à leur former l'esprit*, Paris, Knapen, 1789, 11 vol.

〔b Prévost〕 Prévost, Florent et Lemaire, C. L. : *Histoire naturelle des oiseaux exotiques*, Paris, F. Savy, 1836.

〔b Projets〕 *Projets d'architecture et autres productions de cet art, qui ont mérité les grands prix accordés par l'Académie, par l'Institut national de France, et par des Jurys du choix des Artistes ou du Gouvernement*, Paris, Détournelle, 1806.

〔b Rameau〕 Rameau, Jean-Philippe : *Génération harmonique, ou Traité de musique*

théorique et pratique, Paris, Prault fils, 1737.

〔b Raynal〕 Raynal, Guillaume : *Histoire philosophique et politique, des établissements et du commerce des Européens dans les deux Indes*, Genève, les Libraires associés, 1775.

〔b Rétif 1〕 Rétif de la Bretonne, Nicolas-Edme : *Le Pornographe, ou idées d'un honnête-homme sur un projet de règlement pour les prostituées, propre à prévenir les malheurs qu'occasionne le publicisme des femmes*, Londres, Jean Nourse, La Haie, Gosse junior, et Pinet, 1769.

〔b Rétif 2〕 Rétif de la Bretonne, Nicolas-Edme : *La Découverte australe par un homme volant, ou le Dédale français...*, Leipsick, 1781, 2 vol.

〔b Richelet 1〕 Richelet, Pierre : *Dictionnaire françois, contenant les mots et les choses, plusieurs nouvelles remarques sur la langue françoise*, Genève, Jean Herman Widerhold, 1680.

〔b Richelet 2〕 Richelet, Pierre : *Dictionnaire de la langue française ancienne et moderne*, Nouvelle édition, augmentée d'un très grand nombre d'articles. Lyon, Jean-Marie Bruyset, 1759, 3 vol.

〔b Risso〕 Risso, A. et Poiteau, A. *Histoire naturelle des oranges*, Paris, Audot, 1818-1822.

〔b Sagra〕 Sagra, Ramon de la : *Histoire physique, politique et naturelle de l'Ile de Cuba*, Paris, Arthus Bertrand, 1839-1857, Planches.

〔b Saint-Fond〕 Saint-Fond, Barthellemy Faujas de : *Description des expériences de la machine aérostatique de MM. de Montgolfier...*, 2 vol., Paris, 1783-1784.

〔b Savary〕 Savary, Jacques : *Le parfait négociant, ou, Instruction générale pour ce qui regarde le commerce...*, Chez Louis Billaine, 1675.

〔b Sedaine〕 Sedaine, Michel-Jean : *Le Philosophe sans le savoir*, comédie en prose et en cinq actes, Paris, Claude Herrisant, 1767.

〔b Swift〕 Swift, Jonathan : *Travels into several remote Nations of the World, In four Prts.* By Lemuel Gulliver, first a surgeon, and then a Captain of several Ships, The Sixth Edition, corrected. London, Charles Batgurst, 1751.

〔b Thomson〕 Thomson, James : *The Seasons*, in *The Works*. London, A. Millar, 1750, 4 vol., t. 1.

〔b Thunberg〕 Thunberg, Carl Peter : *Voyages de C. P. Thunberg au Japon*, Paris, Benoît Dandré, Garnery, Obré, 1796, 2 vol.

〔b Turgot〕 *Plan de Paris commencé l'année 1734*. Dessiné et gravé, sous les ordres de Michel-Etienne Turgot, Conseiller d'Etat, Prévôt de Marchands. 1734-1739.

〔b Veiras〕 Veiras, Denis : *Histoire des Sévarambes, peuples qui habitent une partie du*

troisième continent, communément apellé la terre australe.... In *Voyages imaginaires, songes, visions, et romans cabalistiques*, Amsterdam, 1787, 36 vol., t. 5.

〔b Vesalius〕 Vesalius, Andreas: *De humani corporis fabrica libri septem*, Basileae: [Ex officina Ioannis Oporini], [1543].

〔b Vieillot〕 Vieillot, Louis-Jean-Pierre: *La Galerie des oiseaux*, dédié à son Altesse Royale Madame, duchesse de Berri... Paris, 1825, 2 vol., t. 1.

〔b Voltaire〕 Voltaire: *Commentaire sur le livre Des Délits et des peines, par un avocat de province.* Nouvelle édition, corrigée et augmentée, Genève, 1767.

〔b Young〕 Young, Arthur: *Travels during the Years 1787, 1788, and 1789. Undertaken more particulary with a View of ascertaining the Cultivation, Wealth, Resources, and National Prosperity, of the Kingdom of France*, London, Bury St. Edmund's, 1792, 2 vol.

3) 洋書：20 世紀以降のもの

〔c Abbattista〕 Abbattista, Guido (a cura di): *L'enciclopedismo in Italia nel XVIII secolo, Studi Settecenteschi*, 16, Bibliopolis, 1996.

〔c L'âme〕 *L'âme au corps: arts et sciences 1793-1993*, Galeries nationales du Grand Palais: 19 octobre 1993-24, janvier 1994, Catalogue realizé sous la direction de Jean Clair, Réunion des musées nationaux, Gallimard/Electa, 1993.

〔c Bachelard〕 Bachelard, Gaston: *L'Air et les songes: essai sur l'imagination du mouvement*, nouvelle édition, J. Corti, 1943.

〔c Bailleux〕 Bailleux, Christian: «Le Rôle des physiciens au XVIIIe siècle», in *Le Temps des ballons—art et histoire*, Editions de La Martinière, Paris, Musée de l'Air et de l'Espace, Le Bourget, 1995.

〔c Barthes〕 Barthes, Roland: *Les Planches de l'Encyclopédie de Diderot et d'Alembert vues par Roland Barthes*, Musée de pontoise, Edition de l'Association des amis de Jeanne et Otto Freundlich, 1989.

〔c Becq〕 Becq, Annie (sous la direction de): *L'Encyclopédisme*, Actes du Colloque de Caen 12-16 janvier 1987, Klincksieck, 1991.

〔c Bibliothèque〕 *Bibliothèque universelle des romans*, Genève: Slatkine Reprints, 1969, 28 vols. (Reprint. Originally published: Paris: Au Bureau, 1775-1789).

〔c Blay〕 Blay, Michel & Halleux, Robert, *La Science classique XVIe-XVIIIe siècle Dictionnaire critique*, Flammarion, 1998.

〔c Boucher〕 *François Boucher 1703-1770*, Ministère de la Culture et de la communication, Editions de la Réunion des musées nationaux, 1986.

〔c Braun〕 Braun, Lucien : *Gesner*, Slatkline, Genève, 1990.

〔c Brunel〕 Brunel, Georges : *Boucher*, Flammarion, 1986.

〔c Chartier〕 Chartier, Roger & Martin, Henri-Jean : *Histoire de l'édition française*, t. 2 : *Le livre triomphant 1660-1830*, Fayard, 1984.

〔c Chomel〕 Chomel, Noël : *Dictionnaire œconomique*[*electronic resource*] : contenant divers moyens d'augmenter et conserver son bien, et même sa santé. Avec plusieurs remèdes... pour un très-grand nombres de maladies... Quantité de moyens pour élever... toutes sortes d'animaux domestiques... Différens filets pour la pêche & la chasse... Une infinité de secrets découverts dans le jardinage, la botanique, l'agriculture... Tout ce que doivent faire les artisans, jardiniers, vignerons, marchands... chaque chose étant rangée par ordre alphabétique... [Lyon] : Imprimé aux dépens de l'auteur & se vend à Lyon chez Pierre Thened..., 1709.

〔c Dainville〕 Dainville, François de : *La Géographie des humanistes*, Slatkine Reprints, Genève, 1969[1940].

〔c Darnton〕 Darnton, Robert : *L'Aventure de l'Encyclopédie, 1775-1800*, préface d'Emmanuel Le Roy Ladurie, traduit de l'américain par Marie-Alyx Revellat, Librairie Académique Perrin, 1982.

〔c Daudin〕 Daudin, Henri : *De Linné à Lamarck. Méthodes de la classification et idée de série en botanique et en zoologie*(*1740-1790*), Presses universitaires de France, 1926 (rééd., 1983).

〔c Delumeau〕 Delumeau, Jean : *La Peur en Occident*, Fayard, 1978,

〔c Dessin〕 *Dessin et sciences : XVIIe-XVIIIe siècles*, 82e exposition du Cabinet des Dessins, Musée du Louvre : 22 juin-24 septembre 1984, Editions de la Réunion des musées nationaux, 1984.

〔c Dollfus〕 Dollfus, Charles : «Les Origines de l'aérostation», *Icare*, revue de l'aviation française, numéro spécial : Les Montgolfier et Charles Dollfus, 1983, pp. 21-34.

〔c Dollfus, Andouin〕 Dollfus, Andouin : *Pilâtre de Rozier—premier navigateur aérien—premère victime de l'air*, Association Française pour l'Avancement des Sciences, 1993, pp. 23-46.

〔c DPV〕 Diderot, Denis : *Œuvres complètes*, éditées par Herbert Dieckmann, Jacques Proust, Jean Varloot, & al., Hermann, 1975 et suiv., 34 vol. prévus.

〔c Dulac〕 Dulac, Georges : «Louis-Jacques Goussier, encyclopédiste et ‹original sans principes›», in *Recherches nouvelles sur quelques écrivains des lumières*, sous la direction de Jacques Proust, Droz, Genève, 1972, pp. 63-110.

〔c Durand〕 Durand, Gilbert : *Les Structures anthropologiques de l'imaginaire*, PUF, 1963.

〔c Duval〕 Duval, Valentin Jameray : *Mémoires : enfance et éducation d'un paysan au XVIIIe siècle*, Avant-propos, introduction, notes et annexes par Jean Marie Goulemot, Paris, Sycomore, 1981.

〔c Egyptomania〕 *Egyptomania. L'Egypte dans l'art occidental 1730-1930*, Réunions des musées nationaux, 1994.

〔c Ehrard〕 Ehrard, Jean : «L'arbre et le labyrinthe», in *L'Encyclopédie, Diderot, l'esthétique*, Mélanges en hommage à Jacques Chouillet 1915-1990, Presses Universitaires de France, 1991, pp. 233-239.

〔c ENC-CD-R〕 *L'Encyclopédie de Diderot et d'Alembert ou Dictionnaire raisonné des sciences, des arts et des métiers*, CD-ROM, Windows, Marsanne : Redon, 1999.

〔c Foucault〕 Foucault, Michel : *Les Mots et les choses*, Gallimard, 1966.

〔c Gauly〕 Gauly, Olivier : *Comenius*, Editions du Félin, 1995.

〔c Gordon〕 Gordon, Douglas H. and Torrey, Norman L. : *The Censoring of Diderot's* Encyclopédie *and the Re-Established Text*, AMS PRESS, INC, New-York, 1966 [Columbia University Press, New York, 1947].

〔c Harthan〕 Harthan, John : *The History of the illustrated book : the western tradition*, Thames and Hudson, 1981.

〔c Jardine〕 Jardine (Nicholas), Secord (James A.) Spary (Emma C.) (eds) : *Cultures of Natural History*, Cambridge University Press, 1996.

〔c Kafker 1〕 Kafker, Frank A. : *The Encyclopedists as a group : a collective biography of the authors of the Encyclopédie* (*Studies on Voltaire and the Eighteenth Century, 345*), Voltaire Foundation, Oxford, 1996.

〔c Kafker 2〕 Kafker, Frank A. in collaboration with Serena L. Kafker (ed.): *The Encyclopedists as individuals : a biographical dictionary of the authors of the Encyclopédie* (*Studies on Voltaire and the Eighteenth Century*, 257), Voltaire Foundation, Oxford, 1988.

〔c Kafker 3〕 Kafker, Frank A. (ed.): *Notable Encyclopedias of the Seventeenth and Eighteenth Centuries : Nine Predecessors of the Encyclopédie* (*Studies on Voltaire and the Eighteenth Century*, 194), Voltaire Foundation, Oxford, 1981.

〔c Koseki〕 Koseki, Takeshi : «Pour une édition critique informatisée de l' *Encyclopédie*— quelques précisions sur les métadonnées», *Recherche sur Diderot et l'Encyclopédie*, n° 44, 2009, pp. 207-218.

〔c Laneyrie-Dagen〕 Laneyrie-Dagen, Nadeije : *L'Invention du corps*, Flammarion, 1997.

〔La Pérouse〕 *Voyage de La Pérouse autour du monde, publié d'après tous les manuscrits de l'auteur et illustré de dessins et de cartes executés par les artistes qui prirent part aux voyages d'exploration du comte Jean-François de la Pérouse*, Paris, Edition du Carrefour, 1930.

〔c Leca-Tsiomis〕 Leca-Tsiomis, Marie : *Ecrire l' Encyclopédie. Diderot : de l'usage des dictionnaires à la grammaire philosophique* (*Studies on Voltaire and the Eighteenth Century*, 375), Voltaire Foundation, Oxford, 1999.

〔c Lenoble〕 Lenoble, Robert, *Esquisse d'une histoire de l'idée de nature*, A. Michel, 1990.

〔c Leonardo〕 *Edizione in facsimile dei manoscritti di Leonardo da Vinci nella Biblioteca dell'Institut de France*, trascrizioni e apparati critici di Augusto Marinoni. Manoscritto L. Firenze, Giunti Barbera, 1987.

〔c Levy〕 Levy, Michael : *L'Art du XVIIIe siècle—Peinture et sculpture en France 1700–1789*, traduit de l'anglais par Jean-François Allain, Flammarion, 1993.

〔c Licoppe〕 Licoppe, Christian, *La Formation de la pratique scientifique. Le discours de l'expérience en France et en Angleterre* (*1630–1820*), Ed. la Découverte, 1996.

〔c Lough 1〕 Lough, John : *The Encyclopédie*, Longman Group L^{td}, 1971.

〔c Lough 2〕 Lough, John : *Essays on the Encyclopédie of Diderot and d'Alembert*, London, Oxford University Press, 1968.

〔c Marivaux〕 Marivaux : *L'ile des esclaves*, comédie en un acte, 1725. Préface, notes et commentaires par Jean Marie Goulemot, Librairie Générale Française, 1999.

〔c Martin-Haag〕 Martin-Haag, Eliane : «Ordre et histoire dans l'article ENCYCLOPEDIE de Diderot», *Kairos* (Revue de la Faculté de philosophie de l'université de Toulouse-Le Mirail), 18 : ‹Ordre et production des savoirs dans l' *Encyclopédie* de Diderot et d'Alembert›, pp. 183–198.

〔c Mauzi〕 Mauzi, Robert : *L'Idée du bonheur dans la littérature et la pensée françaises au XVIIIe siècle*, A. Colin, 1960.

〔c May〕 May, Louis-Philippe : «Histoire et sources de l'Encyclopédie d'après le registre des délibérations et de comptes des éditieurs et un mémoire inédit», *Revue de synthèse*, février 1938, n°. XV, pp. 7–109.

〔c Murat〕 Murat, Laure & Weill, Nicolas : *L'expédition d'Egypte. Le rêve oriental de Bonaparte*, Gallimard, 1998.

〔c Nissen 1〕 Nissen, Claus : *Die botanische Buchillustration : ihre Geschichte und Bibliographie*, Stuttgart : Hiersemann, 1966.

〔c Nissen 2〕 Nissen, Claus : *Die illustrierten Vogelbucher : ihre Geschichte und Biblio-*

graphie, Stuttgart : Hiersemann, 1953.

〔c Nissen 3〕 Nissen, Claus : *Die zoologische Buchillustration : ihre Bibliographie und Geschichte*, Stuttgart : Hiersemann, 1969-1978, 2 vol.

〔c Payen〕 Payen, Jacques : *Technologie de l'énergie vapeur en France dans la première moitié du XIXe siècle : la machine à vapeur fixe*, C. T. H. S., 1985.

〔c Petit〕 Petit, Jean & Theodoridès, Geroges, *Histoire de la zoologie, des origines à Linné*, Hermann, 1962.

〔c Pinault 1〕 Pinault, Madeleine : *L'Encyclopédie*, Collection Que sais-je ?, Presses Universitaires de France, 1993.

〔c Pinault 2〕 Pinault, Madeleine : *Le Peintre et l'histoire naturelle*, Flammarion, 1994.

〔c Pinon〕 Pinon, Laurent : *Livres de zoologie de la Renaissance. Une anthologie (1450-1700)*, ‹Corpus iconographique de l'histoire du livre›, Klincksieck, 1995.

〔c Pomian〕 Pomian, Krzysztof : *Collectionneurs, amateurs et curieux : Paris, Venise, XVIe-XVIIIe siecle*, Gallimard, 1987.

〔c Poulet〕 Poulet, Georges : «Le Songe de Descartes», in *Etudes sur le temps humain*, Plon, 1949, pp. 16-47.

〔c Prévost〕 Prévost : *Le philosophe anglais ou Histoire de Monsieur Cleveland*, Livre premier (p. 17-60). Texte établi par Philip Stewart, in *Œuvres de Prévost*, sous la direction de Jean Sgard, II, Presses Universitaires de Grenoble, 1977.

〔c Proust 1〕 Proust, Jacques : *Diderot et l'Encyclopédie*, Albin Michel, 1995 (1962).

〔c Proust 2〕 Proust, Jacques : *Marges d'une utopie—Pour une lecture critique des planches de l'Encyclopédie*, Le Temps qu'il fait, 1985.

〔c Proust 3〕 Proust, Jacques : «Sur la route des Encyclopédies : Paris, Yverdon, Leeuwarden, Edo», in *L'Encyclopédie d'Yverdon et sa résonance européenne, contextes—contenus—continuités*, Recueil de travaux édité par Jean-Daniel Candaux, Alain Cernuschi, Clorinda Donato, Jens Häsler. Slatkine, Genève, 2005, pp. 443-468.

〔c Proust 4〕 Proust, Jacques : «La véritable originalité de *l'Encyclopédie», Bulletin de la section française*, Faculté des Lettres, Université Rikkyo, n° 21, 1992, pp. 1-12.

〔c Quintilli 1〕 Quintilli, Paolo (Introduzione, traduzione e note a cura di) : *Diderot, d'Alembert, Marmontel, Quesnay, Deleyre ; Arti, science e lavoro nell'eta dell'illuminismo —La Filosofia dell'Encyclopédie*, Antonio Pellicani Editore, 1995.

〔c Quintilli 2〕 Quintilli, Paolo : «La Position des techniques dans le système des connaissances humaines de l'ENCYCLOPEDIE», *Kairos* (Revue de la Faculté de philosophie de l'Université de Toulouse-Le Mirail), 18 : ‹Ordre et production des

savoirs dans l' *Encyclopédie* de Diderot et d'Alembert›, pp. 209-227.

〔c RDE〕 *Recherches sur Diderot et sur l'Encyclopédie*, n°s 31-32, avril 2002. *L'Encyclopédie en ses nouveaux atouts électroniques : vices et vertus du virtuel*, Actes du colloque des 17 et 18 novembre 2000 organisé par la Société Diderot à l'Université Paris 7-Denis Diderot.

〔c Reynaud〕 Reynaud, Marie-Hélène : «Les Frères Montgolfier», *Le Temps des ballons — art et histoire*, Editions de La Martinière, Paris, Musée de l'Air et de l'Espace, Le Bourget, 1995, pp. 24-26.

〔c Rétat〕 Rétat, Pierre : «L'âge des dicitonnaires», in *Histoire de l'édition française*, t. 2 : Le livre triomphant 1660-1830, Fayrad/Cercle de la Librairie, 1984, pp. 232-241.

〔c Richard〕 Richard, Jean-Pierre : «La Création de la forme chez Flaubert», dans *Littérature et sensation*, Editions de Seuil, 1954, pp. 119-219.

〔c Riout〕 Riout, Denys «Roman Opalka», *Catalogue d'exposition "Opalka 1965/1〜∞ "*, Isy Brachot, Paris 9 juin-9 juillet 1982.

〔c Roche〕 Roche, Daniel : «Les éditerus de l'«Encyclopédie», in *Histoire de l'édition française*, t. 2 : Le livre triomphant 1660-1830, Fayard/Cercle de la Librairie, 1984, pp. 242-245.

〔c Roger〕 Roger, J : *Les Sciences de la vie dans la pensée française du XVIIIe siècle*, A. Michel, 1993.

〔c Rossi〕 Rossi, Paolo : Appendice VIII : «La voce ‹Art mnémonique› nell'Encyclopedia di Diderot», dans *Clavis universalis, Arti della memoria e logica combinatoria da Lullo a Leibniz*, Il Mulino, 1983.

〔c Saint-Maur〕 *Histoire littéraire de la France : ouvrage commencé par des religieux bénédictins de la Congrégation de Saint-Maur, et continué par des membres de l'Institut (Académie des inscriptions et belles-lettres)* [Imprimerie nationale, 1733-], Nendeln, Kraus Reprint, 1971-.

〔c Salomon-Bayet〕 Salomon-Bayet, Claire : *L'Institution de la science et l'expérience du vivant : méthode et experience à l'Académie royale des sciences. 1666-1793*, Flammarion, 1978.

〔c Schaer〕 Schaer, Roland : *L'Invention des musées*, «Découvertes», Gallimard/Réunion des musées nationaux, 1993.

〔c Schnapper〕 Schnapper, Antoine : *Collections et collectionneurs dans la France du XVIIe siècle*, Flammarion, 2. vol., 1988-1994.

〔c Schwab〕 Schwab, Richard N. with the collaboration of Walter E. Rex, J. Lough :

Inventory of Diderot's Encyclopédie (*Studies on Voltaire and the Eighteenth Century*, 80, 83, 85, 91, 92, 93, 223), Voltaire Foundation, Oxford, 1971, 1971, 1972, 1972, 1972, 1972, 1984.

〔c Sénancour〕 Sénancour, Etienne Pivert de : *Obermann*, édition critique publiée par G. Michaut, Société des textes français modernes, Droz, 1931.

〔b Shapiro〕 Shapiro, David : «La Peinture du discours et de l'écriture : la poétique de l'infini», *Catalogue d'exposition "Opalka 1965/1〜∞"*, Isy Brachot, Paris 9 juin-9 juillet 1982.

〔c Stechow〕 Stechow, Wolfgang : *Pieter Bruegel l'Ancien*, les Grands Peintres, Editions Cercle d'Art, 1987.

〔c Sumi 1〕 Sumi, Yoichi : «‹Atmosphere› et ‹Atmosphère›—Essai sur la *Cyclopaedia* et le premier Prospectus de l'*Encyclopédie*», in *Verité et littérature au XVIIIe siècle, Mélanges offerts en l'honneur de Raymond Trousson*, édité par Paul Aron, Sophie Basch, Manuel Couvreur, Jacques Marx, Eric Van der Schueren, Valérie van Crugten-André, 2001, Honoré Champion Editeur, pp. 271-284.

〔c Sumi 2〕 Sumi, Yoichi : «De la *Cyclopaedia* à l'*Encyclopédie*—traduire et réécrire», *Sciences musiques Lumières—Mélanges Anne-Marie Chouillet*, publiés par Ulla Kölving et Irène Passeron, Centre international d'étude du XVIIIe siècle, Ferney-Voltaire, 2002, pp. 409-419.

〔c Sumi 3〕 Sumi, Yoichi : «Essai sur l'excédent—Comment revaloriser l'*Encyclopédie ?*», in *Thématique et rêve d'un éternel globe-trotter*, Mélanges offerts à Shin-ichi Ichikawa. Textes recueillis et publiés par Shiro Fujii, Yoichi Sumi, Sakae Tada. Le Comité Coordinateur des Mélanges Shin-ichi Ichikawa, Tokyo, 2003, pp. 27-37.

〔c Sumi 4〕 Sumi, Yoichi : «*L'Encyclopédie* située à mi-chemin entre l'est et l'ouest, l'avant et l'après», in *Recherches sur Diderot et sur l'Encyclopédie*, n° 40-41, 2006, pp. 31-53.

〔c Thomlinson〕 Thomlinson, John : *The Culture of Speed. The Coming of Immediacy*, SAGE Publications L^td, 2007.

〔c Venturi〕 Venturi, Franco : *Le Origini dell'Encyclopedia*, Piccola Biblioteca Einaudi, 1963[1946].

〔c Wilson〕 Wilson, Arthur M. : *Diderot sa vie et son œuvre*, traduit de l'anglais par Gilles Chahine, Annette Lorenceau, Anne Villelaur, Laffont/Ramsay, «Bouquins», 1985 [*Diderot*, Oxford University Press, 1957, 1972].

〔c Zuylen〕 Zuylen, Gabrielle van : *Tous les jardins du monde*, «Découvertes», Gallimard, 1994.